HARTMUT HEINRICH SCHWAN

Die deutschen Bundesländer im Entscheidungssystem der Europäischen Gemeinschaften

Schriften zum Öffentlichen Recht

Band 433

Die deutschen Bundesländer im Entscheidungssystem der Europäischen Gemeinschaften

Beschlußfassung und Durchführung

Von

Dr. Hartmut Heinrich Schwan

DUNCKER & HUMBLOT / BERLIN

Gedruckt 1982 bei Buchdruckerei A. Sayffaerth - E. L. Krohn, Berlin 61
Printed in Germany

ISBN 3 428 05272 2

Inhaltsverzeichnis

Vierter Teil

Beteiligung der Bundesländer an der innerstaatlichen Durchführung des Gemeinschaftsrechts 133

Erster Abschnitt

Die Kompetenz zur rechtsetzenden Durchführung des Gemeinschaftsrechts — Ausführungsbefugnis 133

Einleitung

Die Mitgliedschaft eines föderativ aufgebauten Staates in einem zwischenstaatlichen Verband verursacht vielfältige, meist verfassungsrechtliche Probleme. Insbesondere ist fraglich, ob der Gesamtstaat auch Hoheitsrechte der Gliedstaaten auf die zwischenstaatlichen Verbände „übertragen“ darf, ob ggf. Einbußen an Bundesstaatlichkeit hingenommen werden müssen, von wem die Mitgliedschaftsrechte in dem zwischenstaatlichen Verband wahrgenommen werden dürfen und wer im nationalen Bereich zur Durchführung des zwischenschtaatlichen Rechts zuständig ist.

In der Bundesrepublik wurde schon früh erkannt, daß sich aus dem Beitritt zu zwischenstaatlichen Verbänden Probleme hinsichtlich der föderativen Struktur ergeben können. So wurde beispielsweise in der Diskussion um die Europäische Verteidigungsgemeinschaft erörtert, ob der Bund Hoheitsrechte der Länder „übertragen“ dürfe[1] und bei der Gründung der Europäischen Gemeinschaft für Kohle und Stahl von den Ländern Mitwirkungsrechte am Gemeinschaftshandeln verlangt[2].

Auch der neueste Versuch der Länder, sich Mitwirkungsbefugnisse bei der Rechtsetzung der Gemeinschaften zu sichern[3], zeigt, daß zwar die Probleme gesehen, die bisherigen Lösungen als unzureichend betrachtet und neue pragmatische Lösungen gesucht werden, die gemeinschaftsrechtlichen und verfassungsrechtlichen Grundlagen jedoch weitgehend ungeklärt bleiben[4].

---

[1] Vgl. die bei *Ruppert*, S. 264, Fn. 771 genannten Autoren.

[2] In der 61. Sitzung des Bundesrates v. 27. 6. 1951, Stenogr. Bericht über die 61. Sitzung, S. 445, 446; vgl. Beschluß v. 28. 6. 1951, BR-Drucks. 470/51 und BT-Drucks. 2401 v. 29. 6. 1951.

[3] Vgl. die Verhandlungen zwischen Bund und Ländern über eine rechtliche Absicherung der Mitwirkung der Bundesländer an der Gemeinschaftsrechtsetzung von 1977 bis 1979; beendet durch schriftliche Erklärungen des Bundeskanzlers v. 19. 9. 1979 und des Vorsitzenden der Ministerpräsidentenkonferenz v. 26. 9. 1979.

[4] z. B. wird auf die Klärung der Frage, ob Länderhoheitsrechte „übertragen“ werden durften und ob allein der Bund im Ministerrat vertreten sein darf, verzichtet (Nr. A 1 und A 3 der Erläuterungen zum Vereinbarungsentwurf). Eine rechtliche Lösung der Probleme wird nicht angestrebt (Nr. 3 des Sitzungsprotokolls v. 15. 11. 1977, Nr. 2 des Sitzungsprotokolls v. 26. 5. 1978 und S. 2 des Schreibens v. 17. 8. 1978). Fragen, die sich aus der Mitgliedschaft eines föderativ aufgebauten Staates in zwischenstaatlichen Gemeinschaften

Gerade weil mit Belgien nun ein weiterer Bundesstaat den Europäischen Gemeinschaften angehört[5], in anderen Mitgliedsländern föderale Tendenzen bestehen[6] und Beitrittskandidaten bundesstaatlich aufgebaut sind[7], kommt der Regelung in der Bundesrepublik Modellcharakter zu. Deshalb bedarf es einer eingehenden rechtlichen Untersuchung der angesprochenen Probleme an Hand der Mitgliedschaft der Bundesrepublik in den Gemeinschaften[8].

Bezogen auf die Lage in der Bundesrepublik sollen daher folgende Fragen erörtert werden:

In welchen Bereichen wirkt sich die Tätigkeit der Gemeinschaftsorgane auf die föderative Struktur unmittelbar oder mittelbar aus oder können in Zukunft Beeinträchtigungen eintreten?

Muß den Bundesländern Einfluß auf die Rechtsetzung in den Gemeinschaften eingeräumt werden und wie ist ggf. dieser Einfluß praktisch zu verwirklichen?

Ist der Bund oder sind die Länder zur innerstaatlichen Durchführung des Gemeinschaftsrechts befugt?

---

ergeben, werden auch in der Literatur bisher nur vereinzelt behandelt. Vgl. hierzu die Hinweise bei *Hrbek*, S. 38, Fn. 3.

[5] Vgl. zur Bundestaatlichkeit Belgiens *Rudolf*, Bundesländer, S. 120 und *Thalmann*, S. 25 f.

[6] Siehe hierzu *Oberthür*, S. 65, Anm. 1.

[7] So hat Spanien mit der Verabschiedung der Autonomiestatute eine föderale Verfassung erhalten. Vgl. Meldung in der Frankfurter Allgemeinen Zeitung v. 6. 8. 1980 und den Hinweis bei *Rudolf*, Bundesländer, S. 121 m. w. N. in Fn. 20.

[8] Es wird in der folgenden Untersuchung von dem EWGV als dem umfassendsten Vertrag ausgegangen. Für die Betrachtung werden die drei Gemeinschaften als eine Einheit behandelt, weil sie zwar nicht rechtlich, aber politisch als eine solche anzusehen sind.

Erster Teil

Eingriffe in die föderative Struktur der Bundesrepublik Deutschland

Ein Widerspruch zwischen föderativer Verfassung der Bundesrepublik Deutschland und dem Gemeinschaftsrecht entsteht einmal dann, wenn die Gemeinschaften in die den Bundesländern vom Grundgesetz zugewiesenen Gesetzgebungs- und/oder Verwaltungskompetenzen unmittelbar eingreifen. Zum anderen ist die Stellung, die den Ländern durch die Verfassung eingeräumt wird, gefährdet, sofern durch die Gemeinschaftserrichtung innerstaatlich eine Kompetenzverschiebung zugunsten des Bundes stattgefunden hat.

Erster Abschnitt

Unmittelbare Eingriffe

Länderbelange sind unmittelbar berührt, falls Bestimmungen der Gemeinschaftsverträge ein Tätigwerden der Gemeinschaftsorgane auf den ursprünglich den Ländern vorbehaltenen Gebieten, insbesondere der Rechtsetzung und Verwaltung, ermöglichen und die Organe die vertraglichen Ermächtigungen bereits in Anspruch genommen haben oder dies zu erwarten ist.

A. Gesetzgebung

I. Erziehungs- und Ausbildungswesen

Nach der Kompetenzverteilung des Grundgesetzes sind Angelegenheiten der Kultur ausschließlich Ländersache[1]. Es ist zu untersuchen, ob nach den Bestimmungen des primären Gemeinschaftsrechts in Gesetzgebungskompetenzen der Bundesländer auf kulturellem Gebiet eingegriffen werden kann.

Nach Art. 41 a EWGV sind im Rahmen der gemeinsamen Agrarpolitik Maßnahmen zur Koordinierung der Bestrebungen auf dem Gebiet

---

[1] Siehe z. B. *Maunz*, Staatsrecht, S. 162.

der Berufsausbildung vorgesehen, wozu der Rat gemäß Art. 43 II EWGV Verordnungen, Richtlinien und Entscheidungen erlassen kann[2]. Von dieser Ermächtigung hat der Rat bereits Gebrauch gemacht[3]. Damit ist er in der Lage, in die Kulturhoheit der Länder unmittelbar einzugreifen[4].

Der Ministerrat hat aufgrund des Art. 57 I EWGV zur Erleichterung der Freiheit der Aufnahme und Ausübung selbständiger Tätigkeiten Richtlinien für die gegenseitige Anerkennung von Diplomen, Prüfungsnachweisen, sowie nach Art. 57 II EWGV zur Koordinierung der mitgliedstaatlichen Vorschriften über die Aufnahme und Ausübung selbständiger Tätigkeiten, Richtlinien erlassen[5]. Weitere Richtlinien sind beabsichtigt[6].

Die Zulassungsregelungen zu den bisher betroffenen Berufsgruppen fallen in die konkurrierende Gesetzgebungszuständigkeit des Bundes (Art. 74 Nr. 1, 19 und 22 GG)[7]. Demnach greifen die Richtlinien nach Art. 57 I EWGV i. d. R. nicht in die Kulturhoheit der Länder ein. Da sich die gegenseitige Anerkennung der Examen auch auf Berufe bezieht, die ein Hochschulstudium voraussetzen, kann sich die Regelung auch auf Zeugnisse erstrecken[8]. Durch eine auf Art. 57 I EWGV gestützte Richtlinie könnte auch die Anerkennung akademischer Grade ermöglicht werden, sofern das nicht für eine bestimmte Tätigkeit qualifizierende Diplom für eine wissenschaftliche Karriere relevant ist[9]. Da-

---

[2] *Gottsmann*, in: Groeben / Boeckh / Thiesing Bd. 1, Art. 41, Anm. 7, S. 348; *Nicolaysen*, Gemeinschaftsrecht, S. 124.

[3] z. B. Richtlinie v. 27. 5. 1971, Abl. Nr. C 52/71, S. 5; Richtlinie v. 17. 4. 1972, Abl. Nr. L 96/72, insbes. S. 16 ff.

[4] *Birke*, S. 18 f.; *Hrbek*, S. 38 f.; *Ipsen*, Bundesstaat, S. 261; *ders.*, Berufsausbildungsrecht, S. 113; *Oberthür*, S. 58; *Schroeder*, S. 8; *Spelten*, S. 3; *Zuleeg*, Recht, S. 317, Fn. 87.

[5] Ärzte: Richtlinien v. 16. 6. 1975, Abl. Nr. L 167/75; Zahnärzte: Richtlinien v. 25. 7. 1978, Abl. Nr. L 233/78; Tierärzte: Richtlinien v. 18. 12. 1978, Abl. Nr. L 362/78; Krankenpfleger, Schwestern: Richtlinien v. 27. 6. 1977, Abl. Nr. L 176/77.

Zur Erleichterung der tatsächlichen Ausübung des Berufes Rechtsanwalt ist 1977 eine Richtlinie ergangen (Abl. Nr. L 78/77), die zwar nicht die Anerkennung von Diplomen oder die Koordinierung der Ausbildung betrifft, aber die Standesorganisation berührt.

[6] Richtlinienvorschläge über die Anerkennung der Diplome und sonstigen Befähigungsnachweise und der Koordinierung der Rechts- und Verwaltungsvorschriften bei Architekten, Pharmazeuten, Augenoptikern, Hebammen und Friseuren sind zwar im Anschluß an ein Urteil des EuGH (EuGH, Rs. 2/74, Slg. Rsp. XX, S. 631 [652]) am 4. 11. 1974/8. 12. 1976 zurückgezogen worden, werden aber weiterverfolgt.

[7] z. B. *Maunz*, Staatsrecht, S. 247 und *Schmidt-Bleibtreu / Klein*, Art. 74, Rdn. 40 f.; BVerfGE 4, 74.

[8] *Everling*, Niederlassungsrecht, S. 59.

[9] *Kalisch*, S. 2095; *Troberg*, in: Groeben / Boeckh / Thiesing, Bd. 1, Art. 57, Anm. 1 b, S. 494.

mit wäre Landesrecht berührt, da das Reichsgesetz über die Führung akademischer Grade nicht dem Bund zugeordnet ist[10]. Die Richtlinien, die gemäß Art. 57 II EWGV ergangen sind, enthalten nicht nur Angleichungen von Zulassungsbestimmungen, sondern auch oft bis ins Einzelne gehende Studienprogramme[11]. Die Maßnahmen nach Art. 57 I u. II EWGV betreffen daher Länderkompetenzen im Schul- und Hochschulwesen[12].

Auch einige Vorschriften im Bereich der Sozialpolitik ermöglichen den Gemeinschaftsorganen Eingriffe in Ländermaterien. So sind nach Art. 119 EWGV Richtlinien erlassen worden, die die Gleichbehandlung auch bei der Berufsausbildung betreffen und damit Länderbefugnisse tangieren können[13]. Beim Einsatz von Mitteln des Sozialfonds, Art. 123 i. V. m. Art. 126 EWGV, als Beitrag zur Ausbildung von Arbeitskräften[14] ist ebenfalls eine Beeinträchtigung von Länderkompetenzen denkbar[15]. Gemäß Art. 128 EWGV hat der Rat bereits 1963 einen Beschluß über die Aufstellung allgemeiner Grundsätze für die Durchführung einer gemeinsamen Politik der Berufsausbildung gefaßt[16]. Gestützt auf Art. 235 EWGV ist eine Verordnung des Rates über die Errichtung eines Europäischen Zentrums für die Förderung der Berufsausbildung in Berlin ergangen[17]. Im Dezember 1975 folgte das „Erste Aktionsprogramm für die Zusammenarbeit im Bildungswesen im Bereich der EG“[18], das u. a. auf eine Verbesserung der Bildungsmöglichkeiten und der Gleichwertigkeit der Bildungssysteme in Europa abzielt und die Zusammenarbeit auf dem Gebiet des Hochschulwesens, des Fremdsprachenunterrichts, der Chancengleichheit für den Zugang zu den Bildungswegen und bessere Vorbereitung der Schulabgänger auf das Berufsleben in-

[10] Siehe RGBl. 1939 I, S. 985, Durchf. VO v. 21. 7. 1939, RGBl. I, S. 1326; es gilt gem. Art. 30, 123 - 125 GG als Landesrecht.

[11] Siehe die oben genannten Richtlinien Abl. Nr. L 167/75; 233/78; 362/78 und 176/77.

[12] So auch *Birke*, S. 20; *Bleckmann*, Mitwirkung, S. 144, l. Sp.; Hinweis bei *Everling*, Zweckverband, S. 602; *Hrbek*, S. 38 f.; *Ipsen*, Bundesstaat, S. 262; *Oberthür*, S. 58; *Schroeder*, S. 9; *Spelten*, S. 2; *Weber*, S. 86, Fn. 377; *Zuleeg*, Recht, S. 317.

[13] Richtlinie v. 10. 2. 1975, Abl. Nr. L 45/75 (hierzu Stellungnahme des EP, Abl. Nr. C 108/78), in Kraft seit dem 12. 2. 1976; Richtlinie v. 9. 2. 1976, Abl. Nr. L 38/76, in Kraft seit dem 12. 8. 1978. Eingriffe nehmen an: *Birke*, S. 19; *Ipsen*, Bundesstaat, S. 261; *Schroeder*, S. 9; *Zuleeg*, Recht, S. 317, Fn. 87.

[14] Aufgaben des Sozialfonds sind festgelegt durch Beschluß des Rates v. 1. 2. 1971, Abl. Nr. L 28/71, S. 15 ff., geändert in Abl. Nr. L 337/77, S. 8 ff. Vgl. die Durchführungsverordnungen Nr. 2396/71, Abl. Nr. L 249, S. 54 ff. und Nr. 2893/77, Abl. Nr. L 337, S. 1 ff.

[15] *Birke*, S. 19; *Hrbek*, S. 39.

[16] Abl. 1963, S. 1338 ff.

[17] Abl. Nr. L 39/75, S. 1 ff.

[18] Vgl. *Hallstein*, S. 215.

tensivieren soll. Der Ausschuß für Bildungsfragen hat 1976 Maßnahmen im Rahmen nationaler Bildungspolitik vorgeschlagen, die sich z. B. auf Bildungs- und Berufsberatung und verbesserte Lehrerbildung beziehen. Die Tätigkeit der Europäischen Wissenschaftsstiftung[19] und die Errichtung eines „Europäischen Hochschulinstituts" durch ein selbständiges Abkommen der Mitgliedstaaten[20] sind ebenfalls zu Eingriffen in die Schul- und Hochschulkompetenzen der Länder geeignet.

Die Freizügigkeit der Arbeitskräfte und das Niederlassungsrecht der Ausländer fallen zwar grundsätzlich im innerstaatlichen Bereich in die Bundeskompetenz (Art. 74 Nr. 4 GG)[21], jedoch können Maßnahmen der Gemeinschaftsorgane in diesem Bereich auch Auswirkungen auf die Kulturhoheit der Länder haben. So berühren Bestimmungen in Verordnungen[22] und Richtlinien[23] unmittelbar Länderbelange[24], zumal sie oft mit Lasten finanzieller Art verbunden sind[25].

Somit ist festzustellen, daß aufgrund unterschiedlichster Vorschriften des EWGV in die Kulturhoheit der Bundesländer eingegriffen werden kann.

II. Verkehrswesen

Das Grundgesetz weist dem Bund im Bereich des Verkehrs weitgehend die Gesetzgebungsbefugnis zu (Art. 73 Nr. 6, Art. 74 Nr. 21 - 23 GG). Die gemeinschaftsrechtlichen Regelungen, die aufgrund der Bestimmungen des EWGV über das Verkehrswesen (Art. 74 - 84 EWGV) ergehen können, sind jedoch in der Lage, auch Länderkompetenzen zu beeinträchtigen. So berührten Maßnahmen der Gemeinschaften im Be-

---

[19] Aufgrund einer Entschließung des Rates v. 14. 1. 1974 unter Mitwirkung der Kommission von Forschungsräten und Akademien von 15 europäischen Ländern gegründet. Siehe auch den Bericht der Kommission v. 17. 11. 1977 (Bulletin EG, Beilagen 5/1977 und 6/1977).

[20] Abl. Nr. C 29/76, S. 1 ff. Die nach Art. 9 II EAGV vorgesehene Europäische Universität wurde nicht errichtet.

[21] Vgl. *Bleckmann*, Mitwirkung, S. 144, l. Sp.

[22] Art. 12 der Verordnung Nr. 1612/68 des Rates v. 15. 10. 1968, Abl. Nr. L 257/68 und Art. 12 und 21 der Verordnung Nr. 38/64 des Rates v. 25. 3. 1964, Abl., S. 965. Vgl. zu den Verordnungen die Urteile des Europäischen Gerichtshofes v. 29. 1. 1975, Rs. 68/74, Slg. Rsp. Bd. XXI, S. 109 ff. (113) und v. 3. 7. 1974, Rs. 9/74, Slg. Rsp. Bd. XX, S. 773. Zum Urteil aus dem Jahr 1974 vgl die Anmerkung von *Berggreen*, S. 94 f.

[23] z. B. Richtlinie über die schulische Betreuung der Kinder von Wanderarbeitnehmern v. 25. 7. 1977, Abl. Nr. L 199/77, S. 32, in Kraft getreten am 25. 7. 1981.

[24] *Birke*, S. 32; *Ipsen*, Bundesstaat, S. 261; *Magiera*, S. 622; *Zuleeg*, Recht, S. 317. Die Befürchtung, daß hierdurch Länderbelange berührt werden könnten, hat *Dürig*, S. 127, bereits 1966 geäußert.

[25] Bei der Ausbildungsförderung, *Berggreen*, S. 94; vgl. auch hinsichtlich finanzieller Belastungen *Hrbek*, S. 39.

reich der Seehafenpolitik, wie sie das Europäische Parlament vorschlägt[26], sollten sie durchgeführt werden, Länderbelange, weil in der Bundesrepublik den Ländern die Kompetenzen für die Seehäfen zustehen[27]. Da die Länder für die Instandhaltung der in ihrem Bereich liegenden Straßen verantwortlich sind, ist eine Tangierung ihrer Befugnisse dann denkbar, wenn ihnen hinsichtlich der Unterhaltungskosten Belastungen auferlegt werden[28].

III. Rechtsangleichung

Muß aufgrund von Richtlinien nach Art. 100 - 102 EWGV auch Recht der Bundesländer geändert werden, so sind damit zwangsläufig Auswirkungen auf die bundesstaatliche Kompetenzverteilung verbunden[29].

Welche Länderbereiche im einzelnen betroffen sein werden und welchen Umfang die Eingriffe haben können, ist noch nicht abzusehen. Allerdings greifen Gemeinschaftsmaßnahmen insbesondere auf dem Gebiet des Umweltschutzes[30] bereits in Länderbefugnisse ein. Zwar hat der Bund durch Grundgesetzänderung 1972 das Recht zur konkurrierenden Gesetzgebung bei der Abfallbeseitigung, Luftreinhaltung und Lärmbekämpfung erhalten (Art. 74 Nr. 24 GG)[31], was aber nicht bedeutet, daß ihm die allgemeine Kompetenz auf dem Gebiet des Umweltschutzes zustünde[32]. Auch verbleibt den Ländern in den durch die Rahmengesetzgebung des Bundes nach Art. 75 Nr. 3 und 4 GG gezogenen Grenzen ein Regelungsbereich, vor allem im Wasserrecht, in den die Gemeinschaften durch bereits ergangene[33] und geplante[34] Maßnahmen eingreifen.

---

[26] Forderung des Parlaments nach Inangriffnahme einer gemeinsamen Seehafenpolitik, Abl. Nr. C 46/72.

[27] Zwar gehört nach dem GG die Schiffahrt zum Bereich der konkurrierenden Gesetzgebung des Bundes; die Häfen dagegen unterstehen weder der Bundesverwaltung nach Art. 89 GG, noch der konkurrierenden Bundesgesetzgebung nach Art. 74 Nr. 21 GG (BVerfGE 2, S. 3, 6). Siehe auch *Erdmenger*, S. 143, Fn. 23 und *Ipsen*, Hamburg, S. 67.

[28] z. B. durch Vorschriften über Größe und Gewicht von Schwerlastfahrzeugen; Vorschlag der Kommission v. 30. 12. 1978, Abl. Nr. C 16/79, S. 3 ff. und Einführung der Buchführung über die Ausgaben für Verkehrswege, Verordnung des Rates v. 4. 6. 1970, Nr. 1108/70, Abl. Nr. L 130/70, S. 4 ff. Die Länder sind zuständig für Landstraßen, die nicht dem Fernverkehr dienen, *Maunz*, in: Maunz / Dürig / Herzog, Art. 74, Anm. 116.

[29] *Birke*, S. 22; *Ipsen*, Bundestaat, S. 261; *Oberthür*, S. 59; *Riegel*, Gliedstaatskompetenzen, S. 245; *Schroeder*, S. 9; *Spelten*, S. 3 f.; *Zuleeg*, Recht, S. 317.

[30] Umweltschutzkompetenzen der EG werden gestützt auf: Art. 43 I u. II, Art. 75, Präambel, Art. 2, Art. 100 und Art. 235 EWGV (*Riegel*, Kompetenzen der EG, S. 97).

[31] Eingefügt durch Ges. v. 12. 4. 1972, BGBl. I, S. 593.

[32] *Lohse*, S. 543 f.

IV. Finanzwesen

Den Ländern steht nach dem Grundgesetz (Art. 105 II a GG) die Gesetzgebung über die örtlichen Verbrauchs- und Aufwandsteuern zu[35], so daß Berührungen von Länderbelangen durch die Gemeinschaftsorgane möglich erscheinen[36]; in der Praxis dürfte es jedoch kaum einmal zu Eingriffen in die Ländergesetzgebungskompetenz kommen[37].

Allerdings beeinträchtigen die Maßnahmen der Gemeinschaften aufgrund des Art. 99 EWGV in nicht unerheblichem Maße die grundgesetzlich vorgesehene Verteilung des Steueraufkommens. So wird z. B. die den Ländern nach Art. 106 II Nr. 5 GG zustehende Biersteuer durch EWG-Maßnahmen[38], vor allem aber die als Gemeinschaftssteuer auch den Ländern anteilig als Einnahmequelle zufallende Umsatzsteuer[39] durch Abführung eines bestimmten Prozentsatzes der Mehrwertsteuer an die Gemeinschaften[40] betroffen.

Auch die durch Art. 109 GG den Ländern gewährte Haushaltsautonomie kann durch wirtschaftspolitische Maßnahmen der Gemeinschafts-

---

[33] Richtlinien: Qualitätsanforderung für Trinkwasser, v. 16. 6. 1975, Abl. Nr. L 194/75, S. 34 ff.; Qualität der Badegewässer, v. 8. 12. 1975, Abl. Nr. L 31/76, S. 1 ff.; Verschmutzung u. Ableitung gefährlicher Stoffe, v. 4. 5. 1976, Abl. Nr. 129/76, S. 23 ff.; Schutz gegen Rotschlamm, v. 20. 2. 1978, Abl. Nr. L 54/78, S. 19 ff.; Gemeinsames Verfahren für den Informationsaustausch hinsichtlich der Qualität des Oberflächensüßwassers, Entscheidung des Rates v. 12. 12. 1977, Abl. Nr. L 334/77, S. 29 ff.; Qualität von Süßwasser, um das Leben von Fischen zu erhalten, v. 18. 7. 1978, Abl. Nr. L 222/78, S. 1 ff.

[34] Laufende Arbeiten: Verringerung der Wasserverschmutzung durch Zellstoffabriken, Abl. Nr. C 99/75, S. 1 ff.; Richtlinienvorschlag der Kommission zum Schutz des Grundwassers durch bestimmte gefährliche Stoffe, Abl, Nr. C 37/78, S. 3 ff.; Richtlinienentwurf der Kommission über Qualitätsziele für landwirtschaftliches Nutzwasser, 10. Gesamtbericht der EG, Ziff. 280; Richtlinienvorschlag über ein Meßverfahren und die Häufigkeit der Probeentnahmen in Oberflächengewässern, die für die Trinkwassergewinnung verwendet werden, Abl. Nr. C 208/78.

[35] Dies sind z. B.: Getränkesteuer, Speiseeissteuer, Hundesteuer und Vergnügungssteuer. Vgl. die einschlägigen Landesgesetze.

[36] Dies nehmen an: *Birke*, S. 24; *Hrbek*, S. 39; *Zuleeg*, Recht, S. 317, Fn. 94.

[37] Es dürfte kaum vorkommen, daß sich die Gemeinschaften etwa als Hundehalter betätigen oder eine Gastwirtschaft betreiben und sich auf ihre Privilegien aus Art. 3 des Protokolls über Vorrechte der EG berufen.

[38] z. B. Einführung eines harmonisierten Verbrauchssteuersystems für Mineralöl, Tabakwaren, Bier und Wein; Richtlinie des Rates v. 19. 12. 1978, Abl. Nr. L 366/78, S. 28 ff. Vgl. auch den Richtlinienvorschlag der Kommissionn über Vereinheitlichung der auf Bier ... anwendbaren Sätze, Abl. Nr. C 43/72 und die Stellungnahme des Parlaments v. 5. 4. 1974, Abl. Nr. C 48/74.

[39] Art. 106 III GG.

[40] Nach dem Beschluß des Rates v. 21. 4. 1970, Abl. Nr. L 94/70, erhält die EG ab 1975 1 % des Mehrwertsteueraufkommens. Am 17. 5. 1977 hat der Rat eine Richtlinie über ein gemeinsames Mehrwertsteuersystem beschlossen (Abl. Nr. L 145/77, S. 1 ff.).

organe nach Art. 103 ff. EWGV eingeschränkt werden. So sind, gestützt auf Art. 103 EWGV, im Rahmen der Konjunkturpolitik Rechtsakte ergangen[41], die zu einem Eingriff in Haushaltsrechte der Länder führen können[42]. Die Vorschriften über die mittelfristige Wirtschaftspolitik, Art. 104 und 105 EWGV, gewähren zwar keine ausdrückliche Kompetenz zum Erlaß von Maßnahmen; dennoch sind vier Programme zur mittelfristigen Wirtschaftspolitik aufgestellt worden[43], deren Verwirklichung ebenso wie die Tätigkeit des Ausschusses für Wirtschaftspolitik[44] Haushaltsbefugnisse der Länder berühren könnte.

Art. 92 EWGV verbietet staatliche Subventionen und erfaßt damit auch Länderbeihilfen[45], weshalb auch hier in die Aufgabenverantwortung der Länder eingegriffen wird[46].

Sollen im innerstaatlichen Bereich Förderungsmaßnahmen mit Mitteln der Gemeinschaftsaufgaben erfolgen, schreibt das Grundgesetz eine gemeinsame Planung durch Bund und Länder vor[47]. Beschließt jedoch der Rat über die Förderungsmaßnahmen, ist insoweit eine gemeinsame Planung von Bund und Ländern nicht möglich. Demnach dürfte Art. 91 a GG bei Beihilfen durch die Gemeinschaft nicht abgewendet werden, da der für die Anwendung der Vorschrift notwendige Planungsspielraum nicht besteht[48].

Es ergeben sich somit im Bereich der Gesetzgebung mannigfaltige Eingriffsmöglichkeiten der Gemeinschaftsorgane in Länderkompetenzen, mit Schwerpunkt in der Kulturhoheit.

---

[41] So sehen z. B. eine Entscheidung und eine Richtlinie des Rates v. 18. 2. 1974, Abl. Nr. L 63/74, S. 16 ff. u. S. 19 ff. wirtschaftspolitische Leitlinien u. a. für die Staatshaushalte sowie deren Überwachung vor und setzen einen Ausschuß für die Wirtschaftspolitik ein. Eine Stellungnahme des Parlaments fordert die Ausarbeitung qualitativer Leitlinien für die Haushaltspolitik und strenge Kontrolle der Einhaltung (Abl. Nr. C 296/78, S. 63 f.).

[42] *Birke*, S. 25; *Ipsen*, Bundesstaat, S. 262 f.; *Weber*, S. 86, Fn. 377.

[43] Abl. 1967, S. 1513 ff.; Abl. Nr. L 129/69; Abl. Nr. L 49/71; Abl. Nr. L 101/77.

[44] Beschluß Nr. 122/74 v. 18. 2. 1974, Abl. Nr. L 63/74, S. 21 ff. Der Ausschuß für Wirtschaftspolitik nimmt die Aufgaben der Ausschüsse für mittelfristige Wirtschaftspolitik und für Haushaltspolitik wahr. Auch die Richtlinie des Rates v. 18. 2. 1974, Abl. L 63/74, S. 19 ff., bezieht sich auf die Harmonisierung des konjunkturpolitischen Instrumentariums.

[45] *Birke*, S. 24 f.; *Bleckmann*, Mitwirkung, S. 144, l. Sp.; *Hrbek*, S. 8; *Oberthür*, S. 59; *Schroeder*, S. 7; *Spelten*, S. 3.

[46] *Birke*, S. 24; *Oberthür*, S. 59; *Schroeder*, S. 8; *Spelten*, S. 3.

[47] Art. 91 a III GG.

[48] Obwohl dies in der Praxis meist geschieht, können die Länder nicht nach Art. 91 a GG verpflichtet werden, 1/4 oder mehr der Kosten zu tragen, da sie am Zustandekommen der Verordnungen in Brüssel bis jetzt nicht entscheidend mitwirken; allenfalls kommt eine entsprechende Anwendung des Art. 104 a GG in Betracht. Vgl. *Magiera*, S. 642 und *Schmidt-Bleibtreu / Klein*, Art. 91 a, Rdn. 13 u. Art. 104 a, Rdn. 11.

B. Verwaltung

Eine unmittelbare Beeinträchtigung der den Ländern durch das Grundgesetz (Art. 83 ff. GG) zugewiesenen Verwaltungskompetenzen ist durch gemeinschaftseigene Verwaltungsbehörden möglich[49], sofern diese auf den den Ländern vorbehaltenen Gebieten tätig werden.

Weitere Konfliktfälle können auftreten, wenn die Gemeinschaften in Verwaltungspraktiken eingreifen oder behördeninterne Vorschriften beseitigen wollen; z. B. der Rat Richtlinien erläßt, um Ausländer diskriminierende Verwaltungsvorschriften zu beseitigen oder unter dem Gesichtspunkt der Koordinierung der Wirtschaftspolitik behördeninterne Verwaltungsvorschriften zu ändern[50].

Da die Gemeinschaften nur vereinzelt über einen eigenen Verwaltungsaufbau verfügen und direkte Eingriffe in den Verwaltungsaufbau selten sind, kommt der unmittelbaren Einwirkung der Gemeinschaften auf Verwaltungskompetenzen der Länder keine große Bedeutung zu.

C. Rechtsprechung

Konfliktsfälle zwischen Gerichten der Bundesländer und dem Europäischen Gerichtshof in der Weise, daß über den Streitgegenstand einander widersprechende Entscheidungen gefällt werden, dürften kaum auftreten[51]. Allerdings ist denkbar, daß das Gemeinschaftsrecht den Gerichten der Länder Befugnisse entzogen hat. Nach Art. 177 EWGV entscheidet der Europäische Gerichtshof im Vorlageverfahren über die Gültigkeit von Organakten, über deren Auslegung und über die Auslegung der Verträge selbst.

Nach innerstaatlichen Grundsätzen kann jedes Gericht auch über solche Fragen entscheiden, für die als Hauptfragen ein Gericht eines anderen Rechtszuges zuständig wäre[52]. Hierunter fallen mit Ausnahme der Fragen nach Art. 100 II GG z. B. auch Vorfragen aus dem Bereich des Völkerrechts und des Europarechts. Insoweit sind auch die Rechtsprechungsbefugnisse der Ländergerichte durch das Gemeinschafts-

[49] Gemeinschaftseigene Verwaltungsbehörden existieren im EGKS-Recht, im EWG-Wettbewerbsrecht (Art. 9, VO Nr. 17 v. 6. 2. 1969, Abl. S. 204), im EWG-Verkehrsrecht (VO Nr. 1017/68 v. 19. 7. 1968, Abl. Nr. L 175/68, S. 1 ff.) und beim Verwaltungsausschuß für Wanderarbeitnehmer (Art. 80 VO Nr. 1408/71 v. 14. 7. 1971, Abl. Nr. L 149/71, S. 2 ff.). Vgl. hierzu *Rengeling*, Rechtsgrundsätze, S. 10, 55, 60.

[50] *Schroeder*, S. 11.

[51] *Schroeder*, S. 11.

[52] Vgl. z. B. *Eyermann / Fröhler*, § 40, Rdn. 23, S. 143 f.

recht betroffen, da das Vorlageverfahren sich nicht auf letztinstanzliche Gerichte beschränkt, sondern das Gericht betroffen ist, bei dem der Rechtszug im konkreten Fall erschöpft ist[53].

In den Bereichen Rechtsprechung und Verwaltung ist die unmittelbare Beeinträchtigung von Länderkompetenzen durch das Gemeinschaftsrecht zwar gering, auf legislativem Gebiet die Inanspruchnahme von Länderbefugnissen jedoch erheblich.

Zweiter Abschnitt

Mittelbare Eingriffe

In die Rechte der Länder kann nicht nur, wie im ersten Abschnitt dargestellt wurde, unmittelbar durch die Gemeinschaftsorgane eingegriffen werden, sondern es ist auch denkbar, daß durch die Verlagerungen von Zuständigkeiten auf die Gemeinschaft auch im Verhältnis Bund - Länder Veränderungen zuungunsten der Bundesländer eingetreten sind.

A. Mitwirkungsrechte beim Erlaß von Sekundärrecht[1]

Der vom EWGV als Legislativorgan eingesetzte Ministerrat[2] setzt sich aus Regierungsvertretern der Vertragsstaaten zusammen[3]; die deutschen Bundesländer werden von Gemeinschaftsrechts wegen nicht berücksichtigt.

Ihnen gehen deshalb ihre Rechte nach Art. 50 GG, an der Gesetzgebung des Bundes durch den Bundesrat und an der Verwaltung mitwirken zu dürfen, verloren, ohne daß etwa ein rechtlich abgesicherter Ausgleich durch eine unmittelbare Beteiligung an der Gemeinschaftsrechtsetzung hergestellt würde. Selbst wenn also die Gemeinschaftsorgane legislativ auf Bereichen tätig werden, die nach innerstaatlicher Kompetenzverteilung dem Bund zustünden, werden die Länder in ihren verfassungsmäßig garantierten Beteiligungsrechten beeintächtigt. Darüber hinaus kann der Bund wegen seiner Beteiligung an der Be-

53 *Birke*, S. 30.

1 Die Problematik der Mitwirkungsbefugnisse wird im dritten Teil ausführlich behandelt und hier deshalb nur thesenartig dargestellt.

2 Art. 145 ff. EWGV.

3 Art. 2 I S. 1 u. 2 Fusionsvertrag.

schlußfassung im Rat Einfluß auf Bereiche nehmen, die zuvor wegen der Zugehörigkeit zur ausschließlichen Länderkompetenz seiner Einwirkung entzogen waren.

Auch von Verwaltungsaufgaben der Kommission und der Unterausschüsse sind die Länder ausgeschlossen.

Die Auswirkungen der Gemeinschaftstätigkeit auf das Bund - Länder Verhältnis bergen die Gefahr einer Verschiebung des Gleichgewichts zwischen Bund und Ländern.

B. Mitwirkung bei der Durchführung des sekundären Gemeinschaftsrechts

Kann der Bund für sich in Anspruch nehmen, für die rechtsetzende und verwaltungsmäßige Durchführung des Gemeinschaftsrechts im innerstaatlichen Bereich, auch soweit Ländermaterien durch die Gemeinschaftsrechtsakte betroffen sind, allein zuständig zu sein[4], so sind Rechte der Länder aus den Art. 70 ff., Art. 83 ff. GG beeinträchtigt. Allerdings ist nicht ersichtlich, daß der Bund unter Berufung auf einen derartigen Anspruch tatsächlich im Vollzug einer Richtlinie oder staatengerichteten Entscheidung Gesetze erlassen hätte, die nach der grundgesetzlichen Regelung in die Kompetenz der Länder gefallen wären. Auch beim verwaltungsmäßigen Vollzug sind bisher keine Konflikte entstanden.

C. Zusammenfassung

Zusammenfassend ist festzustellen, daß die Gemeinschaften unmittelbar in die Gesetzgebungs- und Verwaltungskompetenzen und am Rande in Rechtsprechungsbefugnisse der deutschen Bundesländer dadurch eingreifen, daß die Organe der Europäischen Gemeinschaften auf Gebieten, die nach den Bestimmungen des Grundgesetzes den Ländern vorbehalten sind, tätig werden. Hier sind den Bundesländern Rechte „entzogen" worden.

Die Gemeinschaftserrichtung hatte zur Folge, daß Mitwirkungsbefugnisse der Länder bei Gesetzgebung und Verwaltung im Verhältnis zum Bund entfallen sind. Damit wurde mittelbar in die Kompetenzen der Bundesländer eingegriffen.

---

[4] Dies wird bei der rechtsetzenden Durchführung mit unterschiedlicher Begründung angenommen. Vgl. *Birke*, S. 121 ff.; *Dehousse*, S. 5 u. 6; *Glaesner*, S. 8, zit. nach *Birke*, S. 120. Erwogen bei *Magiera*, S. 636; *Riegel*, Überlegungen, S. 87; *Wagner*, Grundbegriffe, S. 219.

Dem Bund könnten durch die Gemeinschaftsgründung auch hinsichtlich des Gemeinschaftsrechts Durchführungsbefugnisse in legislativer und exekutiver Hinsicht zugefallen sein, was für die Länder eine weitere mittelbare Beeinträchtigung bedeutete.

Im folgenden soll untersucht werden, ob die unmittelbaren Eingriffe in die Länderkompetenzbereiche rechtens sind, die beschriebenen mittelbaren Beeinträchtigungen im Bund - Länder Verhältnis rechtmäßig erfolgen, ein Anspruch des Bundes auf Durchführung des Gemeinschaftsrechts besteht und welche Folgerungen aus den ermittelten Ergebnissen ggf. gezogen werden müssen.

Zweiter Teil

Rechtliche Beurteilung der Eingriffe in den föderativen Aufbau der Bundesrepublik Deutschland

Die Untersuchung im ersten Teil hat ergeben, daß durch Gemeinschaftsmaßnahmen bereits Bundesländerkompetenzen beeinträchtigt wurden und auf manchen Gebieten die Gefahr von Eingriffen besteht.

Die Gemeinschaftsorgane sind nur dann befugt, in Länderkompetenzen einzugreifen, wenn die Maßnahmen rechtmäßig erfolgen. Bei der Rechtmäßigkeitsprüfung des Organhandelns stellt sich jedoch zunächst die Frage, an welchem Maßstab die Prüfung vorgenommen werden muß: Beurteilt sich die Rechtmäßigkeit der Gemeinschaftsakte, abgesehen zunächst von der Sicht des deutschen Rechts, nach den Normen einer staatlichen Rechtsordnung, der Völkerrechtsordnung oder einer Rechtsordnung sui generis? Erst wenn der Prüfungsmaßstab bekannt ist, d. h. eine befriedigende Antwort auf die Frage nach der Rechtsnatur der Gemeinschaften gefunden wurde, kann ermittelt werden, ob das Handeln der Gemeinschaftsorgane auf den ehemals den Bundesländern vorbehaltenen Gebieten rechtmäßig erfolgt ist oder nicht. Demnach ist zunächst zu untersuchen, welcher Rechtsordnung die Gemeinschaftsrechtsakte zuzuordnen sind.

Ergibt die Prüfung, daß die Gemeinschaftsrechtsakte rechtmäßig gesetzt worden sind, so hängt die Beantwortung der Frage, ob die Länder das Organhandeln zu dulden haben, von Folgendem ab: Wird eine Befolgung rechtmäßig gesetzter Gemeinschaftsrechtsakte auch vom innerstaatlichen Recht gefordert oder setzt sich das Gemeinschaftsrecht im Kollisionsfall gegenüber dem nationalen Recht durch?

Erster Abschnitt

Rechtliche Qualifikation der Gemeinschaften

Bis heute hat sich zur Rechtsnatur der Gemeinschaften noch keine einheitliche Meinung in der Literatur gebildet[1]. So werden die Gemeinschaften vor allem von einer in Deutschland vertretenen Lehrmeinung als bundesstaatsähnlicher Verband, bzw. als partieller Bundesstaat angesehen[2] oder man nimmt an, es handle sich um eine internationale Organisation herkömmlicher Art, die einige Besonderheiten aufweise[3]. Eine dritte Ansicht bezeichnet die Europäischen Gemeinschaften als einen Verbandstypus eigener Art, der weder dem Staatsrecht noch dem Völkerrecht zuzuordnen sei[4].

A. Merkmale der Gemeinschaften

Betrachtet man das äußere Erscheinungsbild der Gemeinschaften, fällt auf, daß es im wesentlichen fünf institutionelle und normative Besonderheiten sind, die ihr ein eigenes Profil geben[5]: Die von den Mitgliedstaaten *unabhängigen Gemeinschaftsorgane* können durch den Erlaß von Rechtsakten „Marktbürger" und Staaten *unmittelbar verpflichten.* Aus dem Primärrecht als einer *Art Verfassung* leitet sich die Verbindlichkeit des Sekundärrechts ab; die Gemeinschaften verfügen über eine *Rechtsordnung.* Schließlich überwacht ein *eigenes Gericht* die Einhaltung des Gemeinschaftsrechts. Demnach besteht die Gemeinsamkeit mit den Staaten in der Möglichkeit, natürliche und juristische Personen der Mitgliedstaaten durch Rechtsakte unmittelbar berechtigen und verpflichten zu können[6]. Aber auch im Verhältnis zu internationalen Organisationen bestehen Ähnlichkeiten: Auch hier beruht die „Verfassung" oft auf einem völkerrechtlichen Vertrag, haben die Organe Entscheidungsbefugnis, bestehen gesetzesähnliche Normenkomplexe, existieren eigene Gerichte und fehlt ein eigenes Gebiet[7]. Es lag deshalb durchaus nahe, daß versucht worden ist, an jeweils einem be-

---

[1] Vgl. hierzu etwa die umfassende Darstellung bei *Riklin*, S. 329 ff.

[2] Siehe unten unter I.

[3] Siehe unten unter II.

[4] Siehe unten unter III.

[5] So schon *Schlochauer*, S. 2. Ähnlich: *Claudi*, S. 61; *Hoffmann*, Verhältnis, S. 434, r. Sp.; *Härringer*, in: Groeben / Boeckh / Thiesing, Bd. 1, Art. 5, Anm. I, S. 97.

[6] *Härringer*, in: Groeben / Boeckh / Thiesing, Art. 5, Anm. I, S. 98; *Hoffmann*, Verantwortung, S. 11 f.: „beide üben Imperium aus".

[7] *Hoffmann*, Verhältnis, S. 435, l. Sp.

kannten Begriffstypen des staatlichen bzw. internationalen Rechts anzuknüpfen, um auf den Rechtscharakter der Gemeinschaften zu schließen[8].

I. Staatlicher Charakter der Gemeinschaften

Gerade in der deutschen Literatur ist die Ansicht vertreten worden, die Gemeinschaften seien ein, wenn auch noch unvollendeter, Bundesstaat[9]. Gegen diese Auffassung spricht jedoch, daß die Gemeinschaften den Staatsbegriff nicht erfüllen. Zwar wird vereinzelt angenommen, das in einigen Vertragsbestimmungen umschriebene Gebiet[10] stelle das Gemeinschaftsgebiet i. S. von Staatsgebiet dar[11]. Jedoch haben die Gemeinschaften nicht die Möglichkeit, über dieses Gebiet auch wirksam zu verfügen, so daß den Gemeinschaften ein eigenes Gebiet fehlt[12]. Außerdem sind die Gemeinschaften nach dem Prinzip der „attribution des pouvoirs" in ihrer Zuständigkeit begrenzt, was dem Erfordernis der Kompetenz-Kompetenz für die Staatseigenschaft eines Verbandes widerspricht[13].

In erster Linie wird deshalb aus diesen Gründen die Ansicht, bei den Gemeinschaften handle es sich um ein staatliches Gebilde, einhellig abgelehnt[14]. Auch die Vertreter von Bundesstaatstheorien zum Rechtscharakter der Gemeinschaften haben inzwischen ihre Auffassungen weitgehend revidiert[15]. In den Gemeinschaften bestehen zwar ähnliche Probleme wie in einem Bundesstaat[16], dennoch kann von diesen

---

[8] *Constantinesco*, S. 310 f., Rdn. 228, 230, nimmt sogar an, daß die Gemeinschaften nur durch diese charakteristischen Merkmale definiert werden könnten und eine juristische Sicht verfehlt sei.

[9] Vgl. die umfangreichen Nachweise bei *Riklin*, S. 349 f., Fn. 26 u. 27 und *Härringer*, in: Groeben / Boeckh / Thiesing, Art. 5, Anm. I, S. 98.

[10] Art. 79 I EGKSV, 227 I EWGV, 198 I EAGV.

[11] *Köck*, S. 52.

[12] *Beutler* u. a., S. 54; *Hoffmann*, Verhältnis, S. 435, l. Sp.; *ders.*, Verantwortung, S. 12; *Constantinesco*, S. 316, Rdn. 236.

[13] *Beutler* u. a., S. 54; *Claudi*, S. 62; *Constantinesco*, S. 315, Rdn. 236; *Härringer*, in: Groeben / Boeckh / Thiesing, Art. 5, Anm. I, S. 98; *Hoffmann*, Verhältnis, S. 434, l. Sp.; *Ipsen*, Europarecht, S. 188, 8/8; a. A. *Everling*, Zweckverband, S. 607.

[14] Vgl. hierzu: *Beutler* u. a., S. 54; *Constantinesco*, S. 313 ff., insbes. S. 316, Rdn. 233 - 236; *Claudi*, S. 62; *Härringer*, in: Groeben / Boeckh / Thiesing, Art. 5, Anm. I, S. 98 f.; *Hoffmann*, Verhältnis, S. 434 l. Sp., 435 l. Sp.; *Ipsen*, Europarecht, S. 187, 8/5 - 9; *Riklin*, S. 349 m. w. N. in Fn. 26; *Runge*, S. 61.

[15] z. B. lehnt jetzt *Scheuner*, Grundrechtsschutz, S. 38, die Vorstellung, die Gemeinschaften seien ein Bundesstaat, ab. Auch *Hallstein*, der in der 2. Aufl. seines Lehrbuchs die Gemeinschaften noch als „präföderales" Gebilde bezeichnet (S. 38), stellt nun klar, daß er ihnen keine Staatseigenschaft zuerkennt (*Hallstein*, S. 63).

[16] *Everling*, Zweckverband, S. 606 f.

Ähnlichkeiten nicht zwingend auf den Rechtscharakter der Gemeinschaften geschlossen werden. Die Gemeinschaften sind keine staatlichen Gebilde[17].

II. Besondere Form internationaler Organisationen

Während die Ansicht, den Gemeinschaften komme Staatseigenschaft zu, kaum noch vertreten wird, ist doch eine ganze Reihe von Autoren der Auffassung, es handle sich bei den Gemeinschaften lediglich um eine besondere Erscheinungsform internationaler Organisationen[18]. Auch die supranationale Organisation sei eine internationale Organisation, die sich lediglich durch einige Besonderheiten von dieser unterscheide. Insbesondere werden hier die unmittelbare Verpflichtungswirkung der Gemeinschaftsrechtsakte[19], die Bindung an Mehrheitsbeschlüsse[20] und die weitgehende Wahrnehmung von üblicherweise den Staaten vorbehaltenen Kompetenzen[21] genannt. Als entscheidendes Kriterium für die Qualifizierung der Gemeinschaften sieht man die Gründungsverträge an. Sie bildeten die Entscheidungsgrundlage der Gemeinschaftsrechtsordnung, woraus notwendig der vertraglich-obligatorische Inhalt der Ordnung folge[22].

Dem ist jedoch entgegenzuhalten, daß die Rückführbarkeit der Entstehung der Gemeinschaften auf einen völkerrechtlichen Vertrag keineswegs den Schluß auf den Inhalt der neuen Verbandsordnung zuläßt[23]. An Hand von Beispielen läßt sich zeigen, daß das aufgrund völkerrechtlicher Verträge entstandene Recht sehr wohl staatliches Recht sein kann und die staatliche Qualität der Rechtsordnungen auch keineswegs bestritten wird[24]. Demnach erweist sich die Art der Ent-

---

[17] Auch nach rein soziologischer Betrachtungsweise (*Constantinesco*, S. 315, Rdn. 236), die dieser juristischen Untersuchung nicht zugrunde gelegt werden kann, sind die Gemeinschaften nicht als „Staat" zu bezeichnen, da die soziologische Verflechtung noch nicht genügend fortgeschritten ist (*Claudi*, S. 62 f.).

[18] Aus dem jüngeren Schrifttum z. B.: *Bleckmann*, Europarecht, S. 277; ausführlich *Köck*, S. 35, 144 f.; *Schweitzer / Hummer*, S. 180; *Seidl-Hohenveldern*, Recht, S. 7, Rdn. 113; jetzt auch *Scheuner*, Grundrechtsschutz, S. 38. Weitere Nachweise bei *Härringer*, in: Groeben / Boeckh / Thiesing, Bd. 1, Art. 5, Anm. I, S. 97; *Hoffmann*, Verhältnis, S. 433, r. Sp., Fn. 1; *Riklin*, S. 347, Fn. 10.

[19] *Köck*, S. 35; *Schweitzer / Hummer*, S. 180.

[20] *Schweitzer / Hummer*, S. 180.

[21] *Bleckmann*, Europarecht, S. 278.

[22] *Köck*, S. 144.

[23] *Bünten*, S. 59 m. w. N. in Fn. 11; *Constantinesco*, S. 317, Rdn. 238; *Grabitz*, S. 42; *Hoffmann*, Verhältnis, S. 434, l. Sp.; *Ipsen*, Europarecht, S. 59, 2/22.

[24] z. B. Entstehung des Norddeutschen Bundes und des Deutschen Reiches 1871.

stehung der Gemeinschaften als Kriterium für die Beurteilung ihrer Rechtsnatur zunächst als ungeeignet[25]. Dabei soll nicht verkannt werden, daß entstehungsgeschichtlich Ähnlichkeiten zwischen den Europäischen Gemeinschaften und anderen internationalen Organisationen bestehen; was die Zugehörigkeit der Gemeinschaften zu einer qualitativ anderen Ordnung jedoch nicht ausschließt[26]. Mit der Ablehnung dieses Zuordnungskriteriums ist jedoch der Nachweis auch noch nicht erbracht, daß die Kennzeichnung der Europäischen Gemeinschaften als „besondere Form internationaler Organisation" unzutreffend ist.

III. Gemeinschaften als besonderer Verbandstypus

Die heute überwiegende Ansicht in Literatur und Rechtsprechung sieht in den Gemeinschaften einen besonderen Verbandstypus, der zwischen Staat und internationaler Organisation steht[27], wobei die Bezeichnungen für diesen Verband terminologisch stark voneinander abweichen[28]. Es wird angenommen, daß der herkömmliche Dualismus von Staatenbund und Bundesstaat, von völkerrechtlicher und staatsrechtlicher Staatenverbindung nicht ausreiche, um die Besonderheiten der Gemeinschaften zu erfassen[29]. Als Besonderheiten, die eine Einordnung in bisher bekannte Begriffe des Staats- oder Völkerrechts unmöglich machten, werden die Mehrheitsentscheidungen, die Unabhängigkeit der Gemeinschaftsorgane sowie deren Fähigkeit zu unmittelbar wirksamer Rechtsetzung angesehen[30]. Vor allem aber wird die Eigen-

---

[25] *Runge*, S. 60.

[26] *Oppermann*, S. 692; an anderer Stelle spricht er allerdings von „völkerrechtlichem Lebensfaden".

[27] Beispiele aus der jüngeren Literatur: *Claudi*, S. 62, 199 f.; *Constantinesco*, S. 332, Rdn. 246; *Härringer*, in: Groeben / Boeckh / Thiesing, Bd. 1, Art. 5, Anm. I, S. 97; *Hoffmann*, Verhältnis, S. 434, r. Sp.; *ders.*, Verantwortung, S. 13; *Ipsen*, Europarecht, S. 6 ff., 1/6, 7; *Nicolaysen*, Gemeinschaftsrecht, S. 7; im Ergebnis wohl auch *Oppermann*, S. 697; *Riklin*, S. 387.

Beispiele aus der Rechtsprechung: BVerfGE 22, 293 (296); 37, 271 (278); 31, 145 (173 f.). EuGH, Rs. 26/62, Slg. Rsp. Bd. IX, 1 (25); Rs. 6/64, Slg. Rsp. Bd. X, 1251 (1269 f.); Rs. 28/67, Slg. Rsp. Bd. XIV, 215 (230); Rs. 14/68, Slg. Rsp. Bd. XV, 1 (14); Rs. 11/70, Slg. Rsp. Bd. XVI, 1125 (1135).

[28] So spricht *Ipsen*, Europarecht, S. 197, 8/27, S. 230 f., 9/56, von einem „Zweckverband funktionaler Integration", *Oppermann*, S. 697, von einer „parastaatlichen Superstruktur" und *Riklin*, S. 387, von einer „völkerrechtlich organisierten, politischen, nicht parastaatlichen, überstaatlichen, übernationalen, funktionalistischen Staatenverbindung".

[29] *Everling*, Zweckverband, S. 614; a. A. *Köck*, S. 18, Fn. 4, S. 22, 23, 42, Fn. 3; *Lecheler*, Supranationalität, S. 10.

[30] *Härringer*, in: Groeben / Boeckh / Thiesing, Bd. 1, Art. 5, Anm. I, S. 97; *Nicolaysen*, Gemeinschaftsrecht, S. 7. Siehe auch *Riklin*, S. 367 ff., Fn. 58 - 69: „Ein einziges Kriterium, eine Kombination mehrerer oder das Vorliegen eines von mehreren wird als Grund für die Bezeichnung als besonderer Verband angesehen."

ständigkeit der Gemeinschaftsrechtsordnung hervorgehoben und als entscheidend für die Unmöglichkeit einer Bezeichnung der Gemeinschaften als Staat oder internationale Organisation erachtet[31]. Teilweise wird die Ansicht, die Gemeinschaftsrechtsordnung stelle gegenüber dem Staats- und Völkerrecht qualitativ etwas anderes dar, überhaupt nicht begründet[32], teilweise wird vom Ergebnis her argumentiert[33]. Auch aus der mangelnden Deckungsgleichheit der Hoheitsrechte von Mitgliedstaaten und Gemeinschaften hat man Argumente für eine Eigenständigkeit der Gemeinschaftsrechtsordnung herzuleiten versucht[34]. Meist wird auf die Unabgeleitetheit der Gemeinschaftsrechtsordnung hingewiesen[35].

Gegen die Annahme, aus den Besonderheiten der Gemeinschaftsverträge, wie Mehrheitsbeschlüsse, unabhängige Organe und unmittelbar geltende Gesetze, gegenüber anderen völkerrechtlichen Verträgen könne geschlossen werden, es handle sich bei den Gemeinschaften um keine internationale Organisation, sind Bedenken zu erheben: Das Völkerrecht als anpassungsfähige Rechtsordnung wäre sehr wohl in der Lage, auch untypische Materien zu regeln. Bundesstaatliche Elemente können auch in einer Staatenverbindung enthalten sein. So kannte der Deutsche Zollverein von 1834 unabhängige Organe, Mehrheitsbeschlüsse und unmittelbar geltende Gesetze[36]. Auch die Europäische Donaukommission von 1856 hatte Verordnungsrecht und Strafgewalt gegenüber Einzelpersonen[37]. Weiter ist auf die Zuständigkeit des UN-Sicherheitsrates nach Art. 41 ff. SVN hinzuweisen[38]. Demnach kann aus den inhaltlichen Unterschieden zwischen den Gemeinschaften und internationalen Organisationen nicht zwingend auf einen qualitativen Unterschied hinsichtlich der Rechtsnatur geschlossen werden[39]. Ebensowenig ist aus einer inhaltlichen Verschiedenheit der Hoheitsgewalt die Eigenständigkeit der Gemeinschaftsrechtsordnung zu folgern: Die An-

---

[31] Nachweise bei: *Bünten*, S. 63 f., insbes. Fn. 40; *Claudi*, S. 199, Fn. 14 - 17; *Constantinesco*, S. 654 f., Rdn. 588; *Nicolaysen*, Gemeinschaftsrecht, S. 7. Beispiele aus der Rechtsprechung: BVerfGE 22, 293 (296); EuGH, Slg. Rsp. Bd. IX, 1 (24 f.), Slg. Rsp. Bd. XIV, 215 (230).

[32] z. B. *Constantinesco*, S. 654 f., Rdn. 588.

[33] *Bünten* (S. 63) meint, das Ziel eines binnenmarktähnlichen Wirtschaftsgebietes könne nur auf Grundlage einer neuen, selbständigen Gemeinschaftsrechtsordnung erreicht werden.

[34] *Bünten*, S. 64, m. w. N. in Fn. 38 u. 39; *Emrich*, S. 115 f., m. w. N. in Fn. 161; *Wohlfarth*, Befugnis, S. 29.

[35] *Bünten*, S. 63 f.; *Claudi*, S. 200; *Emrich*, S. 116; *Hoffmann*, Verhältnis, S. 435, l. Sp.; *ders.*, Verantwortung, S. 13.

[36] *Lecheler*, Supranationalität, S. 9.

[37] *Schweitzer / Hummer*, S. 164.

[38] Ebd.

[39] *Köck*, S. 43, Fn. 3.

sicht, es müsse sich bei der Gemeinschaftsrechtsordnung um eine eigene Verbandsordnung handeln, weil die Gemeinschaften über andere Hoheitsbefugnisse verfügten als die Staaten zuvor, ist nicht stichhaltig, da eine gemeinsame Besorgung nur dann möglich ist, wenn die Gemeinschaften über die entsprechenden Befugnisse verfügen[40]. Beachtung hingegen verdient der Hinweis auf die Unabgeleitetheit der Rechtsordnung. Allerdings muß im einzelnen untersucht werden, welche Rolle die Eigenständigkeit der Rechtsordnung bei der Qualifizierung eines Verbandes spielt, ob die „Unabgeleitetheit" als Kriterium dafür maßgebend ist und ob es sich ggf. bei der Gemeinschaftsrechtsordnung um eine unabgeleitete Ordnung handelt.

B. Eigenständigkeit der Gemeinschaften

I. Voraussetzungen

Eine Rechtsgemeinschaft soll dann als eigenständig bezeichnet werden, wenn das Verhalten von ein und derselben Rechtsordnung geregelt wird[41]. Die Gemeinschaften bildeten demnach also dann einen Verband sui generis, wenn sie eine eigene normative Ordnung neben dem Staats- und Völkerrecht aufwiesen.

Teilweise wird jedoch schon die Möglichkeit der Existenz einer anderen Ordnung als der des Staats- oder Völkerrechts von vornherein ausgeschlossen. Das menschliche Recht erschöpfe sich im Völkerrecht und im staatlichen Recht, da sich die Rechtsordnung der im Staat bestehenden Gemeinschaften auf das staatliche Recht zurückführen lasse und alles nicht-staatliche Recht unmittelbar aus dem Völkerrecht ableitbar sein müsse[42]. Geht man von der Voraussetzung „tertium non datur" aus[43], so sind Erwägungen über eine dritte Ordnung, der das Gemeinschaftsrecht angehören könnte, überflüssig: Jeder Verband, der nicht den Staatsbegriff erfüllt, muß dann zwangsläufig als internationale Organisation angesehen werden[44].

Allerdings ist diese Argumentation nicht zwingend. Selbst bei Zugrundelegung der Auffassung *Kelsens,* auf die sich *Köck* beruft[45], bleibt eine Rechtsordnung neben der des Staats- und Völkerrechts vorstellbar:

---

[40] Ebd., S. 106.

[41] *Zippelius,* S. 37. Diese Ansicht geht zurück auf *Kelsen,* S. 240.

[42] *Köck,* S. 18, Fn. 4, S. 22, 145.

[43] Ebd., S. 42, Fn. 3; *Lecheler,* Supranationalität, S. 10.

[44] *Köck,* S. 145.

[45] Ebd., S. 77, 102.

Auch wenn die staatliche Rechtsordnung als dem Völkerrecht untergeordnet und von ihm als einer universalen Weltrechtsordnung eingeschlossene Teilrechtsordnung begriffen wird[46], ist damit die Annahme einer neben dem Staatsrecht und etwa dem Recht der internationalen Organisationen bestehenden Rechtsordnung noch nicht ausgeschlossen. Nach der Ansicht *Kelsens* bildet das Prinzip der Effektivität als Norm des positiven allgemeinen Völkerrechts den Geltungsgrund der einzelstaatlichen Rechtsordnungen[47], während die Rechtsnormen internationaler Organe sich auf einen völkerrechtlichen Vertrag zurückführen lassen[48]. Ist im ersten Fall Geltungsgrund der Rechtsordnung eine Norm des allgemeinen Völkerrechts[49], ist sie im zweiten eine des Völkervertragsrechts, eine Norm, die der „Zweiten Stufe" des Völkerrechts angehört[50].

Gründet eine Normenordnung ihre Geltung also nicht auf einen völkerrechtlichen Vertrag, bleibt es denkbar, daß sich eine Rechtsordnung aufgrund der üblicherweise für die Geltung der staatlichen Rechtsordnungen maßgebenden Norm des allgemeinen Völkerrechts etabliert. Daß sie, obwohl sich ihre Geltung aus einer Norm des allgemeinen Völkerrechts ableitet, nicht notwendig eine staatliche Rechtsordnung sein muß, ergibt sich schon daraus, daß der Verbandsordnung essentielle Merkmale einer staatlichen Ordnung, wie z. B. Unbeschränktheit der Gewalt hinsichtlich der Regelungsgegenstände fehlen können. Es ist vorstellbar, daß eine Verbandsordnung zwar den gleichen Geltungsgrund wie eine staatliche Rechtsordnung aufweist, aber ebenso wie eine völkerrechtsunmittelbare, durch völkerrechtlichen Vertrag konstituierte Rechtsordnung in ihrer Regelungszuständigkeit von vornherein auf bestimmte Gegenstände beschränkt ist. Bei unterstellter Richtigkeit der monistischen Auffassung *Kelsens* wäre dann die aufgrund der Norm des allgemeinen Völkerrechts erlaubt erzeugte und angewendete normative Zwangsordnung als Teilrechtsordnung neben den staatlichen Rechtsordnungen in der universalen Weltrechtsordnung einbegriffen. Demnach ist auch unter Annahme dieser Auffassung nicht zwingend nachgewiesen, daß es neben staatlicher und völkerrechtlicher Ordnung nicht auch eine dritte Ordnung, wenn auch hier neben dem Staatsrecht, unter dem Völkerrecht stehend, geben könnte.

Da nicht das Völkerrecht das staatliche Recht delegiert, sondern vielmehr die staatlichen Rechtsordnungen Voraussetzungen für die Existenz

[46] *Kelsen*, S. 336; *Köck*, S. 77.
[47] *Kelsen*, S. 336, 338.
[48] Ebd., S. 324.
[49] Ebd., S. 221.
[50] Ebd., S. 324.

des koordinationsrechtlichen Völkerrechts darstellen[51], wird der weiteren Untersuchung nicht der strenge Monismus zugrunde gelegt, sondern von der Möglichkeit ausgegangen, daß verschiedene Rechtsordnungen ohne Unter- oder Überordnungsverhältnis nebeneinander bestehen können[52].

Bei der Frage, unter welchen Voraussetzungen von einer eigenständigen Rechtsordnung gesprochen werden kann, ist auf die Definition *Kelsens* zurückzugreifen. Danach bilden Normen dann ein Normensystem, eine Rechtsordnung, wenn sich ihre Geltung auf ein und dieselbe Grundnorm zurückführen läßt. Die Grundnorm stellt den gemeinsamen Geltungsgrund der Rechtssätze der jeweiligen Ordnung dar[53]. Sie verleiht dem Normgeber die Autorität, gültige Normen zu setzen[54]. Um die Einheit einer Rechtsordnung konstituierende Norm sein zu können, muß sie als höchste Bestimmung vorausgesetzt sein, darf ihre Geltung nicht von einem höheren Rechtssatz ableiten[55].

Bezogen auf das Gemeinschaftsrecht bedeutet das: Die Rechtsakte des Gemeinschaftsrechts, wie Verordnungen, Richtlinien und Entscheidungen lassen sich zurückführen auf die Berechtigungen der hierfür zuständigen Organe im Primärrecht. Diese im primären Gemeinschaftsrecht niedergelegten Befugnisse zur Rechtsetzung, Verwaltung und Rechtsprechung sind sachlich begrenzt. Derartige Befugnisse, die i. d. R. auf der umfassenden staatlichen Gewalt beruhen, werden als Hoheitsrechte bezeichnet[56].

Demnach ist die Gemeinschaftsrechtsordnung dann eigenständig, wenn die im Primärrecht niedergelegten Hoheitsrechte nicht durch einen Normgeber geschaffen wurden, dessen Kompetenzen sich ihrerseits wieder aus dem Staats- oder Völkerrecht ableiten, sondern die Autorität hierzu durch eine Grundnorm des Gemeinschaftsrechts vermittelt wurde.

Daher ist die Frage zu untersuchen, woher die Gemeinschaftsorgane die Fähigkeit, Recht setzend und durchsetzend tätig zu werden, empfangen haben. Denkbar ist, daß als Normgeber die Gründungsstaaten auftreten und sich ihre Kompetenz hierzu aus dem staatlichen Recht, bzw. dem Völkerrecht ergibt oder die Gemeinschaftsorgane selbst ihre

---

[51] *Rudolf*, Völkerrecht, S. 146.

[52] Auf den Streit zwischen Monismus und Dualismus kann im Rahmen der vorliegenden Untersuchung nicht eingegangen werden. Im übrigen ist, wie gezeigt, auch bei unterstellter monistischer Prämisse, eine dritte Rechtsordnung, wenn auch im Unterordnungsverhältnis zum Völkerrecht, vorstellbar.

[53] *Kelsen*, S. 196 f.

[54] Ebd., S. 197.

[55] Ebd., S. 197, 240.

[56] *Emrich*, S. 112, verschiedene Definitionen zusammenfassend.

Ordnung konstituieren und ihre Fähigkeit dazu sich als eine rein tatsächliche erweist.

II. „Übertragung“ von Hoheitsrechten

Vor allem kurze Zeit nach Gründung der Europäischen Gemeinschaft für Kohle und Stahl ist die Ansicht vertreten worden, die Gründerstaaten hätten mitgliedstaatliche Befugnisse auf die Gemeinschaft übertragen, also mittels eines Vorganges, der mit einer Zession im zivilrechtlichen Sinne verglichen werden könnte[57]. Unter Zugrundelegung dieser Auffassung hätten die Gemeinschaften ein Bündel von formal und inhaltlich mit den staatlichen Organkompetenzen identischen Hoheitsbefugnissen erhalten müssen[58].

Es ist schwer vorstellbar, daß mit diesem Bild einer mosaikartig aus einzelnen Bruchstücken bestehenden Gewalt, die zudem den Beschränkungen, mit denen die nationalen Verfassungen die „übertragenen“ Rechte belastet hatten, unterworfen blieben, die einheitliche Hoheitsgewalt der Gemeinschaften und deren Geltung in allen Mitgliedstaaten erklärt werden könnte[59]. Dennoch kann aus diesen Konstruktionsschwierigkeiten, die mit der Vorstellung einer „Übertragung“ von Hoheitsrechten verbunden sind, noch nicht geschlossen werden, daß es sich deshalb bei den Hoheitsrechten der Gemeinschaften um neu konstituierte Hoheitsgewalt handele[60].

Auch in jüngster Zeit wird in der Literatur die Ansicht geäußert, die Hoheitsbefugnisse der Gemeinschaften seien durch völkerrechtlichen Vertrag übertragene, also abgeleitete Kompetenzen[61]. *Köck*[62] etwa vertritt die Auffassung, die Staaten als Normgeber delegierten durch den Gründungsvertrag das Gemeinschaftsrecht, weshalb die Hoheitsrechte der Gemeinschaften abgeleitet und begrenzt seien. Da nach seiner Prämisse das Völkerrecht die Staaten zum Abschluß des Gründungsvertrages ermächtigt, folgert er daraus, daß der Geltungsgrund des Gemeinschaftsrechts sich dem Völkerrecht entnehmen lasse und somit das Gemeinschaftsrecht dem Völkerrecht angehöre. Auf die Widersprüchlichkeiten in der Darstellung *Köcks*[63] soll an dieser Stelle nicht näher

---

[57] z. B. *Klein*, Gutachten, S. 468 ff.; *Loewenstein*, S. 386 f.

[58] *Bünten*, S. 62; *Claudi*, S. 149; *Emrich*, S. 113; *Spelten*, S. 36.

[59] *Claudi*, S. 149; *Emrich*, S. 113, 115; *Maunz*, in: Maunz / Dürig / Herzog, Art. 24, Rdn. 7; *Spelten*, S. 36; vgl. *Wagner*, Grundbegriffe, S. 352.

[60] *Wagner*, Vorstellung, S. 90.

[61] *Köck*, S. 102, Fn. 134, S. 106, 139, 146; *Scheuner*, Grundrechtsschutz, S. 38; *Schweitzer / Hummer*, S. 164.

[62] S. 102.

[63] So nimmt er an, die Gemeinschaftsgewalt entstehe durch Übertragung aus dem Recht der Mitgliedstaaten, S. 102, 106, 139, 146, nach seiner Termino-

eingegangen werden, da der Untersuchung keine monistische Auffassung zugrunde liegt und seine Ansicht nur bei monistischer Betrachtungsweise Bedeutung erlangte.

Die Frage, ob die Völkerrechtsordnung oder die staatlichen Rechtsordnungen Kompetenzzuweisungsnormen für die Staaten zur „Übertragung" von Hoheitsbefugnissen enthalten, kann erst beantwortet werden, wenn feststeht, wie Hoheitsgewalt entsteht und auf welche Weise die Gemeinschaften ihre Hoheitsrechte erworben haben.

III. Erwerb von Hoheitsgewalt

Da Hoheitsrechte Aspekte der Staatsgewalt darstellen[64] und es staatsfreie Räume auf der Erde praktisch nicht mehr gibt[65], trifft jede neue Hoheitsgewalt i. d. R. auf die Gewalt der Staaten. Die fremde Gewalt kann sich nur dann entfalten, wenn die Staaten dazu gezwungen werden, sie zu dulden oder sie von sich aus zulassen. Demnach ist die Ausübung nichtstaatlicher Hoheitsrechte ohne Zwang nur mit Billigung der Staaten möglich, wenn sie sich nicht aufgrund staatlichen Rechts oder des Völkerrechts konstituiert.

1. Öffnung der staatlichen Gewalt für staatsfremde Gewalt

Um das hoheitliche Tätigwerden anderer als staatlicher Organe zu ermöglichen, ist es denkbar, daß der betreffende Staat auf die Zuständigkeiten staatlicher Organe mit dinglicher Wirkung verzichtet oder aber nur auf die Ausschließlichkeit seiner Staatsgewalt.

a) Aufgabe der eigenen Staatsgewalt mit dinglicher Wirkung

Nach einer in bezug auf die Gemeinschaftsgewalt vertretenen Literaturmeinung gebe der Staat in einem Akt der Selbstbeschränkung einen Teil seiner Hoheitsrechte auf, wodurch die Rechtsmacht des Staates in seiner Substanz gemindert werde, da er nicht mehr zu eigener Hoheitstätigkeit in der Lage sei. Das durch den Verzicht entstandene „Hoheitsvakuum" werde durch die fremde Hoheitsgewalt ausgefüllt[66]. Der Verfassungsgrundlage dieser Selbstbeschränkung[67] (im deutschen Recht

---

logie, also aus Völkerrecht i. w. S., behauptet jedoch inkonsequenterweise, das primäre Gemeinschaftsrecht sei Völkerrecht i. e. S., S. 139.

[64] Zum Begriff siehe *Emrich*, S. 112.

[65] *Krüger*, Staatslehre, S. 919 f.

[66] *Bünten*, S. 72 f., m. w. N. in Fn. 28; *Maunz*, in: Maunz / Dürig / Herzog, Art. 24, Rdn. 7. Vgl. auch die Literaturhinweise bei *Stern*, S. 385, Fn. 27.

[67] *Bünten*, S. 73.

Art. 24 I GG) werde nur dann entsprochen, wenn eine substantielle Einbuße der Staatsgewalt eintrete, also die Mitgliedstaaten auf einen Teil ihrer Hoheitsrechte mit dinglicher Wirkung verzichteten[68]. Durch Art. 24 I GG sei die staatliche Kompetenz-Kompetenz grundgesetzlich eingeschränkt worden[69].

Gegen die Ansicht, die Staaten ermöglichten die Entfaltung staatsfremder Hoheitsgewalt dadurch, daß sie auf ihre eigenen Hoheitsrechte auf begrenzten Bereichen mit dinglicher Wirkung verzichteten, sind Bedenken zu erheben: Soll jedenfalls ein die Staatsqualität berührender Wesenszug nicht verlorengehen (anderes gilt bei der Gründung eines neuen Bundesstaates durch zwei Altstaaten), muß die potentielle Ausschließlichkeit der Staatsgewalt, d. h. die Fähigkeit zu ggf. auch vertragswidriger Hoheitstätigkeit erhalten bleiben. Da der Verfassungsgeber die „Selbstbeschränkungsnorm" demnach jederzeit wieder aufheben und die Fähigkeit zum Erlaß von Rechtsakten auf den „verzichteten Bereichen" wieder herstellen kann, ist die „Selbstbeschränkung des Staates" nicht geeignet, den Verlust staatlicher Hoheitsgewalt zu begründen[70]. Ein Verlust staatlicher Hoheitsgewalt könnte dann angenommen werden, wenn eine andere Rechtsordnung als die staatliche in der Lage wäre, die Nichtigkeit dennoch gesetzten Rechts anzuordnen. Da das rechtsanwendende Organ nur der es konstituierenden Rechtsordnung entnehmen kann, welche Norm anzuwenden ist, bleibt für das innerstaatliche Organ immer nur das innerstaatliche Recht maßgebend[71]. Die Normen einer anderen Rechtsordnung werden nur dann relevant, wenn die konstituierende Rechtsordnung darauf verweist[72].

Gleichgültig, ob also die fremde Hoheitsgewalt auf einer Rechtsordnung eigener Art oder der Völkerrechtsordnung beruht; keine von beiden wäre in der Lage, die innerstaatliche Rechtsetzungs- und Durchsetzungsfähigkeit zu beschränken[73]. Die Staaten haben, auch wenn sie die Entfaltung fremder Hoheitsgewalt zulassen, sofern sie nicht zu einem neuen Staat verschmelzen wollen, auf ihre Hoheitsgewalt nicht mit dinglicher Wirkung verzichtet, staatliche und fremde Befugnisse stehen in einem solchen Fall in einem kumulativen Konkurrenzverhältnis, nicht in einer Komplementärbeziehung[74].

---

[68] Ebd., S. 75 f.

[69] Ebd., S. 91, 94, 96; ähnlich *Doehring*, S. 81.

[70] *Birke*, S. 90; *Hoffmann*, Verhältnis, S. 436, l. Sp.; *Spelten*, S. 38; *Stern*, S. 385 f.

[71] *Köck*, S. 47, Fn. 23, mit Hinweis auf *Kelsen*.

[72] Ebd., S. 110 f.

[73] *Hoffmann*, Verhältnis, S. 436, l. Sp.

[74] *Spelten*, S. 38.

b) Verzicht auf Ausschließlichkeit der Gewaltausübung

Da die fremde Hoheitsgewalt auf die erhalten gebliebene staatliche Hoheitsgewalt mit ihrem Anspruch auf potentielle Ausschließlichkeit trifft, kann sie sich nur dann entfalten, wenn die Staaten es gestatten. Die Ausübung fremder Hoheitsmacht wird dadurch ermöglicht, daß der Staat seinen ausschließlichen Herrschaftsanspruch auf dem der fremden Hoheitsmacht zugedachten Aufgabenbereich zurücknimmt, also der unmittelbaren Geltung und Anwendung fremder Hoheitsäußerungen innerhalb des staatlichen Herrschaftsbereichs Raum gelassen wird[75].

2. *Entstehung von Hoheitsgewalt*

Daß die einzelnen nationalen Verfassungen es den Staaten gestatten können, auf ihre „aktualisierte" Ausschließlichkeit zu verzichten, ist ohne weiteres einsehbar[76]. Wie aber überhaupt Hoheitsgewalt entsteht, bedarf näherer Untersuchung.

Da es sich bei Hoheitsrechten nur um Aspekte der Staatsgewalt handelt, bestehen zwar substantielle Unterschiede zwischen Staat und nichtstaatlichen Verbänden darin, daß diesen Verbänden die Kompetenz-Kompetenz und die Allzuständigkeit fehlen; die Frage, woher diese Verbände ihre Fähigkeit zur Ausübung von Hoheitsgewalt erlangt haben, unterscheidet sich jedoch nicht prinzipiell von dem Problem der Entstehung von Staatsgewalt[77].

a) Begründung eigenständiger Hoheitsgewalt durch Rechtsakt

Zur Frage der Bildung eigener Hoheitsgewalt wird die Ansicht vertreten, es handle sich dabei um einen rechtlich zu qualifizierenden Akt.

So argumentiert *Krüger*, die Staaten besäßen das Monopol legitimer Gewaltanwendung[78], da die Erde keine staatsfreien Räume mehr aufweise. Die Staaten verfügten danach über eine „staatsbildende Gewalt", die es ihnen gestatte, neben neuen Staaten auch andere nichtstaatliche Verbände mit Hoheitsgewalt zu schaffen. Der Gebrauch dieser staatsbildenden Gewalt bei der Begründung einer neuen Hoheitsgewalt müsse als rechtlicher Vorgang angesehen werden[78].

---

[75] Für die Gemeinschaftsgewalt: *Birke*, S. 90; *Claudi*, S. 151, 200 f.; *Hoffmann*, Verhältnis, S. 437; *Ipsen*, Europarecht, S. 56, 2/15; *Spelten*, S. 38; *Stern*, S. 387.

[76] *Birke*, S. 90.

[77] Für die Gemeinschaftsgewalt: *Birke*, S. 91; *Claudi*, S. 152; *Hoffmann*, Verhältnis, S. 437, l. Sp.; *Ruppert*, S. 101.

[78] *Krüger*, Herkunft, S. 724; *ders.*, Staatslehre, S. 919 f.

Andere beschreiben die Begründung neuer Hoheitsgewalt als rechtlichen Gesamtakt, wobei unter „Gesamtakt“ Unterschiedliches verstanden wird. So nimmt *Ipsen* an, Gesamtakt sei die sich im völkerrechtlichen Vertrag äußernde Willenseinigung, die an sich nur auf die Vertragsschließenden beschränkte Rechtswirkungen hervorbringe, die aber darüber hinaus eine Rechtserzeugung zum Ausdruck bringe. Die Staaten sollen durch diesen „Gemeinwillen“ Rechtswirkungen außer sich selbst erzeugt haben[79]. Ebensowenig, wie damit erklärt wird, als was diese „Rechtserzeugung außer sich selbst“ zu qualifizieren ist, kann nachvollzogen werden, wie diese Willenseinigung plötzlich Recht über die Einigung hinaus geschaffen haben soll[80]. Auch bei *Spelten*, der behauptet, gleichzeitig mit der völkerrechtlichen Verpflichtung werde in einem konstitutiven Akt die zwischenstaatliche Gemeinschaft geschaffen[81], bleibt der Vorgang des Gewalterwerbs unklar. An anderer Stelle legt er dar, was er unter dem konstitutiven Akt versteht: Durch die Ratifikation des Vertrages erfolge in einem konstitutiven Akt im Wege der Verfassungsgebung die Gemeinschaftsgründung[82]. Aus dem Zusammenwirken der Mitgliedstaaten „erwachse“ ein internationaler Verfassungsgeber mit eigener Hoheitsgewalt[83]. Während für *Spelten* der rechtliche Gesamtakt aus völkerrechtlichem Vertrag und staatlicher Ratifikation besteht, wobei letzterer konstitutive Bedeutung zukommt, setzt sich nach *Claudis* Ansicht der Gesamtakt anders zusammen: Der rechtliche Gesamtakt, der die Gemeinschaftsgewalt begründe, enthalte die völkerrechtliche Gründungsvereinbarung und innerstaatliche Anpassungsmaßnahmen. Gründungsvereinbarung und innerstaatliche Anpassungsmaßnahmen würden in verschiedenen Rechtsebenen vollzogen, wobei die innerstaatliche Anpassung für die Entstehung der Gewalt konstitutive Bedeutung habe, stünden aber in untrennbarem Zusammenhang[84].

Ob jedoch der Erwerb von Hoheitsgewalt als rechtlicher Gesamtakt staatlicher Integrationsgewalt gedeutet werden kann, ist zweifelhaft. Soweit den innerstaatlichen Akten, mit denen der fremden Hoheitsgewalt Geltungsbereiche eröffnet werden, sei es, daß man diese Wirkung der Ratifikation oder den Anpassungsmaßnahmen zumißt, konstitutive Bedeutung für die neue Hoheitsgewalt zuerkannt wird, mißdeutet man die Beziehung zwischen staatlicher Rechtsordnung und neuer Gewalt:

---

[79] *Ipsen*, Europarecht, S. 60 f., 2/25. Zur Vereinbarungslehre vgl. *Wagner*, Grundbegriffe, S. 100 ff.

[80] *Köck*, S. 39 f., Fn. 10 und S. 145.

[81] *Spelten*, S. 38.

[82] Ebd., S. 47; ähnlich *Nicolaysen*, Gemeinschaftsrecht, S. 8.

[83] *Spelten*, S. 39.

[84] *Claudi*, S. 161 f.

Zutreffend ist, daß der Staat fremde, in seinem Hoheitsbereich beanspruchende Gewalt an seiner staatlichen Rechtsordnung überprüft. Soweit er selbst nicht an der Erzeugung dieser Gewalt mitgewirkt hat, wird er ihr i. d. R. die Rechtmäßigkeit absprechen. Aber auch dann, wenn der Staat nach seiner Rechtsordnung der fremden Gewalt die Geltung verweigert, ist damit noch nicht das Vorhandensein fremder Hoheitsmacht ausgeschlossen. Faktisch ist zwar die Entfaltung neuer Gewalt erst mit staatlicher Billigung möglich[85], rechtlich notwendig ist diese Billigung jedoch nicht: So ist es beispielsweise durchaus vorstellbar, daß sich auch heute noch revolutionär neue Staaten auf dem Gebiet bereits bestehender Staaten entwickeln können. Auch wenn sich diese neuen Staaten entgegen bestehenden staatlichen Ordnungen etablieren, kann sich eine neue Hoheitsgewalt entfalten. Demnach ist die Billigung einer neuen Gewalt durch eine bestehende Normenordnung kein konstitutives Element bei der Gewaltentstehung[86]. Die Deutung des Gewalterwerbs als rechtlichen Gesamtakt der Gründungsstaaten ist deshalb abzulehnen.

b) Entwicklung eigenständiger Hoheitsgewalt aufgrund einer Gesamtgesellschaft

Von einem soziologischen Ansatz ausgehend, hat sich *Ruppert*[87] ausführlich mit dem Problem der Entstehung unabhängiger Hoheitsgewalt beschäftigt. Nach seiner Ansicht setzt eine eigenständige Hoheitsgewalt notwendigerweise eine Gesellschaft voraus, die in der Lage ist, sich als Verband selbständig zu verfassen. Bei der Gründung eines Bundesstaates könne neue Hoheit originär nur dadurch entstehen, daß sie sich aus der von den Einzelgesellschaften in den Gründerstaaten verschiedenen Gesamtgesellschaft herausbilde[88]; zwischenstaatliche Gemeinschaften könnten nur dann unabgeleitete Hoheitsgewalt hervorbringen, wenn sie sich zu einer partiellen Gesamtgesellschaft mit hoheitsbildender Fähigkeit integriert hätten. So lange die Bildung der Gesamtgesellschaft noch nicht eindeutig abgeschlossen sei, könne die Gewalt der zwischenstaatlichen Organisation zugleich abgeleitet und originär sein. Es sei aber schwierig bis unmöglich, die originäre von der abgeleiteten Gewalt abzugrenzen[89], weshalb auch der Zeitpunkt des Übergangs von einem vorstaatlichen in einen staatlichen Zustand nicht exakt bestimmt werden könnte. Deshalb müsse auch die Frage nach den Gewaltverhältnissen in den Gemeinschaften letztlich unbeantwor-

---

[85] Siehe hierzu oben, III. 1. a) u. b).

[86] *Birke*, S. 91; *Ruppert*, S. 103 f.

[87] *Ruppert*, insbes. S. 104 f., 149, 177 ff.

[88] Ebd., S. 105.

[89] Ebd., S. 178.

tet bleiben, wenn auch gegen eine Originarität der Gemeinschaftsgewalt wegen des starken Gewichts der Mitgliedstaaten erhebliche Bedenken zu erheben seien[90].

Diese Ansicht *Rupperts* ist folgerichtig, wenn man wie er davon ausgeht, zur Ausbildung von originärer Hoheitsgewalt sei eine Gesamtgesellschaft notwendig. Teilt man sein Vorverständnis, ist es konsequent, auch für die Gemeinschaften den Nachweis entsprechender Gesamtgesellschaftsstrukturen zu fordern[91]. Dieser Nachweis wird allerdings für die Gemeinschaften kaum erbracht werden können[92].

Neben der Schwäche des Erklärungsversuchs von *Ruppert* hinsichtlich seiner Praktikabilität, die sich darin zeigt, daß nicht sicher festgestellt werden kann, wann die Herausbildung der verlangten gesellschaftlichen Struktur abgeschlossen ist und worin sich die Umwandlung abgeleiteter in originäre Gewalt vollzieht[93], sprechen jedoch bereits erhebliche Gründe gegen den von ihm gewählten Ansatzpunkt.

Fraglich ist, ob zur Entstehung unabgeleiteter Hoheitsgewalt tatsächlich das Vorhandensein einer Gesamtgesellschaft unerläßlich ist. Die Ausbildung von neuer Hoheitsgewalt auf dem Gebiet bestehender Staaten kann das Ergebnis eines sich seit langem entwickelnden gesellschaftlichen Prozesses sein. Mit der endgültigen Beseitigung der alten staatlichen Ordnung und der Schaffung einer neuen Verbandsordnung kann dieser Prozeß seinen Abschluß finden und die neue Gewalt Anerkennung als eigenständige erlangen. Dies ist jedoch nicht die einzig denkbare Möglichkeit. Auch die Hoheitsmacht eines Bundesstaates, der in der Folge eines völkerrechtlichen Vertrages zwischen zwei Einzelstaaten entstanden ist, wird von Anfang an als eigene anerkannt. Dabei ist unerheblich, ob die Gesellschaften der Gründerstaaten sich bereits zu einer Gesamtgesellschaft entwickelt haben oder ob noch keine gesamtgesellschaftlichen Strukturen ausgebildet worden sind und etwa der „Integrationsprozeß" erst durch die Bundesgewalt in Gang gebracht wird. Wird der „Gesellschaftsbildungsprozeß" in einem derartigen Fall erst zu einem späteren Zeitpunkt abgeschlossen, so verändert sich die rechtliche Beurteilung der bisherigen Hoheitsgewalt nicht[94]. Ob

---

[90] Ebd., S. 180.

[91] Unzulässig ist es jedoch im Rahmen einer rechtlichen Darstellung, den Vorgang des Hoheitserwerbs mit unjuristischen und zudem nicht klar definierbaren Begriffen erklären zu wollen. So aber *Constantinesco,* S. 314, Rdn. 234,236: „Das Zusammengehörigkeitsgefühl ... (ist) ... der mächtige Faktor, der eine schicksallose Gemeinschaft in eine Nation, also in das wichtigste soziale und politische Substratum einer Staatsorganisation umwandelt", der damit das Problem eher verschleiert, als zu seiner Klärung beiträgt.

[92] *Birke,* S. 85.

[93] *Claudi,* S. 155.

[94] Ebd., S. 157.

eine neue Hoheitsgewalt auf einer gesamtgesellschaftlichen Basis beruht, ist deshalb für ihre rechtliche Qualifizierung nicht entscheidend[95].

c) Unabgeleitete Hoheitsgewalt als tatsächliche Fähigkeit

Wie dargestellt, wird Hoheitsgewalt auf dem Gebiet bestehender Staaten einerseits nicht dadurch konstituiert, daß sie durch die bestehenden Normenordnungen gebilligt wird, andererseits ist auch die Ausbildung einer Gesamtgesellschaft keine notwendige Voraussetzung für deren Entstehung. Auch die Rechtsordnung des neuen Verbandes kann aus sich heraus keine Fähigkeit zur Ausübung von Hoheitsmacht begründen, da ja diese Rechtsordnung ebenfalls erst geschaffen werden muß[96].

Vom Standpunkt des positiven Rechts aus ist es für den Erwerb von Hoheitsgewalt allein entscheidend, ob der Hoheitsausübende die Macht besitzt, eine Zwangsordnung zu erzeugen, die für den betreffenden territorialen Bereich Wirksamkeit entfaltet. Auf welchem Weg diese Macht erworben worden ist, ob sich revolutionär gegen den Bestand der bisherigen Ordnungen durchsetzend oder mit Billigung der Staaten, also aus der Sicht der staatlichen Rechtsordnungen „legitim“, bleibt ohne Bedeutung[97]. Die staatlichen Rechtsordnungen können die Herrschaftsgewalt billigen oder mißbilligen; sie sind aber nicht in der Lage, sie zu begründen oder zu vernichten[98]. Hat der Inhaber von Hoheitsgewalt tatsächlich die Macht, diese auch als eigene auszuüben und macht er davon Gebrauch, schafft er damit eine neue effektive Ordnung und erzeugt damit Recht[99]. Diese Wirkung, die sich damit letztlich auf die normative Kraft des Faktischen zurückführen läßt, nimmt das Völkerrecht hin[100]; es „ermächtigt“ nicht durch eine völkerrechtliche Norm zu dieser Erzeugung[101].

Demnach erweist sich die Fähigkeit, Hoheitsgewalt auszuüben, nicht als eine rechtliche Fähigkeit, sondern als eine tatsächliche. Sie ist ein „soziales Faktum“, an welches sich rechtliche Wirkungen anknüpfen können. Verfügen Verbandsorgane über die tatsächliche Fähigkeit, eigene Hoheitsgewalt auszuüben, so sind sie zugleich in der Lage, zu

---

[95] Ebd., S. 158.

[96] *Hoffmann*, Verhältnis, S. 436, r. Sp.

[97] *Kelsen*, S. 222.

[98] *Hoffmann*, Verantwortung, S. 11, Fn. 3.

[99] *Köck*, S. 118 f.

[100] *Hoffmann*, Verhältnis, S. 436, r. Sp.

[101] Selbst wenn man die monistische Sicht *Kelsens* zugrundelegt und eine Norm des allgemeinen Völkerrechts als Ermächtigungsnorm ansieht, *Kelsen*, S. 222, so legitimierte diese Norm zur Erzeugung von dem staatlichen ähnlichen Recht, also Völkerrecht i. w. S. Die so erzeugte Rechtsordnung bildete eine neben dem Staatsrecht, unter dem Völkerrecht stehende Ordnung.

bestimmen, ob sie diese Gewalt als eigene oder als fremde einsetzen wollen; ein Abhängigkeitsverhältnis zu einer fremden Rechtsordnung besteht dann nicht. Maßgebend für das Vorhandensein eigenständiger Gewalt eines Verbandes ist demnach, daß er tatsächlich die Macht besitzt, diese Gewalt durchzusetzen (Effektivität), wozu i. d. R. Voraussetzung ist, daß die faktischen Verhältnisse hierzu durch die Einräumung von Entfaltungsvoraussetzungen von den Staaten geschaffen werden, und daß sich die Fähigkeit zur Hoheitsausübung allein auf die Tatsache effektiv ausgeübter Gewalt und nicht auf eine Norm des Staats- oder Völkerrechts zurückführen läßt (Originarität). Eigenständige Hoheitsgewalt eines Verbandes ist in dem Zeitpunkt entstanden, in dem sich die Befehle der zur Gewaltausübung fähigen Organe als Ausfluß eigener Hoheitsmacht unangefochten gegenüber den Staatsgewalten behaupten.

IV. Erwerb eigenständiger Gemeinschaftsgewalt

Um die Frage, ob die Gemeinschaften eigene Hoheitsrechte besitzen, beantworten zu können, ist zu ermitteln, auf welche Art und Weise die Ausbildung dieser Rechte gelungen sein könnte. Erweist es sich, daß die Gemeinschaften die Macht zur Ausübung von Hoheitsgewalt innehaben und haben sie davon in der Weise Gebrauch gemacht, daß sie eine eigene Gemeinschaftsrechtsordnung begründeten, handelt es sich bei dem Recht der Europäischen Gemeinschaften um originäres Recht, dessen Geltung sich auf eine eigene Grundnorm zurückführen läßt.

1. Völkerrechtliche Vereinbarungen

Eine entscheidende Rolle beim Erwerb der Gemeinschaftsbefugnisse wird den Gründungsverträgen zugemessen. Diese Vereinbarungen sind als völkerrechtliche Verträge geschlossen worden und fixieren die Verfassung der Gemeinschaften, ohne daß daraus der Schluß gezogen werden müßte, sie setzten die Verfassung ein; auch bei der Gründung von Bundesstaaten kann die zukünftige Bundesverfassung in einem völkerrechtlichen Vertrag formuliert sein[102]. In den Gründungsvereinbarungen sind Umfang und Ausmaß aller, den Gemeinschaften zukommenden Kompetenzen, die Aufteilung der Befugnisse auf die Gemeinschaftsorgane sowie die Rechte und Pflichten von Gemeinschaften und Mitgliedstaaten geregelt. Damit ist jedoch die Funktion der Gründungsverträge nicht hinreichend beschrieben. Wie oben festgestellt[103], ist eine

[102] *Claudi*, S. 159; *Runge*, S. 60.
[103] Siehe oben, III. 1. b) u. 2. a).

Ausübung von Hoheitsgewalt auf den jeweiligen Staatsgebieten ohne Zwang nur dann möglich, wenn die Staaten dies gestatten. In den Gründungsverträgen bringen die Staaten zum Ausdruck, daß sie sich verpflichten, auf die Ausschließlichkeit ihrer Hoheitsgewalt zu verzichten, also gewisse, in eigener Staatsgewalt ausgeübte oder potentiell enthaltene Funktionen nicht auszuüben und zu gestatten, daß die Gemeinschaftsorgane Hoheitsgewalt auf den ihnen eingeräumten Gebieten ausüben[104]. Allein durch diese Vereinbarungen entsteht, ebensowenig wie ein völkerrechtlicher Vertrag Bundesstaatsgewalt schaffen könnte, keine Gemeinschaftsgewalt. Die in den Gründungsverträgen enthaltene Fixierung der Gemeinschaftsverfassung und die Verpflichtung der Staaten zu Ausschließlichkeitsverzicht sowie zur Duldung der Gemeinschaftsgewalt tragen lediglich dazu bei, die faktischen Verhältnisse zur Entfaltung von Hoheitsgewalt der Gemeinschaften herzustellen. Allerdings reichen Konzipierung der Verfassung und völkerrechtliche Verpflichtung allein noch nicht aus, um die tatsächlichen Voraussetzungen zur Ausübung von Gemeinschaftsgewalt zu schaffen[105]. Hinzukommen muß der Vollzug des Ausschließlichkeitsverzichts durch die Staaten.

2. *Innerstaatliche Maßnahmen*

Damit gewährleistet ist, daß sich tatsächlich Hoheitsgewalt entfalten kann, müssen die Verpflichtungen in den Gründungsvereinbarungen von Maßnahmen der Mitgliedstaaten begleitet werden, durch die sie der konzipierten Gewalt „den sie nach außen abschirmenden Mantel alleiniger staatlicher Rechtsgeltung öffnen, um die bisher nur der staatlichen Hoheitsgewalt unterworfenen Rechtssubjekte auch der Gemeinschaftsgewalt zuzuordnen“[106].

Die Anpassung an die Gemeinschaftsgewalt, d. h. der Verzicht auf Ausübung eigener Gewalt und die Duldung der Realisierung der neuen Gewalt auf den Staatsterritorien erfolgt dadurch, daß die Staaten die Zuständigkeiten der entsprechenden innerstaatlichen Organe aufheben[107], also auf ihre aktuelle Ausschließlichkeit verzichten[108] und die Gemeinschaftsrechtsakte im Bereich ihrer Rechtsordnungen gelten lassen, also die Gemeinschaftsgewalt anerkennen. Da die Staaten auf den Gebieten, die sie den Gemeinschaften

---

[104] *Hoffmann*, Verhältnis, S. 437, r. Sp.; *Schroeder*, S. 25.

[105] *Claudi*, S. 168; *Ruppert*, S. 105.

[106] *Claudi*, S. 159, 168.

[107] *Ruppert*, S. 105.

[108] Ebd., S. 125. Daß ein theoretisch möglicher dinglicher Verzicht bei der Gründung eines zwischenstaatlichen Verbandes ausscheidet, wurde an anderer Stelle (oben, III.) dargelegt.

eingeräumt haben, im großen und ganzen selbst nicht mehr Gewalt ausübend tätig werden und die Gemeinschaftsrechtsakte in den Mitgliedstaaten auch Anerkennung finden, ist davon auszugehen, daß die für die Entfaltung der Gemeinschaftsgewalt erforderlichen Anpassungsmaßnahmen erfolgt sind.

Eine höhere Geltung von Gemeinschaftsrechtsakten gegenüber staatlichen Akten könnte dadurch erreicht werden, daß der Staat die Gemeinschaftsrechtsakte in bestimmten Grenzen als höherrangig anerkennt[109].

Verpflichtung zum Ausschließlichkeitsverzicht und zur Duldung der Gemeinschaftsgewalt sowie konzipierte Verfassung einerseits und innerstaatliche Anpassungsmaßnahmen andererseits sind zwar verschiedenen Rechtsebenen zuzuordnen, schaffen aber erst zusammen die Voraussetzungen für die Ausübung von Hoheitsgewalt durch die Gemeinschaftsorgane[110]. Insoweit könnte von einer „Öffnung" für die nichtstaatliche Hoheitsgewalt gesprochen werden[111]. Allerdings bleibt festzuhalten, daß auch der Verzicht auf Ausschließlichkeit staatlicher Hoheitsentfaltung und Einräumung gemeinschaftlicher Hoheitsentfaltung nicht in der Lage sind, Gemeinschaftsgewalt zu schaffen[112].

3. Macht zur Entfaltung von Gemeinschaftsgewalt

Da die faktischen Verhältnisse zur Ausübung von Hoheitsgewalt durch die Gründerstaaten hergestellt worden sind und die Fähigkeit zur Ausübung von Hoheitsgewalt eine tatsächliche Fähigkeit ist, bleibt zur Feststellung, ob es sich um eigenständige Hoheitsgewalt handelt, nur zu fragen, ob die Gemeinschaften wirksam Gewalt ausüben und allein hieran die Geltung der Gemeinschaftsrechtsordnung angeknüpft wird.

Die Befehle der zuständigen Gemeinschaftsorgane werden von den Rechtsunterworfenen befolgt. Die Gemeinschaftsgewalt wird wirksam ausgeübt; sie ist effektiv. Die Gemeinschaftsorgane besitzen die tatsächliche Fähigkeit zur Ausübung von Hoheitsgewalt.

Es bleibt zu untersuchen, ob allein die Tatsache effektiver Herrschaftsausübung den Geltungsgrund der Gemeinschaftsrechtsordnung darstellt. Das Gemeinschaftsrecht ist nur dann eigenständig, wenn die in den völkerrechtlichen Gründungsvereinbarungen konzipierten Ho-

---

[109] *Claudi*, S. 160; *Ruppert*, S. 129.

[110] *Claudi*, S. 161 f., 168; *Ruppert*, S. 105.

[111] So etwa *Köck*, S. 65.

[112] Insoweit kann *Köck*, S. 66, zugestimmt werden.

heitsrechte nicht aufgrund völkerrechtlicher Verträge gelten, sondern allein aufgrund der Macht der Gemeinschaftsorgane als Gemeinschaftshoheitsrechte erzeugt worden sind.

Eine Umwandlung des Völkervertragsrechts in Gemeinschaftsrecht kann durch Rezeption geschehen. Zwar ist eine ausdrückliche Rezeption i. S. der Ausfüllung einer Rezeptionsklausel durch die Gemeinschaftsorgane nicht erfolgt, jedoch bleibt eine stillschweigende Umsetzung möglich. Wie das Beispiel der Reichsgründung von 1871 zeigt, kann die in einem völkerrechtlichen Vertrag konzipierte Verfassung durch konkludentes Verhalten als Verfassung des neuen Bundesstaates und damit als eigenständiges Recht übernommen werden. Dadurch, daß der neue Hoheitsverband deutlich macht, das Recht nicht als Völkerrecht, sondern als eigenes anzuwenden, und dies vom Völkerrecht und vom Recht der betroffenen Staaten hingenommen oder gegen deren Willen durchgesetzt wird, entstehen aus den völkerrechtlichen Bestimmungen Normen des neuen Rechts. Zum Ausdruck gebracht wird diese Umwandlung durch die Rechtsetzungsakte der neuen Gewalt, die mit dem Anspruch ergehen, aufgrund eigener, unabgeleiteter Befugnis gesetzt und durchgesetzt zu werden. Damit existiert bereits mit der ersten Betätigung der durch völkerrechtlichen Vertrag eingesetzten Gewaltträger neue, eigenständige Hoheitsgewalt, wenn sie unangefochten als eigene ausgeübt wird.

Da die Gemeinschaftsorgane Gemeinschaftsrecht nicht als fremdes, sondern ausdrücklich als eigenes wirksam gesetzt haben[113] und dies auch unangefochten tun konnten, verfügen sie über die tatsächliche Fähigkeit zur Ausübung von Hoheitsgewalt. Aufgrund dieser tatsächlichen Fähigkeit waren sie in der Lage, durch Umwandlung des Vertragsvölkerrechts eine neue Rechtsordnung zu erzeugen. Die Geltung des Gemeinschaftsrechts läßt sich demnach allein auf die Tatsache effektiv ausgeübter Hoheitsgewalt zurückführen und nicht auf eine Norm des Völkerrechts.

Die *Grundnorm des Gemeinschaftsrechts* könnte etwa lauten: Die Staaten, deren Organe und juristischen sowie natürlichen Personen, die sich im Herrschaftsbereich der nach Sachgebieten begrenzten Gemeinschaftsgewalt befinden, haben die Hoheitsakte der Gemeinschaftsorgane zu befolgen.

---

[113] So z. B. ausdrücklich der EuGH in Slg. Rsp. Bd. X, S. 1251 ff. (1270) und in Slg. Rsp. Bd. XVI, S. 1125 ff. (1135); siehe auch Fn. 27. Die Gerichte der Mitgliedstaaten haben dies anerkannt. Vgl. z. B. Ital.GH., Urt. v. 27. 12. 1973, in EuGRZ 1975, S. 311 ff. (312) und Urt. v. 30. 10. 1975, in EuGRZ 1976, S. 54 ff. (55); Belg. Kassationshof, Urt. v. 27. 5. 1971, in EuGRZ 1975, S. 308 ff. (310); BVerfGE 37, 271 ff. (278), 22, 293 (296), 31, 145 ff. (173 f.).

Da die Gemeinschaften eine eigene normative Ordnung neben dem Staats- und Völkerrecht aufweisen, bilden sie eine Rechtsgemeinschaft eigener Art, einen Verband sui generis.

Den Prüfungsmaßstab für die Rechtmäßigkeit der Eingriffe in Bundesländerkompetenzen bildet zunächst allein das Gemeinschaftsrecht. Gesondert hiervon ist die Rechtmäßigkeitsprüfung nach staatlichem Recht vorzunehmen. Erst wenn beide Ergebnisse vorliegen, kann untersucht werden, ob eine Kollision zwischen Gemeinschaftsrecht und deutschem Recht besteht und welche Auswirkungen dies ggf. hat.

V. Folgerungen

Der „Gründungsvorgang" der Europäischen Gemeinschaften besteht demnach aus drei Teilen:

1. Den völkerrechtlichen Gründungsverträgen, die die Fixierung der Verfassung und die Verpflichtungen zum Ausschließlichkeitsverzicht sowie zur Anerkennung der Gemeinschaftsgewalt enthalten.
2. Den staatsrechtlichen Anpassungsmaßnahmen, die zusammen mit den Gründungsverträgen die Voraussetzungen für die Entfaltung von Gemeinschaftshoheitsgewalt bilden.
3. Der tatsächlichen unangefochtenen Ausübung eigener Hoheitsgewalt, die bewirkt, daß das Gemeinschaftsrecht effektiv und originär gilt.

Hieraus ergibt sich für die Mitwirkung der Staaten die Folgerung, daß sie nur bei der Schaffung der Voraussetzungen zur Entfaltung gemeinschaftseigener Hoheitsgewalt beteiligt sein können: Als Partner bei Abschluß der Gründungsverträge und als einzelne im innerstaatlichen Bereich bei Durchführung des Ausschließlichkeitsverzichts.

Ob die Staaten die Voraussetzungen zur Ausübung von Gemeinschaftsgewalt schaffen durften, ist eine Frage des jeweiligen Verfassungsrechts. Wie sich die Mitwirkung der Bundesrepublik im einzelnen vollzogen hat und welche Grenzen dabei die Verfassung in bezug auf die Beeinträchtigung föderaler Rechte zur Beachtung aufgegeben hat, wird später noch ausführlich dargestellt.

Zweiter Abschnitt

Gemeinschaftsrechtliche Verpflichtung zur Beachtung des föderativen Aufbaus der Bundesrepublik

Da das Gemeinschaftsrecht eine Rechtsordnung eigener Art darstellt, ist zunächst zu untersuchen, ob Normen des Gemeinschaftsrechts existieren, die Eingriffe in die föderative Struktur der Bundesrepublik verbieten.

A. Ausdrückliche Berücksichtigung im Vertragsrecht

Verbotsnormen können ausdrücklich oder stillschweigend im Gemeinschaftsrecht enthalten sein. Eine ausdrückliche Berücksichtigung des bundesstaatlichen Aufbaus der Bundesrepublik findet sich, da die Verträge keine Rücksicht auf deren föderative Struktur nehmen (Partner der Verträge ist der Bund als Gesamtstaat), in den Bestimmungen des Primärrechts der Gemeinschaften nicht. Nirgendwo wird ausdrücklich auf Ländermaterien Bezug genommen.

B. Verpflichtung zur Rücksichtnahme auf den föderativen Aufbau der Bundesrepublik aus ungeschriebenem Gemeinschaftsrecht

Eine Verpflichtung der Gemeinschaftsorgane zur Beachtung des föderativen Aufbaus der Bundesrepublik aus ungeschriebenem Gemeinschaftsrecht ergäbe sich dann, wenn die Organe an die deutsche Verfassungsentscheidung für den Föderalismus gebunden wären. Eine unmittelbare Bindung an nationale Verfassungsprinzipien qua mitgliedstaatlichen Rechts kommt jedoch wegen der Eigenständigkeit der Gemeinschaftsrechtsordnung gegenüber den mitgliedstaatlichen Rechtsordnungen nicht in Betracht. Eine Verpflichtung der Gemeinschaftsorgane zur Beachtung mitgliedstaatlicher Verfassungsprinzipien ließe sich allenfalls aus der Gemeinschaftsrechtsordnung ableiten.

I. Verpflichtung aus dem Prinzip der Gemeinschaftstreue

Einige Autoren[1] nehmen an, aus gemeinschaftsrechtlichen Bestimmungen lasse sich ein Prinzip der Gemeinschaftstreue ableiten, welches

---

[1] z. B. *Ehle*, Wirtschaftslenkung, S. 159; vgl. aber seine Auffassung in: Verfassungskontrolle, S. 322; *von der Groeben*, S. 233; *Wohlfarth*, Rechtsordnung, S. 173, 175.

die Mitgliedstaaten verpflichte, sich gemeinschaftsfreundlich zu verhalten und korrespondierend den Gemeinschaftsorganen ein Loyalitätsangebot gegenüber den Mitgliedstaaten auferlege. Aus der Gemeinschaftstreue sei eine Bindung der Gemeinschaftsorgane an die nationalen Verfassungsprinzipien zu folgern.

Die Übertragung des vom Bundesverfassungsgericht für das Verhältnis von Bund und Ländern entwickelten Grundsatzes der Bundestreue auf die Beziehung Mitgliedstaaten - Gemeinschaften ist, läßt man die Einwände gegen die Verwendung im innerstaatlichen Bereich[2] beiseite, vor allem wegen der erheblichen Unterschiede zwischen Bundesstaat und Gemeinschaften für bedenklich gehalten worden[3]. Stellt man jedoch nicht auf den völkerrechtlichen Charakter der Gründungsverträge sondern auf das Primärrecht als Verfassung der Gemeinschaften ab, erscheint es möglich, aus den Art. 5 EWGV, 86 EGKSV und 192 EAGV ein Prinzip der Gemeinschaftstreue abzuleiten. Wird demnach das Prinzip der Bundestreue im Gemeinschaftsrecht für anwendbar gehalten, so ist es jedoch keinesfalls geeignet, etwa Hauptpflichten zu begründen und damit die Eigenständigkeit der Gemeinschaftsrechtsordnung zu berühren. Auch das Prinzip der Bundestreue ist nicht in der Lage, unter Mißachtung der Unabgeleitetheit der Gemeinschaftsrechtsordnung eine Bindung an nationale Vorschriften herbeizuführen[4].

Aus dem gleichen Grund ist die Ansicht *Ziegers*, die Gemeinschaftsorgane seien zu mitgliedstaatlich-loyalem Verhalten aus dem Prinzip der Funktionsfähigkeit verpflichtet[5], abzulehnen: Eine Ableitung des Loyalitätsgebots aus dem Prinzip der Funktionsfähigkeit der Gemeinschaften darf nicht die Eigenständigkeit der Gemeinschaftsrechtsordnung, zu deren Stütze das Prinzip dienen soll, in Frage stellen[6].

Weder über das Prinzip der Gemeinschaftstreue noch das der Funktionsfähigkeit ist eine Bindung der Gemeinschaftsorgane an das föderale Verfassungsprinzip der Bundesrepublik begründbar.

II. Mittelbare Bindung aufgrund allgemeiner Rechtsgrundsätze

Eine mittelbare Bindung der Gemeinschaftsorgane an nationale Verfassungsprinzipien wird aus den allgemeinen Rechtsgrundsätzen (meist im Zusammenhang mit dem Grundrechtsproblem diskutiert) abgeleitet,

---

2 Siehe hierzu z. B. *Hesse*, S. 109 f.

3 *Birke*, S. 75; *Claudi*, S. 123; zur Vorsicht mahnend: *Ipsen*, Bundesstaat, S. 235.

4 *Claudi*, S. 123 f.

5 *Zieger*, S. 46 f.

6 *Claudi*, S. 124.

die als verbindliches Gemeinschaftsrecht von den Gemeinschaftsorganen zu beachten seien.

Teils werden diese Grundsätze als bereits seit der Gründung der Gemeinschaften existierende, ungeschriebene Rechtsnormen angesehen[7], teils betrachtet man sie als das Ergebnis der dem Europäischen Gerichtshof zugewiesenen Ermächtigung zu einer selbständigen Erzeugung des Gemeinschaftsrechts durch richterliche Rechtsfortbildung[8].

Wie hier zu entscheiden ist[9], kann offenbleiben: Da der Europäische Gerichtshof bisher keine Verpflichtung zur Beachtung der föderativen Struktur angenommen hat, scheidet eine derartige Norm als Ergebnis richterlicher Rechtsschöpfung aus. Als ungeschriebene Rechtsnorm müßten jedenfalls föderative Strukturen auch in den anderen Mitgliedstaaten nachgewiesen werden können. Die deutsche Bundesstaatlichkeit stellt neben dem noch jungen belgischen Föderalismus gegenüber den anderen Rechtsordnungen eine Besonderheit dar, so daß nicht angenommen werden kann, daß ein allgemeiner Grundsatz existierte, der als Rechts- oder Rechtserkenntnisquelle zu einer Verpflichtung der Gemeinschaftsorgane führte.

III. Verpflichtung aufgrund verfassungskonformer Auslegung der Verträge

Eine mittelbare Bindung der Gemeinschaftsorgane an mitgliedstaatliche Verfassungsbestimmungen wird z. T. daraus abgeleitet, daß diese Organe verpflichtet seien, die Bestimmungen des primären Gemeinschaftsrechts verfassungskonform auszulegen[10]. Diese auf *Friauf*[11] zurückgehende Ansicht wird damit begründet, daß die durch die jeweiligen Zustimmungsgesetze zu innerstaatlichem Recht gewordenen Gründungsverträge an den mitgliedstaatlichen Verfassungen gemessen werden könnten. Um eine Unwirksamkeit im innerstaatlichen Bereich zu vermeiden, müßten die nationalen Organe das Gemeinschaftsrecht verfassungskonform interpretieren. Da die nationalen Parlamente nur einem verfassungsgemäßen Vertrag hätten zustimmen dürfen, müsse ihm im völkerrechtlichen Bereich der gleiche Inhalt gegeben werden[12]. Es sei unzulässig, im völkerrechtlichen Bereich einen Vertrag als recht-

---

[7] z. B. *Lecheler*, Rechtsgrundsätze, S. 169.

[8] z. B. *Kropholler*, S. 135 f.

[9] Zu den allgemeinen Rechtsgrundsätzen siehe *Ipsen*, Europarecht, S. 112 f., 5/17 - 20, S. 732, 41/22.

[10] *Ehle*, Verfassungskontrolle, S. 322; *Schwaiger*, Verfassungsmäßigkeit, S. 265 f.; *Wagner*, Grundbegriffe, S. 249.

[11] Staatenvertretung, S. 92 ff., Notwendigkeit, S. 224 ff.

[12] *Friauf*, Notwendigkeit, S. 232.

mäßig zu betrachten, dessen Inhalt als Ratifizierungsgesetz nach nationalem Recht verfassungswidrig wäre. Den Staaten dürfe keine Auslegung der Gründungsverträge aufgezwungen werden, die sie nicht gewollt hätten und wegen ihrer verfassungsrechtlichen Bindungen auch nicht hätten wollen können[13]. Zur Auslegung sei die Verfassung heranzuziehen, die die strengsten Anforderungen stelle[14].

Abgesehen davon, daß nach dieser Ansicht die Verfassungswidrigkeit einer Nichtbeachtung des föderativen Aufbaus nachgewiesen[15] und der Einwand, wegen der Besonderheit der deutschen Verfassungsregel werde den übrigen Partnern eine ungewollte Auslegung aufgedrängt[16], widerlegt werden müßte, ist die Ansicht *Friaufs* schon vom Ansatz her bedenklich: Seine Meinung läuft darauf hinaus, die Gültigkeit völkerrechtlicher Verträge von der Einhaltung der für die vertragsschließenden Organe verbindlichen nationalen Verfassungsnormen abhängig zu machen und deshalb die Intepretation der Verträge im Einklang mit den mitgliedstaatlichen Verfassungen für notwendig zu erachten. Dies widerspricht der im Völkerrecht anerkannten Regel, daß die Normen der Verfassung nicht über den innerstaatlichen Bereich hinaus in der völkerrechtlichen Ebene wirken[17]. Die nationalen Verfassungsschranken können daher auch nicht im Bereich des Gemeinschaftsrechts im Wege einer verfassungskonformen Auslegung berücksichtigt werden[18]. Auch der Hinweis, es handle sich bei der verfassungskonformen Auslegung um einen „teleologischen Auslegungsgrundsatz von allgemeiner Bedeutung“[19], reicht nicht aus, um seine Anwendung auf die Gemeinschaftsverträge zu begründen. Zumindest hätte der Nachweis seiner Geltung auch in den anderen Mitgliedstaaten geführt werden müssen[20].

Da *Friauf* offensichtlich das Gemeinschaftsrecht in eine Abhängigkeit von den nationalen Verfassungen bringt und damit die Originarität der Gemeinschaftsrechtsordnung verkennt, kann seiner Ansicht nicht gefolgt werden[21].

---

[13] *Friauf*, Staatenvertretung, S. 97; *ders.*, Notwendigkeit, S. 232.
[14] *Friauf*, Staatenvertretung, S. 100.
[15] *Birke*, S. 77.
[16] *Rabe*, S. 128.
[17] Siehe z. B. *Menzel / Ipsen*, S. 326; vgl. Art. 47 WVRK.
[18] *Claudi*, S. 186.
[19] *Friauf*, Staatenvertretung, S. 96.
[20] *Birke*, S. 77.
[21] Siehe auch *Steiger*, S. 106 f.

IV. Verpflichtung aus dem „Hineinwirken" innerstaatlicher Verfassungsschranken in das Gemeinschaftsrecht

Von einem anderen Ansatz als *Friauf* ausgehend, kommt auch *Claudi* zu einer Berücksichtigung der nationalen Verfassungsschranken im Gemeinschaftsrecht. Bezüglich der Relevanz mitgliedstaatlicher Verfassungsentscheidungen bei völkerrechtlichen Verträgen nimmt er ebenso wie die h. M. an, daß lediglich den formellen Kompetenzvorschriften der nationalen Verfassungen, nicht aber deren materiellen Bestimmungen, ein begrenztes rechtliches Gewicht für die Geltungskraft völkerrechtlicher Verträge zuzumessen sei[22]. Bei den Gründungsverträgen aber vertritt er eine abweichende Ansicht: Sie seien nicht allein nach ihrem förmlichen Charakter als völkerrechtliche Verträge anzusehen, sondern sie seien Bestandteil eines mehrschichtigen Konstitutionsaktes, von dem sie nicht isoliert werden könnten[23]. Während die Verträge die Gründungsvereinbarung für den überstaatlichen Verband enthielten und dessen Verfassung absteckten, sei zur Konstituierung der Gemeinschaften noch das Hinzutreten der innerstaatlichen Maßnahmen erforderlich[24]. Beide seien voneinander untrennbare Bestandteile eines einheitlichen Gründungsvorganges. Eine Diskrepanz zwischen beiden Teilen verhinderte die Geschlossenheit des Konstitutionsaktes und vereitelte den mit ihm angestrebten Erfolg. Erhöben die Mitgliedstaaten die Erfüllung bestimmter Anforderungen an die Rechtsordnung der Gemeinschaften als die conditio sine qua non ihrer Anpassung, müsse die Verfassung der Gemeinschaften diesen Anforderungen gerecht werden[24]. Daher müßten die auf die innerstaatlichen Anpassungsmaßnahmen anzuwendenden Schranken sich auch in der Gemeinschaftsebene auswirken. Die Staaten könnten nur solche Hoheitsgewalten schaffen, die den Anforderungen entsprächen, welche die innerstaatlichen Verfassungsschranken an die neue Rechtsordnung stellten[25].

Dem Einwand, dies bedeute eine Abhängigkeit der Gemeinschaftsrechtsordnung von den nationalen Verfassungen, versucht er damit zu begegnen, daß er eine Bindung der Gemeinschaftsorgane an nationale Verfassungsbestimmungen ablehnt und statt dessen davon spricht, daß die Gemeinschaftsrechtsordnung „in sich" den Anforderungen entsprechen müsse, die durch eine Verfassungsbindung der nationalen Organe bei Gründung der Gemeinschaften an sie gestellt wurden[26].

---

[22] *Claudi*, S. 166 f.

[23] Ebd., S. 167.

[24] Ebd., S. 168.

[25] Ebd., S. 169.

[26] Ebd., S. 171.

Gegen diese, von der allgemeinen völkerrechtlichen Regel abweichende Behandlung der Gründungsverträge bezüglich der Berücksichtigung verfassungsrechtlicher Schranken des nationalen Rechts sind Bedenken zu erheben: *Claudis* Deutung des Gründungsvorganges ist nicht überzeugend. Zwar sind Gründungsvereinbarung und innerstaatliche Maßnahmen notwendig, um die Entfaltung von Gemeinschaftsgewalt zu ermöglichen; dies bedeutet jedoch nicht, daß sie voneinander untrennbare Bestandteile eines einheitlichen Konstitutionsaktes der Gemeinschaftshoheit wären. Gründungsvereinbarung und Anpassungsmaßnahmen werden in verschiedenen Rechtsebenen vollzogen; demnach ergibt sich hier keine Besonderheit gegenüber dem allgemeinen Völkerrecht.

Auch seine These, die Staaten könnten nur im Rahmen ihrer Verfassungsschranken neue Hoheitsgewalt schaffen, genauer: durch den Teilakt „Anpassung" konstituieren, läßt sich nicht halten. Der Staat ist als Träger des pouvoir constituant in der Lage, verfassungsrechtliche Verbote zu beseitigen; demnach käme also auch hier nur eine zeitweise Beschränkung der Zulässigkeit bestimmten hoheitlichen Handelns in Betracht.

Die Gründungsvereinbarungen unterliegen als völkerrechtliche Verträge den Regeln des Völkerrechts. Demnach kann jeder Staat, auch wenn dem nationales Verfassungsrecht entgegenstehen sollte, sich in den Gründungsverträgen völkerrechtlich wirksam verpflichten, dem neuen Hoheitsverband Bereiche zur Gewaltausübung zu überlassen und dazu innerstaatliche Anpassungsmaßnahmen vorzunehmen. Eine andere Frage ist, ob das Verfassungsrecht die Anpassungsmaßnahmen erlaubt. Ist dies nicht der Fall, so sind die Maßnahmen zwar verfassungswidrig, sie können aber dennoch gemeinschaftskonform sein. Der Staat kann also aus völkerrechtlicher Sicht auch solchen Hoheitsgewalten Entfaltungsvoraussetzungen gewähren, die den Anforderungen nicht entsprechen, die das Verfassungsrecht verlangt. Wie sich das deutsche Verfassungsrecht zu dieser Frage stellt, soll später untersucht werden. Demnach kann nicht begründet werden, daß aus den Besonderheiten bei der Gründung der Gemeinschaften ein „Hineinwirken" von nationalen Verfassungsbestimmungen in das Gemeinschaftsrecht folge.

Selbst bei Unterstellung der als unzutreffend erkannten Ansicht, mitgliedstaatliche Verfassungsentscheidungen seien für die Gemeinschaftsorgane relevant, ließe sich nicht nachweisen, daß von Gemeinschaftsrechts wegen auch der föderative Aufbau der Bundesrepublik berücksichtigt werden müßte. Denn nur bei einer relativen Gleichartigkeit der Verfassungsentscheidungen wäre überhaupt eine Auswirkung auf das Gemeinschaftsrecht möglich. Die Verfassungsstrukturen müssen sich zumindest in den Grundstrukturen gleichen. Könnte man dies in der Frage der Grundrechtsgewährung noch annehmen[27], so träfe dies bezüglich föderativer Strukturen nicht zu. Die Bundesrepublik und Belgien stehen als bisher einzige föderativ aufgebaute Staaten zentralistisch strukturierten Partnern gegenüber, so daß hinsichtlich der Bundesstaatlichkeit nicht nur ein gradueller, sondern ein prinzipieller Unterschied besteht. Auch aus diesem Grund kommt eine Berücksichtigung der föderativen Struktur der Bundesrepublik durch das Gemeinschaftsrecht nicht in Betracht. Das Gemeinschaftsrecht ist nicht an nationales Verfassungsrecht gebunden[28].

V. Ergebnis

Die Gemeinschaftsorgane sind weder aufgrund einer ausdrücklichen Bestimmung noch aus einer Norm des ungeschriebenen Gemeinschaftsrechts verpflichtet, auf die föderative Struktur der Bundesrepublik Rücksicht zu nehmen[29]. Aus der Sicht des Gemeinschaftsrechts sind die Eingriffe der Gemeinschaftsorgane in Länderkompetenzbereiche rechtmäßig.

Dritter Abschnitt

Verfassungsrechtliche Verpflichtung zur Beachtung des föderativen Aufbaus der Bundesrepublik bei Gründung der Gemeinschaften

Die nach Gemeinschaftsrecht rechtmäßigen Eingriffe in Länderkompetenzbereiche sind von Verfassungsrechts wegen zu dulden, sofern nach den deutschen Grundgesetzbestimmungen keine Verfassungswidrigkeit vorliegt oder bei einem Verstoß gegen deutsches Verfassungsrecht sich im Kollisionsfall das Gemeinschaftsrecht wegen Vorrangigkeit gegenüber dem staatlichen Befehl durchsetzt.

Es könnte erwogen werden, zunächst die Vorrangfrage zu untersuchen, da beim Existieren einer unbedingten Vorrangregel zugunsten des Gemeinschaftsrechts sich eine Klärung der Verfassungswidrigkeit der in

---

[27] Ebd., S. 176.

[28] So die h. M.; siehe hierzu die umfangreichen Nachweise bei *Emrich*, S. 41, Fn. 15.

[29] Im Ergebnis: *Birke*, S. 78; *Emrich*, S. 41.

Frage stehenden Maßnahmen als überflüssig erwiese[1]. Eine solche Vorgehensweise könnte jedoch nur dann sinnvoll sein, wenn das Problem der Konfliktregelung für Gemeinschaftsrecht und nationales Recht bereits eindeutig entschieden wäre[2]; was bis jetzt jedoch keineswegs der Fall ist[3]. Die zahlreichen Versuche, eine Vorrangregel aus dem geschriebenen oder ungeschriebenen Gemeinschaftsrecht zu begründen[4] oder eine Vorrangstellung aus dem nationalen Recht zu folgern[5], haben noch nicht zu einer endgültigen Klärung des Problems geführt. Da die Formel „Gemeinschaftsrecht bricht nationales Recht" nach wie vor umstritten ist, erscheint es methodisch geboten, zuerst festzustellen, ob überhaupt eine Kollision zwischen deutschem Verfassungsrecht und Gemeinschaftsrecht besteht. Erst wenn sich das Problem stellte, wären die verschiedenen Meinungen zur Vorrangfrage hinsichtlich ihrer Geeignetheit zur Lösung zu untersuchen.

Demnach muß ermittelt werden, ob auch aus innerstaatlicher Sicht die Eingriffe in den föderativen Aufbau rechtmäßig sind. Dies ist der Fall, wenn aufgrund deutscher Verfassungsnormen den Gemeinschaftsorganen die Tätigkeit auch auf den ehemals den Ländern vorbehaltenen Gebieten gestattet werden durfte. Um diese Frage beantworten zu können, ist es zunächst erforderlich, diejenige Grundgesetznorm zu bestimmen, die die Einräumung von Entfaltungsraum für die Gemeinschaftsgewalt im Bereich der Bundesrepublik regelt.

A. Beurteilung der Verfassungskonformität der Mitwirkung bei der Gemeinschaftsgründung nach Art. 32 GG

Als völkerrechtliche Verträge wurden die Gründungsvereinbarungen seitens der Bundesrepublik unter Inanspruchnahme des Art. 32 I GG abgeschlossen[6]. Fraglich ist, ob diese Verfassungsnorm dem Bund auch erlaubt, auf Gebieten, die der Länderzuständigkeit unterfallen, sich mit Wirkung für diese zu verpflichten, auf ausschließliche Hoheit zu verzichten und das Tätigwerden der Gemeinschaftsorgane zu dulden sowie die Verpflichtung innerstaatlich zu vollziehen[7].

---

[1] *Birke*, S. 79 f.

[2] *Frowein*, S. 197.

[3] Vgl. *Beutler* u. a., S. 77: „umstrittenste Frage beider Rechtskreise".

[4] Aus der jüngeren Literatur z. B. *Nicolaysen*, Gemeinschaftsrecht, S. 12, m. w. N. S. 11 f.; umfangreiche Nachweise bei *Emrich*, S. 47, Fn. 6.

[5] Aus der jüngeren Literatur z. B. *Frowein*, S. 197; weitere Nachweise bei *Beutler* u. a., S. 77, Fn. 41 und *Emrich*, S. 96, Fn. 1.

[6] *Birke*, S. 87; *Riegel*, Gliedstaatskompetenzen, S. 246, l. Sp.; *Spelten*, S. 6.

[7] Ohne Begründung bejahend *Erdmenger*, S. 144, Fn. 23.

Gerade die Frage, ob der Bund auch auf Länderhoheitsbereichen Verträge abschließen und innerstaatlich anwendbar machen kann, ist nach wie vor umstritten. Wird davon ausgegangen, daß Art. 24 I GG und Art. 32 GG einander nicht berühren[8], müssen sowohl Abschluß als auch Transformation an Art. 32 GG gemessen werden. Insoweit ist *Maunz* inkonsequent: Folgt man der zum Problem der Abschluß- und Durchführungskompetenz bei völkerrechtlichen Verträgen über ausschließlich ländereigene Materien von der wohl h. M. vertretenen Mittelmeinung[9], so besitzt der Bund zwar die Abschlußkompetenz, ihm fehlt aber die Transformationskompetenz in dem Umfang, in dem die Länder zur Gesetzgebung zuständig sind[10].

Hält man allein Art. 32 GG bei der Beurteilung der zur Schaffung der Entfaltungsvoraussetzungen von Gemeinschaftsgewalt notwendigen Maßnahmen für ausschlaggebend oder nimmt man an, auch im Rahmen des Art. 24 I GG müßten die gleichen Überlegungen wie in Art. 32 GG gelten[11], ergeben sich weitreichende Konsequenzen: Um den Gemeinschaften hoheitliches Tätigwerden auf Länderkompetenzbereichen zu ermöglichen, wären dann Einverständniserklärungen der Länder in Form von Vertragstransformationsgesetzen der Länderparlamente erforderlich[12]. Da derartige Akte nicht erfolgt sind, wäre es folgerichtig, eine Teilnichtigkeit des Transformationsaktes wegen Kompetenzüberschreitung des Bundes anzunehmen[13]. Dieses Ergebnis läßt sich bei ausschließlicher Anwendung des Art. 32 GG oder der Übertragung von zu Art. 32 GG entwickelten Überlegungen auf Art. 24 I GG nur dann vermeiden, wenn man Abschluß- und Transformationskompetenz des Bundes i. S. der zentralistischen Ansicht[14] als kongruent ansieht. So glaubt denn auch *Spelten* aus der Eigenart der Gemeinschaftsrechtsordnung, nämlich deren Geschlossenheit, Einheit und Eigenständigkeit herleiten zu können, daß sich die „Integrationskompetenz" des Bundes auf das gesamte nationale Recht erstrecke[15].

Ob diese Ansicht, gegen die erhebliche Bedenken bestehen, zutreffend ist, soll zunächst dahingestellt bleiben; die ausschließliche Anwendung des Art. 32 GG bei der Beurteilung der Verfassungsmäßigkeit der Ein-

---

[8] *Maunz,* in: Maunz / Dürig / Herzog, Art. 24, Rdn. 12; vgl. auch *Bleckmann,* Mitwirkung, S. 144 (referierend).

[9] Näher hierzu in anderem Zusammenhang im III. Teil, 2. Abschn. A. II. 2. b) aa).

[10] *Bleckmann,* Mitwirkung, S. 145, l. Sp.

[11] *Schroeder,* S. 40, 42, 50, 64.

[12] Ebd., S. 65.

[13] Ebd., S. 55, 67.

[14] Hierzu siehe III. Teil 2. Abschn. A. II. 2. b) aa).

[15] *Spelten,* S. 53 f.

räumung eines Betätigungsraumes für Gemeinschaftsgewalt auf Länderbereichen ist auch aus einem anderen Grund zumindest zweifelhaft: Durch die Verpflichtung der Bundesrepublik, den Gemeinschaften die Entfaltung von Hoheitsgewalt auf ihrem Territorium zu gestatten, wird die materielle Verfassungslage bei Vollzug der Verpflichtung bezüglich der Ausschließlichkeit der Staatsgewalt geändert[16]. Die Erfordernisse des Art. 79 II i. V. m. Art. 79 I GG sind bei den Gründungsverträgen nicht eingehalten worden. Eine ausschließlich an den Bestimmungen zum Abschluß völkerrechtlicher Verträge orientierte Betrachtungsweise führte demnach auch deshalb zur Verfassungswidrigkeit des Zustimmungsgesetzes[17]. Deswegen wird teilweise die normale Abschlußkompetenz des Art. 32 GG durch Art. 24 I GG als erweitert angesehen[18], das Bedürfnis einer zusätzlichen Norm angenommen[19] oder Art. 24 I GG auch als für den Vertragsschluß als allein maßgeblich erachtet[20]. Folglich ist es von einigen Autoren abgelehnt worden, Verträge, die eine „Übertragung" von Hoheitsrechten zum Gegenstand hätten, in die Kategorie von Verträgen einzubegreifen, die in den Rahmen der normalen Vertragsabschluß- und -transformationskompetenz fielen. Allerdings sind diese allgemeinen Hinweise nicht geeignet, die Anwendung von Art. 32 GG und/oder Art. 24 I GG bei der Frage nach der Berechtigung zum Abschluß der Gründungsverträge hinreichend zu begründen. Ob der Gegenstand der Verträge wegen seiner Besonderheiten es tatsächlich rechtfertigt, die Gründungsverträge nicht nach der allgemeinen Vertragsgewalt von Bund und Ländern zu beurteilen[21], ist nur zu klären, wenn der Anwendungsbereich des Art. 24 I GG und sein Verhältnis zu Art. 32 GG feststehen.

Es ist zu erörtern, ob nur Art. 32 GG anwendbar ist, Art. 24 I GG neben ihm als staatsrechtliche Verzichtserklärung zur Anwendung kommt oder ob Art. 24 I GG als lex specialis Art. 32 GG auch bezüglich der völkerrechtlichen Gründungsverträge verdrängt und deshalb als allein einschlägige Vorschrift angesehen werden muß.

---

[16] Siehe ausführlich unten 4. Abschn. A. IV. 1. b) und B. I. 1.

[17] *Spelten*, S. 8.

[18] *Schmitz-Wenzel*, S. 173.

[19] *Spelten*, S. 8.

[20] *Bleckmann*, Mitwirkung, S. 145, l. Sp.; *Claudi*, S. 202; *Riegel*, Gliedstaatskompetenzen, S. 246, l. Sp.

[21] So etwa *Maunz*, in: Maunz / Dürig / Herzog, Art. 24, Rdn. 12.

B. Anwendung des Art. 24 I GG

Um den Anwendungsbereich des Art. 24 I GG ermitteln zu können, müssen zunächst Funktion und Wirkung des Gesetzes nach Art. 24 I GG bestimmt werden.

I. Funktion des Gesetzes nach Art. 24 I GG

Die Funktion des nach Art. 24 I GG erforderlichen Gesetzes bei der Gemeinschaftsentstehung wird unterschiedlich beurteilt.

So nimmt beispielsweise *Kaiser*[22] an, es handle sich bei dem Gesetz nach Art. 24 I GG um einen Akt internationaler Verfassungsgebung durch den deutschen Verfassungsgeber. Durch Art. 24 I GG werde die Zuständigkeit der Bundesgesetzgebungsorgane für die Verfassung einer originären überstaatlichen Gewalt bestimmt. Die Staatsorgane seien in der Lage, als eine der originären Gewalt fremde Rechtsquelle, eine diese Gewalt betreffenden elementaren Rechtsvorgang, nämlich deren Konstituierung zu regeln.

Die Verfassung der Gemeinschaften entsteht, wie dargelegt[23], nicht durch einen fremden Gewaltakt, sondern gründet sich auf die tatsächliche Fähigkeit der Gemeinschaftsorgane, die Gemeinschaftsrechtsordnung zu erzeugen. Deshalb kann auch das Grundgesetz als Verfassung deutscher Staatsgewalt nicht bestimmen, welches Organ innerhalb des neuen Verbandes zur Verfassungsgebung befugt ist[24]. Die neue originäre Gewalt verfaßt sich selbst, ohne daß das Grundgesetz für den innerstaatlichen Bereich hierfür besondere Erfordernisse aufstellt[25]. Demnach kann das Gesetz nach Art. 24 I GG nicht die Funktion haben, Verfassungsgebungsakt für die Gemeinschaftsrechtsordnung zu sein[26].

Die früher h. M. hat lange das nach Art. 24 I GG erforderliche Gesetz mit dem Gesetz nach Art. 59 II GG gleichgesetzt. Das Gesetz nach Art. 24 I GG zeichne gegenüber dem Gesetz nach Art. 59 II GG nur die Besonderheit aus, daß es, obwohl verfassungsändernd, kein Gesetz nach Art. 79 I GG erfordere[27]. Demnach erfaßte Art. 24 I GG die gleichen staatlichen Maßnahmen wie Art. 59 II GG[28].

---

[22] *Kaiser*, Bewahrung, S. 17 f.

[23] Siehe oben 1. Abschn. IV. 3.

[24] *Hoffmann*, Bewahrung, S. 118.

[25] *Ruppert*, S. 198.

[26] Ebd., S. 199, 204, 205.

[27] So z. B. einige der Gutachter im Wehrstreit, vgl. die Nachweise bei *Claudi*, S. 204, Fn. 30. Mißverständlich *Hoffmann*, Verhältnis, S. 437.

[28] *Schroeder*, S. 27.

Gegen die Annahme, die Konstituierung der Gemeinschaftsgewalt erfolge durch mit fremden Staaten geschlossene völkerrechtliche Verträge und für diese Verträge fordere Art. 24 I GG die Zustimmung der jeweils zuständigen Körperschaften in Form von Bundesgesetzen, sind Einwände zu erheben: Wie dargelegt, wird die Gemeinschaftsgewalt dadurch erworben, daß die Organe der Gemeinschaften effektiv und originär Recht setzen und durchsetzen. Es ist zwar denkbar, daß ein Staat für seinen Bereich bestimmen kann, die Gründung einer zwischenstaatlichen Gemeinschaft müsse mittels völkerrechtlicher Verträge erfolgen, was allerdings dem Grundgesetz nicht entnommen werden kann; notwendig ist eine solche Anordnung jedoch nicht, da der neue Verband sich auch unabhängig von nationalen Bestimmungen zu konstituieren in der Lage ist[29]. Originäre Gewalt kann sich entfalten, wenn die faktischen Verhältnisse dies gestatten. Hierzu ist die Einräumung eines Entfaltungsraumes der neuen Gewalt seitens der Staaten auf ihrem Hoheitsgebiet erforderlich, der durch staatliche Anpassungsmaßnahmen geschaffen wird. Gültige völkerrechtliche Verträge allein begründen nicht die Voraussetzungen für die Entfaltung originärer Gewalt. Da zur tatsächlichen Bereitstellung des innerstaatlichen Entfaltungsraumes völkerrechtliche Verpflichtungen auch nach dem Grundgesetz nicht erforderlich sind, verlöre die Regelung des Art. 24 I GG nach obiger Auffassung ihren Sinn, wenn originäre Gewalt sich ohne völkerrechtliche Verträge entfaltete[30]. Wird das Gesetz nach Art. 24 I GG lediglich als Zustimmungsgesetz i. S. von Art. 59 II GG verstanden, könnte nicht geklärt werden, wodurch die Anpassungsmaßnahmen vollzogen würden[31].

Da das Gesetz nach Art. 24 I GG weder als Verfassungsgebungsakt angesehen werden kann, noch seine Funktion sich in einem einfachen Zustimmungsgesetz erschöpft, ist zu untersuchen, ob seine Bedeutung nicht darin besteht, den innerstaatlichen Entfaltungsraum für die neue originäre Gewalt herzustellen.

Die Ansicht, der Ausschließlichkeitsverzicht sei durch Art. 24 I GG vorweggenommen, weil Art. 24 I GG auf ein einfaches Gesetz verweise und daher eine Erleichterung gegenüber Art. 79 GG anordne[32], überzeugt nicht, da, auch wenn man unterstellt, Art. 24 I GG enthalte eine vorweggenommene Verfassungsänderung, der Ausschließlichkeitsverzicht dennoch durch das Gesetz selbst vollzogen werden könnte[33].

[29] *Ruppert*, S. 200.
[30] Ebd., S. 201.
[31] *Claudi*, S. 205.
[32] *Vogel*, S. 4 ff., 35 f.
[33] *Ruppert*, S. 204.

Art. 24 I GG enthält die Verfassungsentscheidung zugunsten einer Beteiligung an einer zwischenstaatlichen Gemeinschaft. Zum Vollzug dieser Entscheidung, d. h., um Ausbildung von Gemeinschaftsgewalt zu ermöglichen, ist, wie dargelegt, notwendig, innerhalb des Geltungsbereichs des staatlichen Rechts der Bundesrepublik der zukünftigen Gemeinschaftsgewalt einen Wirkraum zu schaffen. Dies kann nur geschehen, indem der Ausschließlichkeitsanspruch der deutschen Staatsgewalt im Rahmen der Gemeinschaftsaufgaben aufgegeben und das Wirksamwerden von Gemeinschaftshoheit zugelassen wird. Demnach kann das Gesetz nach Art. 24 I GG nur die Funktion haben, die Entfaltung der neuen Hoheitsgewalt durch entsprechende innerstaatliche Anpassungsmaßnahmen zu ermöglichen[34]; d. h., den staatlichen Anspruch auf Ausschließlichlichkeit der Staatsgewalt aufzugeben und Gemeinschaftsgewalt zu dulden[35].

Diese Deutung des Gesetzes nach Art. 24 I GG ermöglicht zugleich eine Erklärung der Bedeutung der Gründungsverträge und der innerstaatlichen Zustimmungsakte. Die Rolle der völkerrechtlichen Vereinbarungen bei der Herstellung der tatsächlichen Verhältnisse zur Entfaltung neuer Hoheitsgewalt wurde bereits hervorgehoben: Die Gründungsverträge dienen zur Erleichterung der Entfaltung originärer Hoheitsgewalt durch Konzipierung der zukünftigen Gemeinschaftsverfassung und durch die Verpflichtung zum Vollzug der innerstaatlichen Anpassungsmaßnahmen[36]. Der Vollzug selbst erfolgt durch Gesetze nach Art. 24 I GG. Zu den völkerrechtlichen Verträgen bleibt die Zustimmung in Form von Gesetzen nach Art. 59 II GG deshalb notwendig, weil die innerstaatliche Wirksamkeit der Verpflichtung nur durch die aus Gründen der Gewaltenteilung erforderliche Mitwirkung des Gesetzgebers hergestellt werden kann[37]. Es ist funktionell zwischen dem Zustimmungsgesetz nach Art. 59 II GG und dem Gesetz nach Art. 24 I GG zu trennen[38]. Von letzterem werden die Anpassungsmaßnahmen vollzogen, von ersterem wird die parlamentarische Zustimmung zu dem jeweiligen völkerrechtlichen Vertrag sichergestellt. Beide Gesetze ergehen uno actu, wobei die Doppelfunktion vom Gesetzeswortlaut her i. d. R. nicht erkennbar ist[39].

---

[34] *Claudi*, S. 205.

[35] *Constantinesco*, S. 696, Rdn. 628; *Ipsen*, Europarecht, S. 57, 2/17; *Ruppert*, S. 205.

[36] *Maunz*, in: Maunz / Dürig / Herzog, Art. 24, Rdn. 15; *Ruppert*, S. 206.

[37] *Ipsen*, Europarecht, S. 62, 2/27; *Ruppert*, S. 206.

[38] *Claudi*, S. 204.

[39] Ebd., S. 206.

Das Gesetz nach Art. 24 I GG hat also ausschließlich die Funktion, den deutschen Verzicht auf Ausschließlichkeit der Hoheitsgewalt zu vollziehen und die Duldung der Gemeinschaftsrechtsetzung sicherzustellen[40].

II. Rechtstechnische Bedeutung des Gesetzes nach Art. 24 I GG

Es ist zu klären, mit welchen rechtstechnischen Mitteln die Anpassung an die Gemeinschaftsgewalt im innerstaatlichen Bereich erreicht wird.

Die Geltung des Gemeinschaftsrechts im innerstaatlichen Bereich ist zunächst durch die Transformationslehre zu deuten versucht worden[41]. Bei der Übertragung der Transformationslehre auf das Verhältnis Gemeinschaftsrecht - Recht der Bundesrepublik erklärte sich die Verbindlichkeit des Primärrechts dadurch, daß die Gemeinschaftsverträge mittels nationaler Zustimmungsgesetze gemäß Art. 59 II GG in staatliches Recht transformiert worden seien. Das sekundäre Gemeinschaftsrecht sei über Art. 24 I GG und/oder das Zustimmungsgesetz i. V. m. Art. 189 II EWGV (Art. 14 II, III EGKSV, Art. 161 II EAGV) zu nationalem Recht geworden. Das Verfahren der Umwandlung des sekundären Gemeinschaftsrechts wird im Unterschied zu der in den jeweiligen Zustimmungsgesetzen erfolgten speziellen Transformation des unmittelbar geltenden primären Gemeinschaftsrechts als antizipierte oder generelle Transformation bezeichnet[42].

Gegen die Anwendung der Transformationslehre spricht vor allem, daß die Gewaltunterworfenen von den Gemeinschaftsorganen aufgrund von Normen des eigenständigen Gemeinschaftsrechts und nicht aufgrund einer Norm des innerstaatlichen Rechts verpflichtet werden. Als Indiz gegen die Transformationsthese lassen sich auch die Bestimmungen, in denen den Gemeinschaftsorganen ein Auslegungs- und Prüfungsprivileg eingeräumt wird (Art. 177 I EWGV, Art. 150 I EAGV), anführen: Hier kann nicht gemeinschaftsparalleles, sondern nur das Gemeinschaftsrecht selbst gemeint sein. Das Gemeinschaftsrecht soll sich ohne weitere Sanktionierung entfalten, weshalb eine Änderung des Geltungsgrundes und eine qualitative Veränderung des betroffenen Rechts nicht notwendig ist[43]. Gegen die Transformationslehre ist außerdem einzuwenden, daß das Sekundärrecht keinen klar abgrenz-

---

[40] Ebd., S. 205 f.; *Ipsen*, Europarecht, S. 57, 2/17; *Maunz*, in: Maunz / Dürig / Herzog, Art. 24, Rdn. 15; *Ruppert*, S. 205 f.; *Seuffert*, S. 178; siehe auch BVerfGE 37, 271 (280).

[41] Vgl. die umfangreichen Nachweise bei *Emrich*, S. 97, Fn. 9.

[42] Vgl. die Nachweise bei *Emrich*, S. 97, Fn. 15 - 18; *Spelten*, S. 46; *Zuleeg*, Recht, S. 56, Fn. 55.

[43] *Spelten*, S. 44.

baren Komplex von Normen darstellt, der parallelisiert werden könnte[44]. Die Deutung des Gesetzes nach Art. 24 I GG als Transformationsakt ist daher abzulehnen[45].

Um die Loslösung der europarechtlichen Normen von ihrem Geltungsgrund zu vermeiden, ist versucht worden, die Frage nach der Geltung des Gemeinschaftsrechts im innerstaatlichen Bereich mit Hilfe der Inkorporationslehre zu lösen. Trotz der wesentlichen Unterschiede zwischen Gemeinschaftsrecht und Völkerrecht sollen bei der Übernahme des Gemeinschaftsrechts die für das Verhältnis Völkerrecht - Landesrecht entwickelten Vorstellungen über den Sinn des Art. 59 II GG, wenn auch nicht unmittelbar, sondern modifiziert, anwendbar sein[46]. Demnach gelte das Gemeinschaftsrecht im Bereich der Bundesrepublik deshalb, weil der Staat durch einen Inkorporationsakt das Gemeinschaftsrecht übernommen habe. Der Staat habe alle seine Organe und Rechtssubjekte angewiesen, die Tätigkeit der zwischenstaatlichen Einrichtung zu dulden und das von den Gemeinschaftsorganen gesetzte Recht als für sie verbindlich zu betrachten[47]. Diese Anweisung sei in dem Gesetz nach Art. 24 I GG enthalten; es sei gegenüber den deutschen Organen Rechtsanwendungs-, gegenüber den Rechtssubjekten Rechtsbefolgungsbefehl[48], während das Gesetz nach Art. 59 II GG die Bedeutung habe, den jeweiligen Vertragsschluß durch das Parlament zu billigen[49]. Die Besonderheit des Art. 24 I GG gegenüber Art. 59 II GG bestehe nur darin, daß nicht nur die spezielle Inkorporation des primären Gemeinschaftsrechts mit Außenwirkung durch das Gesetz möglich sei, sondern darüber hinaus eine generelle Inkorporation des sekundären Gemeinschaftsrechts stattfinden könne[50].

Auch gegen diese zunächst recht überzeugend klingende Inkorporationsthese sind Einwände zu erheben. Gerade weil es sich bei dem Gemeinschaftsrecht um originäres Recht mit dem Anspruch auf unmittelbare Wirksamkeit handelt, erscheint es bedenklich, die Geltung des Gemeinschaftsrechts ebenso wie die Wirksamkeit von Vertragsvölkerrecht erst aufgrund eines zusätzlichen staatlichen Aktes eintreten zu lassen[51]. Auch der Wortlaut des Art. 189 II EWGV läßt eher den Schluß zu, daß die Wirkung von Verordnungen ohne Einschaltung eines inner-

---

[44] Ebd., S. 45 f.

[45] Zur Ablehnung der Transformationslehre vgl. die umfangreichen Nachweise bei *Emrich*, S. 109, Fn. 106.

[46] Ebd., S. 106; *Spelten*, S. 47.

[47] *Emrich*, S. 116; *Hoffmann*, Bewahrung, S. 117; *ders.*, Verhältnis, S. 437.

[48] *Emrich*, S. 117.

[49] Ebd., S. 110.

[50] Ebd., S. 109, 117.

[51] *Ipsen*, Europarecht, S. 71, 2/55.

staatlichen Befehls eintreten soll[52]. Die für das Verhältnis Völkerrecht - Landesrecht entwickelten Vorstellungen über die Bedeutung von Zustimmungsgesetzen zu völkerrechtlichen Verträgen sind wegen der Besonderheiten des Gemeinschaftsrechts nicht ohne weiteres analog anwendbar.

Um die Bedeutung des Gesetzes nach Art. 24 I GG ermitteln zu können, ist nochmals auf den Gründungsvorgang einzugehen. Eine eigenständige Gemeinschaftsrechtsordnung entsteht dadurch, daß die Gemeinschaftsorgane aufgrund tatsächlicher Verhältnisse unangefochten Rechtsakte als eigene setzen und durchsetzen. Zur Herstellung der tatsächlichen Voraussetzungen tragen die Gründungsverträge und die innerstaatlichen Anpassungsmaßnahmen bei. Die völkerrechtlichen Verträge bedürfen zu ihrer Wirksamkeit aus Gründen der Gewaltenteilung der Zustimmung der Legislative in Form von Rechtsakten nach Art. 59 II GG[53]. Hiervon bleibt jedoch das Gesetz nach Art. 24 I GG unberührt, auch wenn beide Gesetze uno actu ergehen. Zur Schaffung der Entfaltungsvoraussetzungen sind aber weiter innerstaatliche Anpassungsmaßnahmen erforderlich.

Damit sich Gemeinschaftsgewalt auf dem Territorium der Bundesrepublik entfalten kann, muß mittels deutscher Rechtsakte auf die Ausschließlichkeit der staatlichen Hoheitsgewalt verzichtet und geduldet werden, daß sich Gemeinschaftsgewalt entfaltet. Dies kann nur dadurch geschehen, daß durch das Gesetz nach Art. 24 I GG Rechtssubjekte und Staatsorgane angewiesen werden, zukünftiges Gemeinschaftsrecht zu befolgen und die Staatsorgane verpflichtet werden, durch die Gemeinschaftsorgane erzeugtes Recht anzuwenden.

Auch wenn man auf den ersten Blick vermuten könnte, insoweit ähnele die Deutung der gesetzten Anordnungen dem Standpunkt der Inkorporationslehre, so besteht doch hinsichtlich der Funktion der Anweisungen ein entscheidender Unterschied: Durch den Befehl zu spezieller oder genereller Inkorporation wird fremdes bestehendes oder zukünftiges Recht durch einen staatlichen Vermittlungsakt zur Anwendung gebracht. Zumindest für das primäre Gemeinschaftsrecht, das im Wege der speziellen Inkorporation übernommen werden soll, setzte dies voraus, daß bereits originäres Gemeinschaftsrecht besteht. Dies ist jedoch zweifelhaft, da zum Zeitpunkt des Erlasses des Gesetzes nach Art. 24 I GG die Gemeinschaftsorgane noch nicht unangefochten eigenes Recht gesetzt hatten und damit die Bestimmungen des völkerrechtlichen Vertrages rezipiert worden wären. Es soll durch die innerstaatlichen Anweisungen gerade nicht gegenwärtiges oder zukünftiges Recht an-

---

[52] *Daig*, in: Groeben / Boeckh / Thiesing, Bd. 2, Art. 189, Anm. 4, S. 334.

[53] *Ipsen*, Europarecht, S. 70 f., 2/55, S. 262, 10/7.

gewendet werden, sondern die Befehle müssen geeignet sein, neues, originäres Recht zur Entfaltung zu befähigen. Nur hierzu können die im Gesetz nach Art. 24 I GG enthaltenen Anordnungen dienen.

Um die Gewaltentstehung der Gemeinschaften überzeugend erklären zu können, bleibt, da zur Entstehung die Geeignetheit der tatsächlichen Verhältnisse Voraussetzung ist, nur die Deutung, daß die im Gesetz nach Art. 24 I GG enthaltenen Befehle diese *Voraussetzungen zur Entfaltung von Gemeinschaftsgewalt schaffen*, während das Inkorporationsgesetz die *Anwendung fremden Rechts* bewirkte. Gesetze, die fremdes Recht nicht „umsetzen" oder „anwenden", sondern „Raum für die Entfaltung neuer Hoheitsgewalt schaffen" und damit die tatsächlichen Verhältnisse zur Ausbildung originärer Hoheitsgewalt eines fremden Verbandes herstellen, sollten deshalb als *Admittationsgesetze* bezeichnet werden. Die Funktion des Gesetzes nach Art. 24 I GG ist nicht die, gegenüber dem Gesetz nach Art. 59 II GG „mehr" Inkorporation i. S. von genereller Inkorporation zu ermöglichen, sondern eine gänzlich andere: Die Vollziehung der Verfassungsentscheidung des Art. 24 I GG durch *Admittation* prägt das Gesetz, nicht Transformation oder Inkorporation[54]. Bei dieser Deutung entstehen keine Probleme hinsichtlich der Geltungsbegründung der Gemeinschaftsrechtsakte. Die Verpflichtungswirkung gründet sich unmittelbar auf die Gemeinschaftsgewalt und nicht auf eine nationale Transformations- oder Inkorporationsnorm[55].

Die Gemeinschaftsgewalt konnte entstehen, weil die nationalen Verfassungsentscheidungen gestatteten, die Entfaltungsvoraussetzungen hierfür zu schaffen. In der Bundesrepublik sind die hierfür erforderlichen innerstaatlichen Anpassungsmaßnahmen in den *Admittationsgesetzen* nach Art. 24 I GG enthalten. In diesem Sinne war das Gesetz nach Art. 24 I GG bei der Schaffung von Gemeinschaftshoheitsrechten von Bedeutung; es ist jedoch nicht „Geltungsgrund"[56].

III. Innerstaatliche Anpassungsmaßnahmen und Gründungsvertrag

Wie dargelegt, hat neben Ausschließlichkeitsverzicht und Anerkennung der Gemeinschaftsrechtsakte auch der jeweilige völkerrechtliche Vertrag Anteil an der Schaffung der Voraussetzungen zur Entfaltung von Gemeinschaftsgewalt. Daß die Gründungsverträge allein nicht geeignet sind, diese Voraussetzungen herzustellen, jedoch i. d. R. einen nicht unerheblichen Beitrag leisten, wurde dargestellt. Zu fragen ist,

---

[54] In der Sache ähnlich *Ipsen*, Europarecht, S. 62, 2/27.

[55] *Constantinesco*, S. 696, Rdn. 628; *Ipsen*, Europarecht, S. 63, 2/31.

[56] Mißverständlich *Ipsen*, Europarecht, S. 71, 2/56.

ob sich die Regelung des Art. 24 I GG auch auf die Befugnis zum Abschluß dieser Verträge auswirkt.

Das Gesetz nach Art. 24 I GG bewirkt eine Beschränkung des staatlichen Anspruchs, exclusiv Herrschaftsgewalt auszuüben. Damit wird die Verfassung materiell geändert. Ohne der eingehenden Untersuchung über die verfassungsrechtlichen Grenzen des Art. 24 I GG vorgreifen zu wollen, ist jedoch bereits hier festzustellen, daß für diesen Fall im Parlamentarischen Rat eine Erleichterung gegenüber den sonstigen Erfordernissen bei der Verfassungsänderung herbeigeführt werden sollte[57].

Wenn schon für den innerstaatlichen Teil der Maßnahmen, die zur Herstellung der tatsächlichen Verhältnisse für die Entfaltung von Gemeinschaftsgewalt dienen, ein vereinfachtes Verfahren von der Verfassung vorgesehen ist, so ist es schwer vorstellbar, daß für die Maßnahmen im Außenbereich, die dem gleichen Ziel dienen, etwas anderes gelten sollte. Eine Mitwirkung der Bundesrepublik an der Schaffung zwischenstaatlicher Verbände, wofür sich der deutsche Verfassunggeber in Art. 24 GG entschieden hat, wäre erschwert, hätte man zwar die innerstaatlichen Anpassungsmaßnahmen für die Konstituierung der Gemeinschaftsgewalt durch ein vereinfachtes Verfahren zugelassen, verlangte aber für die Eingehung der Gründungsverträge eine vorherige förmliche Änderung der Verfassung. Dies wäre erforderlich gewesen, denn auch die für den Abschluß von völkerrechtlichen Verträgen zuständigen Organe sind an die Verfassung und damit an die Beachtung der Ausschließlichkeit staatlicher Hoheitsgewalt gebunden.

Da in Art. 24 I GG die Verfassungsentscheidung für eine Mitwirkung der Bundesrepublik an der Gründung einer zwischenstaatlichen Gemeinschaft zum Ausdruck kommt und diese Mitwirkung offensichtlich erleichtert werden sollte, wie die an das innerstaatliche Gesetz gestellten Anforderungen zeigen, ist davon auszugehen, daß alle Maßnahmen, die der Staat ergreifen kann, um bei der Ausbildung originärer Hoheitsgewalt mitzuwirken, denselben Erleichterungen unterfallen.

Da zu den Maßnahmen, die der Schaffung von Voraussetzungen für die Entfaltung originärer Gemeinschaftsgewalt dienen, auch die völkerrechtlichen Verträge gehören, muß von der Erlaubnis des Art. 24 I GG, die materielle Verfassungslage zu ändern, auch die Befugnis zum Abschluß der zu dieser Änderung verpflichtenden Gründungsverträge erfaßt werden[58]. Von den verfassungsrechtlichen Voraussetzungen her sind die Grenzen des Admittationsgesetzes die gleichen wie die zur Eingehung des jeweiligen Gründungsvertrages.

[57] Vgl. JÖR, NF Bd. 1, S. 226, 228.

[58] *Claudi*, S. 207 f.; *Emrich*, S. 116.

Demnach beurteilt sich die Befugnis zum Abschluß der Gründungsverträge ebenfalls nach Art. 24 I GG.

IV. Zusammenfassung

Als Verfassungsentscheidung zur Errichtung einer zwischenstaatlichen Gemeinschaft gestattet demnach Art. 24 I GG in bezug auf die Gemeinschaftsgründung,

— durch ein einfaches Gesetz auf die Ausschließlichkeit der deutschen Hoheitsgewalt zu verzichten und zu dulden, daß sich Gemeinschaftshoheit entfaltet sowie

— sich völkerrechtlich zur Vornahme dieser Maßnahmen zu verpflichten und in dem völkerrechtlichen Vertrag die Verfassung der Gemeinschaft zu fixieren.

Bewirkt wird hierdurch die Schaffung der Entfaltungsvoraussetzungen für die originäre Gemeinschaftsgewalt.

Innerstaatlich bedeutet das Gesetz nach Art. 24 I GG:

— Verzicht auf Ausschließlichkeit und Anerkennung der Gemeinschaftsgewalt durch Anweisung an die Rechtssubjekte und Staatsorgane, Gemeinschaftsrecht zu befolgen und den Befehl an die Staatsorgane, Gemeinschaftsrecht anzuwenden,

— nicht Transformation oder Inkorporation, sondern *Admittation* von Gemeinschaftsrecht.

Ein Gesetz nach Art. 59 II GG bleibt wegen der erforderlichen parlamentarischen Zustimmung zu dem völkerrechtlichen Vertrag notwendig. Beide Gesetze ergehen uno actu.

Die Auswirkungen auf die Beurteilung der Verfassungskonformität der Beteiligung der Bundesrepublik am Entstehen der Gemeinschaftsgewalt sind:

— Die Verfassungsmäßigkeit der parlamentarischen Zustimmung zu den Gründungsverträgen ist nach Art. 59 II GG zu bestimmen.

— Die Verfassungsmäßigkeit der Admittation beurteilt sich nach Art. 24 I GG.

— Ob und von wem die Gründungsverträge abgeschlossen werden durften, ist nach Art. 24 I GG zu beurteilen. Insoweit ist Art. 24 I GG lex specialis zu Art. 32 GG.

Vierter Abschnitt

Verfassungsmäßigkeit der Einräumung von Entfaltungsraum für die Gemeinschaftsgewalt auf Gebieten der Länderhoheit nach Art. 24 I GG

Maßgeblich für die Beantwortung der Frage, ob auch auf Gebieten, die der Länderhoheit unterfallen, die Voraussetzungen für die Entfaltung von Gemeinschaftsgewalt durch den Bund geschaffen werden dürfen oder die Länder beteiligt werden müssen, ist nach dem oben Gesagten allein Art. 24 I GG.

A. Auslegung des Art. 24 I GG

Ausdrücklich wird in Art. 24 I GG nicht die Einräumung von Entfaltungsraum für die Gemeinschaftsgewalt auch auf Länderhoheitsbereichen gestattet. Ob nicht dennoch dieser Fall in Art. 24 I GG mitgeregelt ist, kann nur durch Auslegung dieser Vorschrift ermittelt werden. Es ist zu untersuchen, ob sich aus Wortlaut, Geschichte, Systematik und dem Ziel und Zweck der Vorschrift Hinweise auf die Befugnis des Bundes zur Herstellung von Entfaltungsraum für Gemeinschaftsgewalt auf den, den Ländern vorbehaltenen Gebieten, ergeben.

I. Wortlaut

Es wird die Ansicht vertreten, es könne bereits aus dem Wortlaut des Art. 24 I GG geschlossen werden, daß es dem Bund gestattet sei, Länderhoheitsrechte zu „übertragen“[1]. Teilweise wird dies ohne nähere Begründung postuliert[2], teilweise aus einem Vergleich zwischen Art. 24 I und II GG hergeleitet: In Art. 24 I GG werde generell von Hoheitsrechten gesprochen, ohne daß eine Begrenzung auf Bundeshoheitsrechte vorgenommen werde. Der folgende Absatz beschränke durch den Zusatz „seine“ den Übertragungsgegenstand auf Bundeshoheitsrechte. Hieraus sei zu folgern, daß der Bund alle Hoheitsrechte, auch die der Länder, „übertragen“ könne[3]. Weiter wird darauf hingewiesen, daß sich

[1] Wenn im folgenden der Begriff „Übertragung von Länderhoheitsrechten“ bei der Darstellung von Literaturmeinungen verwendet wird, so ist hierunter, wie im 1. Abschn. unter B. IV. 1. begründet wurde, zu verstehen, daß Raum für die Entfaltung von Gemeinschaftsgewalt auf Länderhoheitsbereichen geschaffen wird.

[2] *Riegel*, Gliedstaatskompetenzen, S. 246, l. Sp.

für den Übertragenden eine klare Begrenzung —„Bund" — ergebe und damit die Nichtbegrenzung beim Gegenstand bewußt erfolgt sein könne.

Es erscheint allerdings zweifelhaft, ob aus einer fehlenden Einschränkung bei den Hoheitsrechten eine Entscheidung für alle Hoheitsrechte, also auch die der Länder, entnommen werden kann. Im Zweifel dürfte dem Bund nur die Befugnis zur Verfügung über eigene Hoheitsrechte zugestanden haben; demnach wäre eine besondere Hervorhebung nötig gewesen, hätten Länderhoheitsrechte miterfaßt werden sollen[4]. Auch die Begrenzung auf den Bund beim Übertragenden könnte eine andere Bedeutung als die Bekräftigung der Unbeschränktheit des Gegenstandes haben[5]. Wirkte sich nämlich die Begrenzung auf den Gegenstand aus, so könnte daraus geschlossen werden, daß nur auf solche Hoheitsrechte verzichtet werden könnte, die nach dem Grundgesetz zur Bundeszuständigkeit gehören[6].

Demnach kann aus dem Wortlaut des Art. 24 I GG nicht geschlossen werden, daß das Bund-Länder Verhältnis miterfaßt und die allgemeine bundesstaatliche Kompetenzverteilung des Grundgesetzes abgeändert werde[7].

II. Entstehungsgeschichte

Den Beratungen des Parlamentarischen Rates lassen sich nur sehr spärliche Hinweise, wie etwa die Äußerungen des Abgeordneten *Seebohm*[8], auf das Problem der Einräumung von Entfaltungsraum für die Gemeinschaftsgewalt auf Länderbereichen entnehmen. Aus diesen vereinzelten Äußerungen kann nicht geschlossen werden, daß der Parlamentarische Rat durch Art. 24 I GG auch dem Bund gestatten wollte, auf Gebieten, die in den Kompetenzbereich der Länder fallen, den Ausschließlichkeitsverzicht zu erklären[9].

---

[3] *Bleckmann*, Mitwirkung, S. 144, r. Sp.; einen gegenteiligen Schluß erwägt *Schätzel*, S. 352 f.

[4] *Birke*, S. 89.

[5] *Ruppert*, S. 266.

[6] *So Maunz*, in: Maunz / Dürig / Herzog, Art. 24, Rdn. 13.

[7] *Birke*, S. 88; *Hoffmann*, Verhältnis, S. 437; *Maunz*, in: Maunz / Dürig / Herzog, Art. 24, Rdn. 13; *Ruppert*, S. 265 f.; *Spelten*, S. 17 f.

[8] JÖR NF Bd. 1, S. 226. Nach *Kaufmann*, S. 52, ist die Frage auch in den Ausschüssen diskutiert worden.

[9] *Ruppert*, S. 266; *Spelten*, S. 17; a. A. *Birke*, S. 97 f.

III. Systematik

Aus der systematischen Stellung des Art. 24 GG ist gefolgert worden, daß Art. 24 I GG eine Kompetenznorm zugunsten des Bundes darstelle, die auch dann Maßnahmen zur Gemeinschaftsgründung durch den Bund erlaube, wenn Länderbereiche berührt werden. Zur Begründung wird angeführt, daß einige Vorschriften des zweiten Abschnittes des Grundgesetzes, der auch Art. 24 GG enthalte, von der allgemeinen Zuständigkeitsverteilung der Art. 70 ff., 83 ff., 92 ff. GG abwichen und auch Länderkompetenzen einer Bindung durch den Bund unterwürfen[10]. Es wird darauf hingewiesen, daß der zweite Abschnitt eine Reihe fundamentaler Verfassungsprinzipien enthalte; diese Vorschriften seien selbständig und in sich geschlossen und wichen von der allgemeinen Zuständigkeitsverteilung in den späteren Abschnitten ab. Daraus sei zu folgern, daß Art. 24 GG eine Spezialregelung darstelle, die nicht durch sämtliche organisatorischen Vorschriften des Grundgesetzes eingeschränkt sei und deshalb könne der Bund unabhängig von der allgemeinen Kompetenzaufteilung „Hoheitsrechte der Länder übertragen"[11].

Es ist zumindest sehr zweifelhaft, ob allein aus der Stellung des Art. 24 GG derart weitgehende Schlüsse gezogen werden können[12]; zwingend ist diese Argumentation nicht[13], sie vermag allenfalls Anhaltspunkte zu liefern.

IV. Ziel und Zweck der Vorschrift

Die teleologische Auslegung erfordert, daß zunächst ermittelt wird, welche Interpretation des Art. 24 I GG seinem Ziel und Zweck am ehesten entspricht. Sodann ist festzustellen, ob diese Interpretation mit anderen Verfassungsbestimmungen in Einklang steht oder diese eine andere Auslegung erforderten. Eventuell auftretende Widersprüche müssen verfassungskonform aufgelöst werden.

1. Immanente Auslegung des Art. 24 I GG

Wie an anderer Stelle bereits ausführlich dargestellt[14], ermöglicht Art. 24 I GG die Schaffung der Voraussetzungen zur Entfaltung von originärer Hoheitsgewalt einer zwischenstaatlichen Gemeinschaft. Der hierzu notwendige Ausschließlichkeitsverzicht wird durch das Gesetz

---

[10] *Birke*, S. 96; *Bleckmann*, Mitwirkung, S. 144, r. Sp.

[11] So schon *Scheuner*, Beitritt, S. 137 f.

[12] *Spelten*, S. 18.

[13] *Ruppert*, S. 266.

[14] Siehe oben, 3. Abschn. B. I.

nach Art. 24 I GG vollzogen. Art. 24 I GG enthält demnach die Bereitschaft, auf die Ausschließlichkeit deutscher Staatsgewalt zu verzichten[15]. Dies setzt voraus, daß sich der Staat für eine offene Staatlichkeit entschieden haben muß, d. h., seine potentielle Ausschließlichkeit, die dem Verfassungsbereich als grundlegendes Prinzip angehört, nicht voll ausschöpft. Diese Entscheidung ist in der Bundesrepublik nicht ausdrücklich in der Verfassung niedergelegt, doch ist der Grundsatz der „Integrationsbereitschaft" in Art. 24 I GG konkret ausgestaltet worden. Dieser Vorschrift ist in Verbindung mit Art. 25 und 26 GG und der Präambel die Verfassungsentscheidung für eine offene Staatlichkeit zu entnehmen[16], die auf gleicher Ebene wie andere staatliche Grundentscheidungen (etwa für einen sozialen, demokratischen und föderalen Rechtsstaat) steht[17] und bei der Auslegung der Bestimmungen des Grundgesetzes von maßgebender Bedeutung ist[18].

a) Bedeutung des Verzichts auf Ausschließlichkeit deutscher Hoheitsausübung auf Länderkompetenzbereichen für Ziel und Zweck des Art. 24 I GG

Zu untersuchen ist, ob zur Erreichung des in Art. 24 I GG gesteckten Zieles — Herstellung der tatsächlichen Voraussetzungen für die Ausbildung von Gemeinschaftsgewalt —, neben der völkerrechtlichen Verpflichtung, es des Verzichts auch auf die Ausübung von Länderhoheitsgewalt und der Anerkennung von Gemeinschaftsgewalt in den Länderbereichen bedurfte.

Aus der Darstellung der Eingriffe von Gemeinschaftsorganen in Länderhoheitsrechte im ersten Teil läßt sich bereits entnehmen, daß die Gemeinschaft zur einheitlichen Regelung und Ausübung der ihr eingeräumten Hoheitsbefugnisse auch Kompetenzen bedarf, die den Ländern zustanden. Blieben die Länderkompetenzen in vollem Umfang bestehen, so behinderten sie in weiten Bereichen die Tätigkeit der Gemeinschaften[19].

Demnach fordern Zweck und Ziel des Art. 24 I GG auch Maßnahmen, die bewirken, daß Gemeinschaftsgewalt sich in den Länderbereichen entfalten kann.

---

[15] *Ruppert*, S. 240.

[16] *Birke*, S. 93; *Emrich*, S. 125; *Ipsen*, Europarecht, S. 50, 2/3, S. 52, 2/7; *Maunz*, in: Maunz / Dürig / Herzog, Art. 24, Rdn. 1; *Rojahn*, in: v. Münch, Art. 24, Rdn. 1 - 4; *Ruppert*, S. 242, 272; grundlegend *Vogel*, S. 10 ff.

[17] *Ipsen*, Europarecht, S. 52, 2/6; *Rojahn*, in: v. Münch, Art. 24, Rdn. 1; *Ruppert*, S. 239, 268.

[18] *Rojahn*, in: v. Münch, Art. 24, Rdn. 1 u. 4.

[19] z. B. tritt eine Wettbewerbsverzerrung ein, sofern die Befugnis der Länder zur Subventionsgewährung bestehenbleibt (*Ruppert*, S. 273). Vgl. die Darstellung der Eingriffe im ersten Teil.

b) Verzichtsbefugnis der Bundesländer

Mit der Feststellung, daß Maßnahmen zur Herstellung eines Entfaltungsraumes für die Gemeinschaftsgewalt auch auf Länderkompetenzbereichen notwendig sind, ist noch nicht geklärt, ob Bund oder Länder sie vorzunehmen haben. Hierbei ist entscheidend, wer in der Lage ist, diese Tätigkeiten im Innen- und Außenbereich vorzunehmen. Hinsichtlich der Bundesländer ergeben sich Zweifel an ihrem rechtlichen Können, den Ausschließlichkeitsverzicht zu vollziehen: Da jeder Ausschließlichkeitsverzicht materiell eine Änderung der Verfassung erfordert, müßte im Fall eines Verzichts durch die Länder diesen entweder die Durchbrechung jeweiliger Landesverfassung durch eine dem Art. 24 I GG entsprechende Vorschrift gestattet sein oder die Landesverfassung müßte formell geändert werden. Da eine dem Art. 24 I GG entsprechende Landesverfassungsnorm nicht existiert, könnte ein Verzicht nur nach vorheriger Verfassungsänderung erfolgen[20].

Bedenken bestehen aber auch grundsätzlich gegen die Annahme, die Länder könnten, etwa nach einer Verfassungsänderung, auf eigene aktuelle Ausschließlichkeit verzichten: Im Verhältnis nach außen weist das Grundgesetz die Staatsgewalt mit zwei Ausnahmen, nämlich Art. 24 I GG und der Einschränkung gegenüber den Ländern, dem Bund zu[21]. Diese dem Bund zustehende Ausschließlichkeit wird beeinträchtigt, wenn die Länder auf ihre Hoheitsrechte verzichten könnten. Denn dann entstünde im Bereich der Bundesrepublik bundesfremde originäre Gewalt, die sich unabhängig vom Willen des Bundes neben der des Bundes und der Länder entfaltete, was eine Existenzgefährdung für den Bund mit sich bringen könnte[22]. Ein nach Änderung der Länderverfassungen erfolgter Verzicht auf Länderhoheitsrechte durch die Länder widerspräche der Ausschließlichkeitszuweisung von Staatsgewalt im Grundgesetz[23]. Demnach könnten die Länder auch nach einer Landesverfassungsänderung nicht von sich aus auf die Ausübung ihnen zustehender Hoheitsrechte verzichten[24], was die Unzulässigkeit der Anerkennung von Gemeinschaftsgewalt und der Verpflichtung zur Vornahme beider Akte einschließt.

---

[20] *Ruppert*, S. 274.

[21] *Schroeder*, S. 46, folgert das aus dem Rechtsprinzip der „Homogenität".

[22] *Birke*, S. 94 f.; *Ruppert*, S. 274.

[23] *Schroeder*, S. 46, unter Hinweis auf die Störung des „Homogenitätsprinzips".

[24] *Ruppert*, S. 275; *Schroeder*, S. 46.

c) Verzichtsbefugnis des Bundes

Wie festgestellt, muß auch auf Gebieten, die der Länderhoheit unterfallen, der Gemeinschaftsgewalt ein Entfaltungsraum geschaffen werden, damit das Ziel des Art. 24 I GG erreicht werden kann. Die Länder sind aus dargelegten Gründen hierzu jedoch nicht in der Lage.

Soll die Einräumung der Entfaltungsmöglichkeit nicht gänzlich scheitern, muß Art. 24 I GG immanent dahin ausgelegt werden, daß er dem Bund gestattet, auch auf die Ausübung von Länderhoheitsrechten zu verzichten[25], die Gemeinschaftsgewalt im Länderbereich anzuerkennen und sich zu den entsprechenden Maßnahmen völkerrechtlich zu verpflichten.

2. *Auslegung auf dem Hintergrund der Bundesstaatsentscheidung*

Die teleologische Auslegung erschöpft sich nicht darin, isoliert das Ziel der Vorschrift und das hierzu Erforderliche festzustellen; auch der Gesamtzusammenhang der Verfassung ist zu berücksichtigen. Da der Verzicht auf Länderhoheitsgewalt durch den Bund die bundesstaatliche Kompetenzverteilung berührt, ist zu untersuchen, welche Auslegung des Art. 24 I GG von daher gefordert wird.

a) Inhalt der Bundesstaatsentscheidung

Oft werden bei der Frage nach der Befugnis zur „Übertragung" von Länderhoheitsrechten Gegensatzpaare wie: Integrationsfreundlichkeit-Bundesstaatlichkeit gebildet, ohne daß auf den Inhalt der Begriffe näher eingegangen wird[26]. Bei der Bundesstaatsentscheidung ist jedoch, ebenso wie bei der Entscheidung für eine offene Staatlichkeit, die Ebene der Grundentscheidung von der Einzelausgestaltung zu unterscheiden[27].

Anders als die Entscheidung für eine offene Staatlichkeit, ist die bundesstaatliche Grundentscheidung in der Verfassung ausdrücklich festgelegt. Sie ergibt sich aus Art. 79 III i. V. m. Art. 20 GG. Nach überwiegender Ansicht garantiert sie die Gliederung des Bundes in Länder, den Bestand der Institution Land und ein Mindestmaß an Länderkompetenzen[28]. Ein anderes Verständnis der bundesstaatlichen Grundentscheidung legt *Spelten* seiner Untersuchung zugrunde: Inhalt der

---

[25] *Ruppert*, S. 276; vorschnell *Birke*, S. 95; ohne Begründung *Oberthür*, S. 58; *Magiera*, S. 637.

[26] *Ipsen*, Bundesstaat, S. 254: „binnenstaatliche Föderalisierung — zwischenstaatliche Vergemeinschaftung"; *Spelten*, S. 24: „Eigenständigkeit der Länder — Bekenntnis zur europäischen Integration".

[27] Hierzu *Ruppert*, S. 269.

[28] Für viele *Ruppert*, S. 269.

Grundentscheidung sei Rationalisierung des politischen Prozesses und Begrenzung staatlicher Macht. Demnach sei wegen der Unitarisierung des Bundesstaates entscheidend, daß das Mitwirkungsrecht der Bundesländer bei der staatlichen Willensbildung garantiert sei[29].

Die Grundentscheidung für einen föderalen Staat wird im einzelnen durch mehrere grundgesetzliche Bestimmungen verwirklicht: Über den Bundesrat erhalten die Länder eine mittelbare Mitwirkungsbefugnis im Bundesbereich, sie haben gewichtige eigene Kompetenzen, verfügen über eine weitgehende Gestaltungsfreiheit bei der Ausübung dieser Befugnisse, können eigene Strukturen ausbilden und besitzen eine unabhängige Verfassungsgebung sowie selbständige, demokratisch legitimierte Organe[30]. Zur Verwirklichung der Grundentscheidung kommt es, legt man die Auffassung Speltens zugrunde, nach der allein die Garantie des Mitwirkungsrechts der Länder entscheidend ist, auf die einzelnen Kompetenzen der Länder nicht mehr an[31].

b) Auswirkungen auf die Auslegung des Art. 24 I GG

Da Art. 24 I GG kein höherer Rang als anderen Verfassungsnormen zukommt, ist sowohl die Grundentscheidung als auch die Einzelausgestaltung der Bundesstaatsentscheidung geeignet, dessen Auslegung zu beeinflussen.

Die Bundesstaatsgrundentscheidung, sei es, man versteht sie als Garantie der Staatlichkeit der Bundesländer oder als Begrenzung staatlicher Macht, kann, da sie dem Art. 79 III GG unterfällt, nicht im Wege der Verfassungsänderung beseitigt werden; sie ist verfassungsfest[32]. Allerdings ist der nicht verfassungsfeste Spielraum, den die Grundentscheidung gewährt, relativ groß: Verboten ist im einen Fall die Tangierung der Staatlichkeit der Länder, im anderen die Unbegrenztheit der staatlichen Macht des Bundes. Wird Art. 24 I GG so ausgelegt, daß auch auf Länderhoheitsbereichen die Entfaltung von Gemeinschaftsgewalt durch den Bund eingeräumt werden darf, können diese Grenzen eingehalten werden, so daß grundsätzlich von der Bundesstaatsgrundentscheidung her keine andere Auslegung gefordert wird[33].

Die föderalen Ausgestaltungsregeln des Grundgesetzes sind gesetzesfest und verfassungsrechtlich durch Art. 79 I, II GG geschützt; Art. 79 I und II GG sind nicht verfassungsfest. Durch die konkrete Ausge-

---

29 *Spelten*, S. 26.

30 *Ruppert*, S. 270.

31 *Spelten*, S. 26.

32 *Ruppert*, S. 271 f.

33 Ebd., S. 272.

staltung des Bundesstaatsprinzips erhalten die Länder ein Eigengewicht, das über das nach der Grundentscheidung erforderliche Mindestmaß hinausgeht[33]. Die Länder sind dann zuständig, sofern sich nicht aus der Verfassung eine Bundeskompetenz ergibt; es gilt demnach für Zuständigkeiten des Bundes das Enumerationsprinzip. Eine Auslegung des Art. 24 I GG dahingehend, daß er auch die Befugnis des Bundes, fremder Hoheitsgewalt einen Entfaltungsraum auf Länderhoheitsgebieten zu schaffen, umfaßt, widerspräche dem Gewicht der Bundesländer nach anderen Vorschriften des Grundgesetzes, vor allem dem Enumerationsprinzip und müßte Art. 79 I u. II GG überwinden. Auch bei Zugrundelegung eines anderen Verständnisses der Bundesstaatsentscheidung bleibt das Problem der Beeinträchtigung der bundesstaatlichen Ordnung bestehen, da die für entscheidend gehaltene Beteiligung der Länder am Willensbildungsprozeß des Bundes durch Ausschaltung des Bundesrates auf Gemeinschaftsebene beschnitten wird[34]. Von der Bundesstaatseinzelausgestaltung her müßte demnach einer Interpretation des Art. 24 I GG der Vorzug gegeben werden, die einen Verzicht auf Länderhoheitsrechte durch den Bund ausschließt.

3. *Abwägung der Interpretationsmöglichkeiten*

Da von der Integrationsentscheidung eine andere Interpretation gefordert wird als von der Bundesstaatsausgestaltung, ist zu untersuchen, welcher Auslegung der Vorzug zu geben ist. Vielfach wird die Antimonie zwischen Bundesstaatlichkeit und Integrationsentscheidung zugunsten letzterer aufgelöst, ohne daß dies näher begründet wird[35]. Es muß jedoch im einzelnen ermittelt werden, ob sich die Auslegung aufgrund der Integrationsentscheidung gegenüber dem Enumerationsprinzip und dem durch andere Verfassungsbestimmungen den Ländern verliehenen Gewicht durchzusetzen und über Art. 79 I u. II GG hinwegzusetzen vermag. Das erstere ist dann der Fall, wenn eine Dominanz der Integrationsentscheidung gegenüber der Bundesstaatsausgestaltung festgestellt werden kann. Nur wenn sich ein Übergewicht der Integrationsentscheidung gegenüber der Bundesstaatsausgestaltung ergibt, ist Art. 24 I GG in der vom Grundsatz der offenen Staatlichkeit geforderten Weise auszulegen.

Ein Bestehenlassen der Antimonie zwischen Bundesstaatsausgestaltung und Integrationsentscheidung kann nicht gewollt sein, da dann

---

[34] Dies übersieht *Spelten*, S. 26, wenn er meint, Gesetzgebungsbefugnisse seien kein essentieller Bestandteil der bundesstaatlichen Ordnung und deshalb könne sie nicht durch deren „Übertragung" beinträchtigt werden. Ein faktischer Einfluß (*Spelten*, S. 29 f.) der Länder in den EG reicht zum Ausgleich nicht aus.

[35] *Ipsen*, Bundesstaat, S. 254; *Magiera*, S. 637; *Riegel*, Gliedstaatskompetenzen, S. 246, l. Sp.; *Zuleeg*, Standort, S. 465, r. Sp.

der notwendige Verzicht auf Ausübung von Länderhoheitsgewalt weder vom Bund noch von den Ländern erklärt werden könnte[36]. Allein aus der Notwendigkeit der Auflösung der Antimonie kann jedoch ebenfalls noch nicht gefolgert werden, der Bund müsse verzichten können[37]. Die Antwort kann sich nur aus der Betrachtung des Verfassungsgefüges ergeben.

Durch die Bundesstaatsausgestaltung wird den Ländern einerseits keine überragende Stellung zuerkannt, andererseits soll durch Art. 24 I GG die Entscheidung für eine offene Staatlichkeit weitgehend realisiert werden. Bei der Bundesstaatsausgestaltung ist jedoch diese Entscheidung offenbar nicht berücksichtigt worden, da die Kompetenzverteilung so geregelt ist, als handle es sich bei der Bundesrepublik um einen geschlossenen Staat. Die in Art. 24 I GG zum Ausdruck kommende Entscheidung hat keinen Niederschlag in der Bundesstaatsausgestaltung gefunden[38]. Allerdings ist in der Entscheidung für einen offenen Staat und damit der Erlaubnis des Art. 24 I GG, die Ausbildung einer zwischenstaatlichen Gemeinschaft mit originärer Hoheitsgewalt zu ermöglichen, notwendig eine Veränderung der Struktur des ursprünglichen Staates Bundesrepublik, also auch Gewichtsverschiebungen zwischen Bund und Ländern, mit enthalten. Das Gewicht der Integrationsentscheidung wird durch die Zielbestimmung in der Präambel des Grundgesetzes noch erhöht, so daß Veränderungen in der Ausgestaltung des Bundesstaates demnach hingenommen werden müssen. Der Auslegung des Art. 24 I GG nach der Integrationsentscheidung ist gegenüber der von der Bundesstaatsausgestaltung geforderten Interpretation im Rahmen des Grundgesetzes ein größeres Gewicht zuzuerkennen[39].

Deshalb ist Art. 24 I GG bezüglich der Befugnis zum Vollzug des Ausschließlichkeitsverzichts auf Länderhoheitsgewalt im Sinne der Integrationsentscheidung auszulegen[40]. Das bedeutet, daß ein Abweichen von den Kompetenzregeln des Grundgesetzes durch das einfache Gesetz nach Art. 24 I GG gedeckt ist. Ob allerdings diese materielle Verfassungsänderung in Abweichung von den Erfordernissen des Art. 79 I u. II GG in einem vereinfachten Verfahren möglich ist, ist gesondert zu untersuchen. Die Abwägung der Ausgestaltung von Bundesstaatsgrundentscheidung und Integrationsentscheidung ergibt lediglich, daß der Auslegung des Art. 24 I GG aufgrund der Integrationsentscheidung der Vorzug zu geben ist.

---

[36] *Bleckmann*, Mitwirkung, S. 145, l. Sp., bei der Auslegung auf dem Hintergrund des Art. 32 GG.

[37] So aber *Ipsen*, Bundesstaat, S. 254; *ders.*, Europarecht, S. 55, 2/12.

[38] *Ruppert*, S. 277.

[39] *Emrich*, S. 125; *Magiera*, S. 637; *Ruppert*, S. 277; *Spelten*, S. 18.

[40] *Ruppert*, S. 277; im Ergebnis auch *Rojahn*, in: v. Münch, Art. 24, Rdn. 39.

Der Hinweis auf eine durch den Gemeinschaftsbeitritt erfolgte „Mutation“ der Verfassung[41] vermag das Ergebnis nicht zu begründen, denn es ist ja gerade die ursprüngliche Verfassung, die die Errichtung der Gemeinschaft ermöglichen soll.

4. *Auslegungsgrenzen*

Auch wenn die Abwägung von Integrationsentscheidung und grundgesetzlicher Ausgestaltung der Bundestaatsentscheidung dazu geführt hat, die Kompetenzverteilung im Grundgesetz zugunsten der Integration Modifikationen zu unterwerfen, so kann doch die Bundesstaatsentscheidung Grenzen hinsichtlich der Auslegung des Art. 24 I GG bestimmen.

Entscheidend für das Zurückstehen der Bundesstaatsausgestaltung ist das hohe Gewicht, das das Grundgesetz der europäischen Integration zumißt. Demnach ist nur dann ein Einbruch in die Bundesstaatsausgestaltung gestattet, wenn sachliche Gründe beim Integrationsvorgang dies erfordern. Unzulässig wäre es deshalb, auf dem Umweg über die zwischenstaatliche Einrichtung Kompetenzverschiebungen zugunsten des Bundes im Bund-Länder Verhältnis herbeizuführen[42]. Außerdem darf das vom Grundgesetz vorgesehene Gewichtsverhältnis von Bund und Ländern trotz des Vorrangs der Integrationsentscheidung nicht beeinträchtigt werden, soweit es nicht zwingend erforderlich ist[43].

5. *Ergebnis*

Die teleologische Auslegung führt zu dem Ergebnis, daß Art. 24 I GG dem Bund gestattet, auch auf den Gebieten, die den Ländern nach den Bestimmungen des Grundgesetzes vorbehalten sind, einen Entfaltungsraum für die Gemeinschaftsgewalt zu schaffen, wenn die Integration dies erfordert und das verfassungsrechtlich vorgesehene Gleichgewichtsverhältnis zwischen Bund und Ländern nicht unzulässig gestört wird.

B. Verfassungsrechtliche Schranken des Art. 24 I GG

Art. 24 I GG enthält zwar nach dem Gesagten die Erlaubnis, die zur Errichtung der Gemeinschaften erforderlichen Maßnahmen zu vollziehen, auch wenn in Länderbereiche eingegriffen wird; dies enthebt je-

---

[41] *Ipsen*, Bundesstaat, S. 254; *ders.*, Europarecht, S. 55, 2/12.

[42] *Magiera*, S. 637; implizit *Riegel*, Überlegungen, S. 67: „... soweit dies für die Schaffung und Fortentwicklung der Gemeinschaften erforderlich ist.“

[43] *Ruppert*, S. 278.

doch nicht der Untersuchung, ob dieser Berechtigung nicht doch andere Verfassungsbestimmungen entgegenstehen.

I. Bindung an Art. 79 I und II GG

Die Einräumung von Entfaltungsraum für die Gemeinschaftsgewalt auf Länderkompetenzbereichen durch den Bund kollidiert wegen zwei Wirkungen mit Art. 79 I u. II GG: Der Verzicht auf Ausschließlichkeit widerspricht der vom Grundgesetz vorausgesetzten Ausschließlichkeit deutscher Hoheitsgewalt und die Erklärung des Verzichts auf Ausübung von Länderhoheitsgewalt durch den Bund steht mit der Zuständigkeitsverteilung des Grundgesetzes nicht in Einklang. Demnach wird die Verfassung materiell in zweifacher Hinsicht berührt. Es ist deshalb zu untersuchen, ob beim Ausschließlichkeitsverzicht überhaupt eine Bindung an Art. 79 I u. II GG besteht und ob, sollte dies zu verneinen sein, jedenfalls diese Vorschrift aber beim Ausschließlichkeitsverzicht auf die Ausübung von Länderhoheitsgewalt durch den Bund zu beachten ist.

1. Widerspruch zum verfassungsrechtlich vorausgesetzten Ausschließlichkeitsanspruch

Das aus dem Gesamtzusammenhang der Verfassung zu entnehmende Verfassungsprinzip der Ausschließlichkeit deutscher Hoheitsgewalt wird durch den Verzicht zugunsten der Entfaltung von Gemeinschaftsgewalt berührt. Die Verfassungslage wird materiell beeinträchtigt[44] und deshalb wären die Erfordernisse des Art. 79 I S. 1 GG (Textänderung des GG) und des Art. 79 II GG (2/3 Mehrheit des Bundestages und des Bundesrates) einzuhalten. Zu fragen ist, inwieweit Art. 24 I GG von dem Erfordernis der Änderung des Verfassungstextes und den besonderen verfassungsändernden Mehrheiten befreit. Art. 24 I GG gestattet u. a., den Ausschließlichkeitsverzicht in Form eines einfachen Gesetzes zu erklären. Demnach muß das Verhältnis dieser Regelung zur Verfassungsumgestaltung ermittelt werden.

Es wird angenommen, in den Maßnahmen nach Art. 24 I GG liege überhaupt keine Verfassungsänderung, da die an sich notwendige Verfassungsänderung oder -durchbrechung bereits in Art. 24 I GG vorweggenommen sei[45]; was zur Folge hätte, daß das Gesetz nach Art. 24 I GG nicht mit Art. 79 I u. II GG kollidierte. Bereits durch Art. 24 I GG sei die Verfassung bewußt geändert worden, da nicht mehr grundsätzlich ak-

[44] *Claudi*, S. 206.

[45] Siehe die umfangreichen Nachweise für diese Ansicht bei *Birke*, S. 100 f., Fn. 136; *Ruppert*, S. 223, Fn. 661.

tuelle Ausschließlichkeit verlangt, sondern ihre Durchbrechung zugestanden werde[46]. Somit liege in dem Gesetz nach Art. 24 I GG keine Verfassungsänderung, sondern es sei nur Tatbestandsausfüllungsakt[47].

Andere sind der Auffassung, Art. 24 I GG gestatte eine Verfassungsänderung oder -durchbrechung durch einfaches Gesetz[48]. Die Verfassung verlange nicht dieselben innerstaatlichen Schranken, die sie sonst einer Verfassungsänderung entgegensetze, sondern gestatte ein Abweichen von ihnen[49], indem sie ein einfaches Gesetz genügen lasse[50]. Da dieses den Verzicht auf Ausschließlichkeit bewirke, müsse ihm der Rang eines Verfassungsgesetzes zuerkannt werden[51]. Dabei müsse Art. 24 I GG bezüglich des Erfordernisses des Art. 79 I S. 1 GG als lex specialis, vergleichbar der Regelung des Art. 79 I S. 2 GG, angesehen werden[52]. Bezogen auf Art. 79 II GG setze Art. 24 I GG ausnahmsweise den Grundsatz „lex superior derogat legi inferiori" außer Kraft[53].

Gleichgültig, ob der Ansicht gefolgt wird, durch Art. 24 I GG sei die Verfassungsdurchbrechung vorweggenommen oder das Gesetz nach Art. 24 I GG durchbreche das Grundgesetz; im Ergebnis wird eine Beachtung des Art. 79 I u. II GG von keiner der Auffassungen gefordert[54]. Eine eingehende Untersuchung, welche Ansicht zutreffend ist, kann deshalb unterbleiben. Da jedoch der Verzicht erst durch die Einräumung eines Entfaltungsraumes für eine konkrete Gewalt vollzogen wird, ist nur schwer vorstellbar, daß die Durchbrechung vorweggenommen sein soll[55].

2. *Widerspruch zur bundesstaatlichen Kompetenzverteilung*

Verzichtet der Bund auf die Ausschließlichkeit von Hoheitsgewalt auf Länderbereichen, wird über die beschriebene Verfassungsdurchbrechung hinaus in grundgesetzliche Regelungen eingegriffen. Die grundgesetz-

---

[46] *Ruppert*, S. 232 f.

[47] *Birke*, S. 100 f.

[48] Siehe die Nachweise bei *Birke*, S. 100, Fn. 135 und *Ruppert*, S. 223, Fn. 660. Wie *Emrich*, S. 121 f., nachgewiesen hat, handelt es sich um eine Verfassungsdurchbrechung, nicht um eine Verfassungsänderung.

[49] *Claudi*, S. 207.

[50] *Hoffmann*, Verhältnis, S. 437; *Ipsen*, Europarecht, S. 57 f., 2/18; *Schroeder*, S. 34, soweit keine verfassungsändernden Folgen auftreten; *Spelten*, S. 10.

[51] *Ruppert*, S. 234.

[52] *Emrich*, S. 122; *Maunz*, in: Maunz / Dürig / Herzog, Art. 79, Rdn. 3; *Schroeder*, S. 28.

[53] *Emrich*, S. 122.

[54] *Ipsen*, Europarecht, S. 57 f., 2/18; *Rojahn*, in: v. Münch, Art. 24, Rdn. 20.

[55] *Rojahn*, in: v. Münch, Art. 24, Rdn. 18.

liche Zuständigkeitsordnung würde durchbrochen und demzufolge müßten die Form und die qualifizierte Mehrheit des Art. 79 I u. II GG eingehalten werden. Fraglich ist, ob Art. 24 I GG neben der Verfassungsdurchbrechung durch Verzicht auf Ausschließlichkeit deutscher Staatsgewalt möglicherweise zu weiteren Verfassungsdurchbrechungen, nämlich der Zuständigkeitsordnung zwischen Bund und Ländern, berechtigt.

Eine Ausdehnung dieser Erlaubnis auf die Nichtbeachtung der bundesstaatlichen Kompetenzverteilung wird teilweise abgelehnt. So versteht z. B. *Schroeder*[56] das Gesetz nach Art. 24 I GG i. S. einer widerspruchsfreien Auslegung als „Gesetz, das je nach seinem Inhalt in verfassungsmäßigen Formen ergehen muß“[57]; also wäre Art. 79 I u. II GG zu beachten. Auch *Maunz* hält es für ausgeschlossen, daß Art. 24 I GG eine derartige Verfassungsdurchbrechung gestatte, da diese mit der Vorstellung des Grundgesetzes von seiner Geltung unvereinbar sei und das Grundgesetz von einer strengen Verfassungsbindung auch des Gesetzgebers ausgehe[58], weswegen der deutsche Gesetzgeber an die bundesstaatliche Kompetenzaufteilung auch im Rahmen des Art. 24 I GG gebunden sein müsse[59].

Der Forderung, ein Verzicht auf Ausübung von Landeshoheitsgewalt könne durch den Bund nur in den Formen des Art. 79 I u. II GG erfolgen, muß widersprochen werden: Durch Art. 24 I GG sollte die Integration auch in verfahrensmäßiger Hinsicht erleichtert werden. Es wäre sinnlos, für den Bereich der Bundeshoheitsrechte verfahrensmäßige Erleichterungen zu schaffen und bei den Länderhoheitsrechten auf den erschwerten Formen zu bestehen[60].

Wird anerkannt, daß bezüglich des Ausschließlichkeitsverzichts auf Ausübung von Bundesstaatsgewalt der Art. 79 I u. II GG nicht gilt, so ist kaum begründbar, weshalb bei dem Verzicht auf Ausübung von Landeshoheitsgewalt ein abweichender Standpunkt eingenommen wird[61]. Der Verfassungsrang des Gesetzes nach Art. 24 I GG ist nicht nur formal zu bestimmen[62], sondern der Verzicht auf Ausschließlichkeit stellt eine materielle Verfassungsänderung, also eben doch in gewissem Sinne eine „offene Flanke“ der Verfassung dar[63].

Deshalb kann Art. 24 I GG auch insoweit als lex specialis gegenüber Art. 79 I u. II GG angesehen werden und deckt auch den Ausschließ-

---

[56] S. 29 ff.
[57] *Schroeder*, S. 33.
[58] *Maunz*, in: Maunz / Dürig / Herzog, Art. 24, Rdn. 17.
[59] Ebd., Rdn. 18.
[60] *Spelten*, S. 21 f.
[61] *Birke*, S. 99 f.
[62] So aber *Maunz*, in: Maunz / Dürig / Herzog, Art. 24, Rdn. 13.
[63] *Ruppert*, S. 268.

lichkeitsverzicht auf Ausübung von Landeshoheitsgewalt durch ein einfaches Gesetz. Er ermöglicht damit eine Durchbrechung der grundgesetzlichen Zuständigkeitsordnung zwischen Bund und Ländern, ohne daß das Verfahren nach Art. 79 I u. II GG einzuhalten wäre[64].

II. Begrenzung durch Art. 79 III GG

Mit der Feststellung, der Bundesgesetzgeber sei durch Art. 79 I u. II GG nicht an einem Verzicht auf die Ausschließlichkeit von Landeshoheitsgewalt gehindert, ist noch keineswegs entschieden, daß andere Verfassungsbestimmungen dem Verzicht nicht doch Grenzen setzen. In Betracht kommt Art. 79 III GG, soweit er die Bundesstaatsentscheidung verfassungsfest macht.

Auch wenn die Grundentscheidung für den Bundesstaat bereits an anderer Stelle im Wege der Auslegung des Art. 24 I GG eingeführt worden ist, enthebt das nicht einer weiteren Untersuchung. Obwohl die Grenzen, die sich bei der Auslegung ergaben, sich mit denen des Art. 79 III GG decken, bedeutet das nicht, daß eine analoge oder direkte Geltung dieser Bestimmung unmöglich wäre[65]. Bei der Heranziehung der Bundesstaatsgrundentscheidung im Rahmen der Auslegung wäre ihre Überwindung durch andere Auslegungsmomente relativ leicht möglich, so z. B. durch die Grundentscheidung für einen offenen Staat. Gilt jedoch Art. 79 III GG beim Ausschließlichkeitsverzicht direkt, so ist der Auslegung durch das „verfassungsfeste Minimum" eine Grenze gesetzt[66]. Die Berücksichtigung der Grundentscheidung für den Bundesstaat im Wege der Auslegung hinderte die direkte Geltung des Art. 79 III GG nicht. Die Bundesstaatsentscheidung wirkte dann einmal in Form eines Auslegungsmoments als immanente Schranke des Art. 24 I GG und zugleich als Verfassungsbestimmung des Art. 79 III GG i. S. einer verfassungsfesten Schranke für die in Art. 24 I GG vorgesehene Verfassungsdurchbrechung.

1. Geltung des Art. 79 III GG

Es ist in der Literatur umstritten, ob Art. 79 III GG überhaupt nicht anwendbar ist und die Bundesstaatsentscheidung nur bei der Auslegung des Art. 24 I GG berücksichtigt werden kann oder ob Art. 79 III GG analog, bzw. unmittelbar gilt.

---

[64] *Birke*, S. 99; *Ipsen*, Europarecht, S. 55, 2/12; *Spelten*, S. 11, deutet die Möglichkeit an.

[65] *Ruppert*, S. 279.

[66] Dies scheint *Birke*, S. 101, zu übersehen. Es geht nicht um Wertigkeiten, sondern um Teilhabe am verfassungsfesten Bestand.

a) Keine Begrenzung durch Art. 79 III GG

Die Auffassungen, das Grundgesetz begrenze die durch Art. 24 I GG eingeräumte Ermächtigung des Bundes in keiner Weise, also sei auch die Begrenzung des Art. 79 III GG hierfür irrelevant[67], stützen sich im wesentlichen auf drei Begründungen[68]:

So wird angenommen, Art. 79 III GG könne weder analog noch direkt angewendet werden, da es sich bei der staatlichen Mitwirkung an der Schaffung von Gemeinschaftsgewalt um einen außerstaatlichen Vorgang handele, bei dem der Gesetzgeber nicht an Art. 79 III GG gebunden sei[69]. Diese Auffassung verkennt jedoch die Funktion des Gesetzes nach Art. 24 I GG. Das Admittationsgesetz als innerstaatliche Maßnahme ermöglicht die Entfaltung originärer Gewalt, schafft oder verfaßt sie jedoch nicht selbst[70]. Es handelt sich um einen rein innerstaatlichen Vorgang, weshalb die Anwendung des Art. 79 III GG möglich bleibt.

Eine vom Bundesfinanzhof vorgetragene Ansicht[71] schließt aus dem Fehlen eines ausdrücklichen Vorbehalts anderer Verfassungsbestimmungen in Art. 24 I GG, daß die Schranken des Art. 79 III GG für die Verfassungsdurchbrechung nicht gelten sollen. Ihr ist entgegenzuhalten, daß sie unzulässigerweise Art. 24 I GG aus dem Verfassungszusammenhang herauslöst[72].

Eine dritte Begründung für die Annahme, Art. 24 I GG sei durch die Verfassung unbeschränkt, findet sich bei *Emrich*[73].

Nachdem er aus systematischen Gründen eine direkte und analoge Anwendung abgelehnt hat, weist er daraufhin, daß zwar die Einfügung eines Vorbehalts nahegelegen hätte, aber der Wille des Verfassungsgebers zur internationalen Zusammenarbeit eine überragende Grundentscheidung darstelle, die mit einer restriktiven Interpretation des Art. 24 I GG, die bestimmte Verfassungsbestimmungen für unverbrüchlich erkläre, unvereinbar sei[74]. Das Argument, der Verfassungs-

---

[67] *Emrich*, S. 123 ff.; *Erichsen*, Verhältnis, S. 108; *Kaiser*, Bewahrung, S. 18; *Lambach*, S. 55 ff.; *Menzel*, Grundgesetz, S. 99; *Riegel*, Grundrechtsproblem, S. 357; *ders.*, Gliedstaatskompetenzen, S. 246, Fn. 14; BFH, in RIW/AWD 1967, S. 357.

[68] Auf die Ansicht *Kaisers*, Bewahrung, S. 18, der aus dem Akt internationaler Verfassungsgebung folgert, Art. 24 I GG könne nicht eingeschränkt werden, wird nicht mehr eingegangen, da seine Ansicht an anderer Stelle bereits widerlegt worden ist. Siehe oben, 3. Abschn. B. I.

[69] *Lambach*, S. 55 ff.; ähnlich wohl *Riegel*, Grundrechtsproblem, S. 357.

[70] *Ruppert*, S. 280.

[71] BFH, in RIW/AWD 1967, S. 79.

[72] *Claudi*, S. 213 f.

[73] S. 123 ff.

[74] *Emrich*, S. 125.

geber, der Art. 79 III GG geschaffen habe, könne nicht über Art. 24 I GG unbeschränkte Verfassungsdurchbrechungen zugelassen haben, weil dies die Gefahr einer Aushöhlung des Grundgesetzes heraufbeschwöre, versucht er zu entkräften, indem er behauptet, das Vertrauen des Verfassungsgebers in die internationale Völkergemeinschaft sei stärker gewesen als zu den nationalen Organen; deshalb könne der Gedanke des Art. 79 III GG nicht auf Art. 24 I GG übertragen werden[75]. Außerdem gibt er zu bedenken, daß bei einer Beschränkung der Verfassungsdurchbrechungen eine erhebliche Rechtsunsicherheit entstünde[76].

Emrich ist entgegenzuhalten, daß der Rang der Verfassungsentscheidung für die offene Staatlichkeit zwar im Rahmen der Auslegung des Art. 24 I GG Berücksichtigung finden mußte, aber keineswegs in der Lage ist, die Verfassungsfestigkeit des Art. 79 III GG zu überspielen. Auch seine Ansicht, der Parlamentarische Rat habe in die Völkerrechtsgemeinschaft größeres Vertrauen gehabt als zu den nationalen Organen, läßt sich nicht begründen, denn bereits aus der Tatsache, daß dem Völkerrecht nicht generell Vorrangigkeit vor nationalem Recht gewährt wird, kann geschlossen werden, daß zugunsten zwischenstaatlichen Rechts nicht sämtliche Schranken wegfallen sollten[77]

Eine Rechtsunsicherheit ist auch im Fall einer nicht ausdrücklichen Beschränkung der Befugnis in Art. 24 I GG nicht zu befürchten, da zumindest bei Anerkennung des Art. 79 III GG als Schranke der Inhalt dieser Beschränkung fest umrissen ist.

Demnach vermögen die Ansichten, der Handlungsspielraum der zuständigen Organe, den Art. 24 I GG gewährt, sei in keinerlei Hinsicht eingeschränkt, nicht zu überzeugen[78].

b) Analoge Anwendung des Art. 79 III GG

Einige Autoren nehmen an, daß Art. 79 III GG nicht direkt anwendbar sei. Er beziehe sich von der Systematik her allein auf Art. 79 I u. II GG, von denen Art. 24 I GG gerade eine Ausnahme darstelle. Auch der Wortlaut verbiete eine direkte Anwendung, da Art. 24 I GG zu einer Verfassungsdurchbrechung ermächtige, Art. 79 III GG aber nur auf Verfassungsänderungen unmittelbar anwendbar sei[79]. Deshalb sei allenfalls eine analoge Anwendung in Betracht zu ziehen.

---

[75] Ebd., S. 125, 146.

[76] Ebd., S. 126, 146.

[77] *Claudi*, S. 214.

[78] a. A., jedoch ohne Begründung, *Riegel*, Gliedstaatskompetenzen, S. 246, Fn. 14.

[79] *Gorny*, S. 129; *Thieme*, S. 58; aus denselben Gründen hält *Erichsen*, Verhältnis, S. 108, Art. 79 III GG für unanwendbar. Für eine analoge Anwendung *Zuleeg*, Recht, S. 162, Fn. 495.

Es ist fraglich, ob Art. 79 III GG nur auf Art. 79 I u. II GG bezogen werden darf, also in dem Sinn: „Änderung nach den vorausgehenden Vorschriften" gelesen werden muß. Weder aus dem Wortlaut oder der Systematik noch aus der teleologischen Auslegung folgt dieses Ergebnis[80]. Da eine Durchbrechung der Regeln des Art. 79 I u. II GG auch durch selbständige Ausnahmevorschriften denkbar ist, ohne daß Art. 79 I u. II GG direkt verändert wird, widerspräche es der Normlogik des Art. 79 III, wollte man ihn immer noch ausschließlich auf Abs. I u. II beziehen. Er könnte dann umgangen werden. Das gleiche muß für eine bereits im Grundgesetz vorgesehene Verfassungsänderung gelten, so daß Art. 79 III GG auch auf die Ausnahmevorschrift des Art. 24 I GG zu beziehen ist[81]. Auch die Bedenken, die wegen der Verwendung des Wortes „Änderung" erhoben werden, überzeugen nicht, da Art. 79 I S. 1 GG für eine weite Auslegung des Begriffes spricht: Wenn das Grundgesetz nur durch ein Gesetz geändert werden kann, das den Wortlaut ausdrücklich ändert oder ergänzt, muß es noch andere Formen der Änderung geben[82]. Es ist nicht ersichtlich, weshalb Art. 79 III GG nur den engen Begriff umfassen sollte. Demnach stehen der Annahme einer direkten Geltung der Vorschrift keine gewichtigen Bedenken im Wege.

c) Direkte Anwendung des Art. 79 III GG

Art. 79 III GG bestimmt, daß sekundäre Verfassungsänderungen stets ihre Grenze an den Grundentscheidungen der primären Verfassungsgebung finden. Dieses in Art. 79 III GG niedergelegte Prinzip gilt für alle Formen der sekundären Verfassungsänderung, also auch für Verfassungsdurchbrechungen, die schon im Grundgesetz angelegt sind[83]. Dieser Grundsatz wäre verletzt, hielte man eine Veränderung der geschützten Ordnung durch innerstaatliche Maßnahmen für unmöglich, eröffnete aber eine Durchbrechungsmöglichkeit durch Maßnahmen deutscher Organe dann, wenn sie der Ausbildung von Gemeinschaftsgewalt dienen[84]. Das Grundgesetz, welches die in Art. 79 III GG genannten Prinzipien verfassungsfest macht, bekennt sich zwar gleichzeitig in Art. 24 I GG zum offenen Staat, hat aber — und das allein ist entscheidend — die Grundentscheidung für den offenen Staat nicht an der Verfassungsbeständigkeit teilhaben lassen[85].

---

[80] Gegen eine Dispensierung des Art. 79 III GG aus formalen Gründen sind *Benda / Klein*, S. 393 f.

[81] *Ruppert*, S. 283.

[82] Ebd., S. 282.

[83] Ebd., S. 282 f.

[84] *Claudi*, S. 215.

[85] *Ebd.*, S. 216; *Ruppert*, S. 298; siehe auch BVerfGE 37, S. 296 ff.

Deshalb erweisen sich die Bemühungen, aus der Nichtaufnahme in den verfassungsfesten Bereich irgend etwas über die Wertigkeit der Grundentscheidungen ableiten zu wollen oder über die Gründe für eine Nichterwähnung zu spekulieren[86], als unfruchtbar. Allerdings ist auch der Kritik *Grézers*[87] an *Birke* entgegenzutreten: Nicht die Grundentscheidungen werden von ihm gegeneinander abgewogen und die Möglichkeit einer Überspielung des Art. 79 III GG ins Auge gefaßt, sondern es handelt sich um die Gegenüberstellung der Einzelausgestaltungen[86]. Dies kommt aber, und somit wird das Mißverständnis *Grézers* verständlich, in der zu knappen und unzureichenden Begründung *Birkes* nicht deutlich genug zum Ausdruck.

Es ist nicht ersichtlich, daß die durch Art. 79 III GG garantierten Prinzipien nur in bezug auf Kompetenzverschiebungen innerhalb der deutschen Rechtsordnung unantastbar sein sollen, wohingegen sie dem verfassungsändernden Gesetzgeber zugunsten der Gemeinschaftsgewalt zur Disposition stünden[88]. Eine Integration um jeden Preis, also z. B. unter Einschluß der Möglichkeit des Gesetzgebers, einer undemokratischen und unrechtsstaatlichen Organisation die Entfaltung von Hoheitsgewalt auf deutschem Staatsgebiet zu ermöglichen, ist, wie auch in der Präambel des Grundgesetzes zum Ausdruck kommt, vom Verfassungsgeber nicht gewollt[89]. Wegen seines absoluten Geltungsanspruchs muß Art. 79 III GG auch als Grenze bei der Einräumung von Entfaltungsraum für die Gemeinschaftsgewalt anerkannt werden[90].

III. Das Prinzip der Bundestreue als Verfassungsschranke

Einige Autoren haben versucht, über das Prinzip der Bundestreue Schranken für die Ausübung der Kompetenz zur Schaffung der Entfaltungsvoraussetzungen für die Gemeinschaftsgewalt herzuleiten[91]. Die

---

[86] *Birke*, S. 101.

[87] *Grézer*, S. 179, l. Sp.

[88] *Claudi*, S. 216.

[89] *Ruppert*, S. 298.

[90] So die wohl h. M.: *Bleckmann*, Mitwirkung, S. 145, l. Sp.; *Claudi*, S. 216; Enquête-Kommission Verfassungsreform, BT-Drucks. 7/5924, S. 230; *Grézer*, S. 179; *Hoffmann*, Bewahrung, S. 118; *ders.*, Verhältnis, S. 437; *Rabe*, S. 125; *Ruppert*, S. 283, 298; *Schroeder*, S. 81; Unterausschuß des Rechtsausschusses des Bundesrates, 182. Sitzung v. 21. 3. 1957, Niederschrift R 1304/1705 v. 12. 4. 1957, S. 3/4. Weitere Nachweise bei *Emrich*, S. 119, Fn. 187.

Dieser Ansicht sind wohl auch *Riegel*, Überlegungen, S. 84 ff., der aber eine Tangierung des Art. 79 III GG wegen zu hoher „Reizschwelle" nicht für möglich hält und *Birke*, S. 101, der die Möglichkeit einer Verletzung ebenfalls nicht in Betracht zieht.

Dies heißt nicht, daß volle strukturelle Kongruenz verlangt würde; vgl. *Rojahn*, in: v. Münch, Art. 24, Rdn. 33.

[91] So z. B. *Birke*, S. 102 f.

Pflicht zur Bundestreue ist als verfassungsrechtliches Prinzip anerkannt. Allerdings ist es fraglich, ob dieses Prinzip als Verfassungsgrundsatz, Kompetenzausübungsschranke oder als Auslegungsgrundsatz anzusehen ist.

Das Bundesverfassungsgericht sieht in ihm eine dem Wesen des Bundesstaats immanente Rechtspflicht von Bund und Ländern zu einem bundesfreundlichen Verhalten, die das Gericht zu einem ungeschriebenen, das gesamte verfassungsrechtliche Verhältnis zwischen Bund und Ländern bestimmenden Verfassungsgrundsatz erhebt[92]. Angesichts der im Grundgesetz niedergelegten Rechtsprinzipien ist es zweifelhaft, ob es überhaupt notwendig ist, einen Verfassungsgrundsatz zu übernehmen, der für das Deutsche Reich nach 1871 entwickelt worden ist[93]. Es besteht weitgehend Einigkeit darüber, daß das Prinzip der Bundestreue aus sich heraus nicht in der Lage ist, selbständig Rechte und Pflichten zu begründen, sondern daß die Anwendung des Prinzips bereits bestehende Rechte und Pflichten voraussetzt. Die Rechtsfolgen beziehen sich als Nebenverpflichtungen innerhalb eines bestehenden Rechtsverhältnisses auf das „Wie" der Ausübung eingeräumter Befugnisse, tangieren aber nicht das von der Verfassung eingeräumte Ausmaß der Befugnisse[94].

Demnach handelt es sich bei dem Prinzip der Bundestreue primär um einen Auslegungsgrundsatz[95]. Die Inhalte dieses Prinzips, nämlich Rücksichtnahme auf die jeweiligen Belange von Bund und Ländern, ergeben sich aus dem Bundesstaatsprinzip und wurden im Rahmen der Auslegung des Art. 24 I GG bereits hinreichend berücksichtigt[96]. Deshalb können sie nicht noch zusätzlich als besondere verfassungsrechtliche Schranke bemüht werden.

IV. Einhaltung der verfassungsrechtlichen Grenzen bei Schaffung der Entfaltungsvoraussetzungen für die Gemeinschaftsgewalt

Bei Einräumung eines Entfaltungsraumes auch auf den den Ländern vorbehaltenen Bereichen durch den Bund zugunsten der Gemeinschaftsgewalt ergeben sich nach den bisherigen Untersuchungen Einschränkungen in zweierlei Hinsicht: Einmal ist die Schranke des verfassungsfesten Minimums der Bundesstaatsgrundentscheidung des Art. 79 III

---

92 z. B. BVerfGE 32, S. 218 f.

93 *Claudi*, S. 122. Vgl. zu den Bedenken gegen den Grundsatz der Bundestreue die Nachweise bei *Stern*, § 19 III 4, S. 545, Fn. 379.

94 *Claudi*, S. 122; vgl. auch *Stern*, § 19 III 4, S. 547, Fn. 388 - 390.

95 Vgl. *Stern*, § 19 III 4, S. 548 m. w. N.

96 Siehe oben, A. IV. 2.

GG i. V. m. Art. 20 GG einzuhalten. Zum anderen folgt eine Einschränkung aus der verfassungskonformen Auslegung des Art. 24 I GG, die dazu geführt hat, in gewissem Umfang die Bundesstaatsausgestaltung zu berücksichtigen. Im folgenden soll untersucht werden, ob beide Grenzen bei der Einräumung eines Entfaltungsraumes für die Gemeinschaftsgewalt eingehalten worden sind.

1. Vereinbarkeit der Maßnahmen nach Art. 24 I GG mit Art. 79 III GG

Das gemäß Art. 79 III GG verfassungsfeste Minimum der Bundesstaatlichkeit fordert die Beibehaltung der Gliederung in Bund und Länder, das Zugeständnis gewisser Verfassungsautonomie und eigener Gesetzgebungsbefugnisse der Länder sowie die Gewährleistung von Ländermitwirkungsrechten bei der Bundesgesetzgebung[97]. Durch die Schaffung von Entfaltungsvoraussetzungen für die Gemeinschaftsgewalt auch auf Länderkompetenzbereichen durch den Bund werden zwar die grundsätzliche Gliederung in Bund und Länder und die Verfassungsautonomie der Bundesländer nicht berührt; dennoch wird die Bundesstaatlichkeit der Bundesrepublik geschwächt[98]. Zu fragen ist, ob damit bereits Art. 79 III GG betroffen wird. Art. 79 III GG erklärt nicht jede augenblicklich bestehende Länderzuständigkeit für unantastbar[99]. Die Länderbereiche, auf denen die Gemeinschaftsorgane tätig werden, sind nicht so bedeutend, daß von einer völligen Aushöhlung der Länderkompetenzen gesprochen werden könnte, da den Ländern noch Kompetenzen von einigem Gewicht verbleiben[100].

Durch Art. 79 III GG wird den Ländern jedoch nicht nur ein Mindestmaß an eigener Gesetzgebung im Landesbereich garantiert, sondern auch das Mitwirkungsrecht der Länder an der Bundesgesetzgebung. Diese Mitwirkungsbefugnis wird eingeschränkt, wenn Bundesgesetzgebungskompetenzen nun von den Gemeinschaftsorganen wahrgenommen werden. Insoweit stellt Art. 79 III GG auch eine Begrenzung bei der Einräumung eines Entfaltungsraumes für die Gemeinschaftsgewalt auf Bundeskompetenzbereichen dar[101]. Diese Grenze wäre dann erreicht, wenn die Länder jegliche Mitwirkungsrechte an der Bundesgesetzgebung infolge des Ausschlusses von Beteiligung an Gesetzgebungsmaßnahmen durch den Beitritt der Bundesrepublik zu den Europäischen

---

[97] Vgl. etwa *Maunz*, in: Maunz / Dürig / Herzog, Art. 79, Rdn. 33 - 37.

[98] *Schroeder*, S. 81.

[99] *Maunz*, in: Maunz / Dürig / Herzog, Art. 79, Rdn. 35; vgl. auch *Schmidt-Bleibtreu / Klein*, Art. 79, Rdn. 15, S. 808.

[100] *Birke*, S. 101; *Bleckmann*, Mitwirkung, S. 145; *Maunz*, in: Maunz / Dürig / Herzog, Art. 79, Rdn. 35.

[101] *Maunz*, in: Maunz / Dürig / Herzog, Art. 79, Rdn. 36; *Schroeder*, S. 81.

Gemeinschaften verlören. Die Länder verfügen jedoch auf den dem Bund verbliebenen Regelungsbereichen noch über erhebliche Mitwirkungsbefugnisse. Außerdem ist nur die Mitwirkung an Bundesgesetzen und nicht an Legislativakten der Gemeinschaften durch Art. 79 III GG garantiert. Grundsätzlich bleibt die Mitwirkung der Länder an der Gesetzgebung des Bundes noch möglich.

Der Befugnisentzug ist nicht so gravierend, daß die Staatlichkeit der Bundesländer berührt und die Grenze des Art. 79 III GG bereits überschritten wäre[102]. Art. 79 III GG ist durch die Schaffung von Entfaltungsvoraussetzungen für die Gemeinschaftsgewalt nicht verletzt.

2. Vereinbarkeit der Maßnahmen nach Art. 24 I GG mit den durch Auslegung ermittelten immanenten Schranken des Art. 24 I GG

Bei der Auslegung des Art. 24 I GG hatte sich im Rahmen des Gesamtzusammenhangs der Verfassung bei der Gegenüberstellung von Bundesstaatsausgestaltung und Entscheidung für die offene Staatlichkeit, ein Übergewicht letzterer, allerdings nicht ohne Grenzen, ergeben. Es war festgestellt worden, daß zwar die konkrete Kompetenzverteilung des Grundgesetzes überspielt werden kann, allerdings nur, sofern das im Bundesstaatsprinzip zum Ausdruck kommende Gleichgewicht zwischen Bund und Ländern berücksichtigt wird. Auch wenn die Erfordernisse des Art. 79 III GG eingehalten wurden und eine Paralyse der Länder nicht eingetreten ist, kann doch das Gleichgewicht zwischen Bund und Ländern derart verschoben worden sein, daß die Grenzen des Art. 24 I GG überschritten worden sind. Die Maßnahmen wären von Art. 24 I GG nicht gedeckt, wenn sie sich über das geforderte Gleichgewicht zwischen Bund und Ländern hinwegsetzten.

Durch die Einräumung eines Entfaltungsraums für die Gemeinschaftsgewalt auf Bereichen der Bundeshoheit werden die Länder zwar in ihrer Beteiligung über den Bundesrat an der Bundesgesetzgebung eingeschränkt, aber auch der Bund kann nicht mehr alleine handeln. Wären die Länder direkt an der Gemeinschaftsgesetzgebung beteiligt, hätten sie eine stärkere Stellung als zuvor inne[103]. Auf den Gebieten hingegen, die der ausschließlichen Länderkompetenz unterfielen und auf denen der Bund Maßnahmen zur Schaffung der Voraussetzungen zur Entfaltung von Gemeinschaftsgewalt ergriffen hat, könnten die Länder stärker belastet werden. Wenn sie an der Staatstätigkeit nicht teilhaben, verlieren sie einen Bereich, auf dem sie zuvor allein tätig werden durften und der Bund erhält ein, wenn auch beschränktes, Mit-

[102] *Rojahn*, in: v. Münch, Art. 24, Rdn. 39.
[103] *Ruppert*, S. 293.

wirkungsrecht über die Gemeinschaftsorgane, insbesondere den Ministerrat. Eine derartige Verschiebung im Bund-Länder Verhältnis würde jedenfalls nicht dadurch wettgemacht, daß der Bund auch auf Gebieten seiner Hoheitsgewalt einen Entfaltungsraum für Gemeinschaftsgewalt schafft.

Ob das Gleichgewicht gestört ist, läßt sich erst feststellen, wenn es sich ergibt, daß den Bundesländern tatsächlich keine Beteiligungsrechte zustehen und eine eventuell eingetretene Gleichgewichtsverschiebung nicht ausgeglichen wird. Die Einräumung von Entfaltungsraum für die Gemeinschaftsgewalt auf Länderhoheitsbereichen allein bewirkt noch keine innerstaatliche Kompetenzverschiebung. Erst wenn sich erweisen sollte, daß verfassungsrechtlich eine Mitwirkung der Bundesländer an Gemeinschaftsrechtsakten geboten wäre und bei einer Nichtbeteiligung der Länder kein Ausgleich für die dann eingetretene Kompetenzverschiebung auf anderem Wege erreicht werden könnte, hätte bereits bei Einräumung des Entfaltungsraumes für die Gemeinschaftsgewalt eine direkte Beteiligung der Bundesländer an Gemeinschaftsrechtsakten sichergestellt werden müssen.

Allerdings gebietet die Berücksichtigung des Gleichgewichtsgebotes, daß das Gesetz nach Art. 24 I GG eine Ausgleichsmöglichkeit auch nicht verhindern darf, d. h., es muß trotz der Schaffung von Voraussetzungen für die Entfaltung von Gemeinschaftsgewalt auf Länderhoheitsbereichen die Möglichkeit lassen, den Verlust der Länderkompetenzen innerstaatlich auszugleichen. Daß das Admittationsgesetz eine solche Möglichkeit versperrt, ist nicht ersichtlich. Demnach sind auch beim Verzicht auf die Ausübung von Landeshoheitsgewalt und der Duldung der Entfaltung von Gemeinschaftsgewalt auf den Ländern vorbehaltenen Bereichen sowie bei der völkerrechtlichen Verpflichtung zu diesen Maßnahmen die immanenten Grenzen des Art. 24 I GG eingehalten.

C. Ergebnis

Da Art. 24 I GG gestattet, daß der Bund auch auf den Gebieten, die der Länderhoheit unterfallen, die Maßnahmen vollzieht, die den zur Entfaltung von Gemeinschaftsgewalt notwendigen Raum schaffen und die dieser Erlaubnis gezogenen Grenzen eingehalten worden sind, sind die Gesetze nach Art. 24 I GG verfassungsgemäß ergangen[104].

---

[104] Zu dem gleichen Ergebnis kommen aus der jüngeren Literatur: *Birke*, S. 104; *Bleckmann*, Mitwirkung, S. 144 f.; Enquête-Kommission Verfassungsreform, BT-Drucks. 7/5924, S. 230; *Ipsen*, Bundesstaat, S. 254; *ders.*, Europarecht, S. 55, 2/12; *Magiera*, S. 637; *Oberthür*, S. 58; *Riegel*, Überlegungen,

Die deutschen Bundesländer sind deshalb auch aus innerstaatlichem Recht verpflichtet, die Eingriffe der Gemeinschaftsorgane in ihre Hoheitsrechte zu dulden. Zwischen Gemeinschaftsrecht und dem Recht der Bundesrepublik besteht keine Kollision.

S. 87; *Rojahn*, in: v. Münch, Art. 24, Rdn. 39; *Ruppert*, S. 286; *Schmitz-Wenzel*, S. 217; *Schroeder*, S. 46; *Spelten*, S. 35; *Zuleeg*, Standort, S. 465.

a. A.: *Berggreen*, S. 94; *Lenz*, in: Hamann / Lenz, Art. 24, Rdn. B 1, mit Hinweisen in Fn. 2 auf die ältere Literatur.

Dritter Teil

Mitwirkung der deutschen Bundesländer an Gemeinschaftsrechtsakten

Eine Beteiligung der Bundesländer bei der Setzung sekundären Gemeinschaftsrechts, wenn diese Gemeinschaftsakte in ihre Rechte eingreifen, muß erfolgen, sofern das primäre Gemeinschaftsrecht und/oder das Verfassungsrecht der Bundesrepublik eine Partizipierung der Bundesländer fordern. Dann müßten Regelungen im Gemeinschaftsrecht und deutschen Verfassungsrecht über das Rechtsetzungsverfahren der Gemeinschaften eine Einbeziehung der Länder vorsehen. Zu untersuchen ist deshalb, ob Gemeinschaftsrecht und Grundgesetz Normen dieses Inhalts aufweisen.

Erster Abschnitt

Regelung der Beteiligung an Legislativakten nach dem Gemeinschaftsrecht

Denkbar ist, daß das primäre Gemeinschaftsrecht eine Aussage über die unmittelbare oder mittelbare Beteiligung der Bundesländer enthält.

A. Unmittelbare Beteiligung

Die Bestimmungen des EWG-Primärrechts sehen als Gesetzgebungsorgan den Ministerrat vor[1], der sich aus Vertretern der Mitgliedstaaten zusammensetzt; diese werden von den jeweiligen Regierungen entsandt[2]. Es herrscht Übereinstimmung darüber, daß als entsendende Regierung die Zentralregierung gemeint ist und nicht etwa je nach Lage eventuell auch eine Landesregierung[3]. Auch bei anderen Organen der

[1] Art. 145 ff. EWGV.

[2] Art. 2 I S. 1 u. 2 Fusionsvertrag. Vgl. auch *Rudolf*, Bundesländer, S. 128, mit Hinweis auf die Staatenpraxis.

[3] *Bleckmann*, Mitwirkung, S. 145, r. Sp.; *Hrbek*, S. 39, r. Sp.; *Oberthür*, S. 58; *Riegel*, Gliedstaatskompetenzen, S. 246, r. Sp.; *Zuleeg*, Standort, S. 465, r. Sp.

Gemeinschaften ist eine Länderbeteiligung nicht vorgesehen[4]. Dies gilt insbesondere für das Europäische Parlament, in dem auch nach der Direktwahl keine Mitglieder des Bundesrates oder Vertreter der Länder vertreten sind. Demnach ist festzustellen, daß das primäre Gemeinschaftsrecht eine unmittelbare Beteiligung der Länder am Entscheidungsprozeß der Gemeinschaften nicht vorsieht und die Vertretung der Bundesrepublik in den Organen der Gemeinschaften, die Rechtsetzungsaufgaben wahrnehmen, bei der Bundesregierung liegt[5]. Eine Möglichkeit, die Länder unmittelbar an der Beschlußfassung zu beteiligen, besteht nach Gemeinschaftsrecht nicht.

B. Mittelbare Beteiligung

In den Gemeinschaftsverträgen wird auf die Art und Weise, wie eine bestimmte Stellungnahme der nationalen Ratsmitglieder zustande kommt, nicht Bezug genommen. Dieser Prozeß innerstaatlicher Willensbildung bleibt von Gemeinschaftsrechts wegen unbeachtet[6], da dieser Bereich dem domaine réservé der Mitgliedstaaten unterfällt.

Trotz des Fehlens von Hinweisen im Gemeinschaftsrecht ist der Versuch gemacht worden, eine Beschränkung mitgliedstaatlicher Freiheit zur Gestaltung des innerstaatlichen Willensbildungsprozessees zu konstruieren. So wird angenommen, aus Art. 5 EWGV und dem Prinzip der Gemeinschaftstreue ergebe sich für die Bundesrepublik das Verbot, durch eine bestimmte Regelung des Willensbildungsprozesses für die Stellungnahmen ihres Regierungsmitgliedes im Rat das Funktionieren der Gemeinschaften zu lähmen[7]. Eine derartig starke Bindung trete bereits durch eine Bindung des Regierungsmitglieds etwa an die vorherige oder nachträgliche Zustimmung der Länder ein. Somit wird eine Beteiligung der Bundesländer am innerstaatlichen Willensbildungsprozeß, der zur Instruktion des deutschen Ratsvertreters führt, als bereits vom Gemeinschaftsrecht verboten, angesehen[8].

Gegen die Annahme eines derartigen gemeinschaftsrechtlichen Verbotes sind jedoch Bedenken zu erheben: Angesichts des auf Integration angelegten Zwecks und der aus Art. 5 EWGV zu folgernden Pflicht zu gemeinschaftsfreundlichem Verhalten läßt sich zwar ein Verbot, das Funktionieren der Gemeinschaften zu lähmen, begründen. Ob man hingegen von einem zwingenden Grundsatz „in dubio pro communitate",

---

[4] Vgl. Fn. 3, sowie *Birke*, S. 111; *Oetting*, S. 98.

[5] *Rudolf*, Bundesländer, S. 118 f.

[6] *Bleckmann*, Mitwirkung, S. 145, r. Sp.

[7] Ebd.

[8] Ebd., S. 146, l. Sp.

der sich unmittelbar auf den innerstaatlichen Willensbildungsprozeß auswirkt[9] und eine Beteiligung der Länder bei der Instruktion des Ratsvertreters verhindert, sprechen kann, erscheint zweifelhaft. Die Gründungsverträge bestimmen, daß der Rat sich aus Vertretern der Mitgliedstaaten zusammensetzt. Vertreter haben nach den Weisungen des Vertretenen zu handeln; ansonsten wäre der Zweck der Gemeinschaftsregelung, nämlich daß die Regierungen der Mitgliedstaaten weiterhin Einfluß auf die Gemeinschaftstätigkeit behalten, verfehlt. Demnach ist von einer Weisungsgebundenheit der Ratsvertreter auszugehen[10]. Da der Ratsvertreter ohnehin an Weisungen gebunden ist, kann es aus der Sicht des Gemeinschaftsrechts keine Rolle spielen, wer diese Weisung erteilt. Welche innerstaatlichen Stellen bei der Erarbeitung der Instruktion des Ratsvertreters teilnehmen, ist demnach allein nach innerstaatlichem Recht zu beurteilen[11]. Die Befürchtung, daß das deutsche Beispiel wegen der in einigen Mitgliedsländern bestehenden Dezentralisierungstendenzen Schule machen werde, und eine Verlagerung des Entscheidungsprozesses zu erwarten sei[12], ist unbegründet, da weiterhin allein im Rat entschieden wird und sich allenfalls bei der Instruktion des Vertreters auf staatlicher Ebene Veränderungen ergeben.

Eine mittelbare Beteiligung der Bundesländer an den Entscheidungen der Gemeinschaften wird durch das Gemeinschaftsrecht auch hinsichtlich der Vorbereitungen von Kommissionsvorschlägen oder Stellungnahmen ermöglicht: Für die Besetzung der Arbeitsgruppen existieren keine Vorschriften. Verwaltungsausschüsse, Fachausschüsse und „coreper" müssen mit Vertretern der Mitgliedstaaten besetzt werden. Demnach können die Länder für sich selbst keine Vertreter entsenden; es spricht jedoch nichts dagegen, Länderbeamte mit der Vertretung des Bundes zu betrauen und in die deutsche Delegation aufzunehmen[13].

Das Gemeinschaftsrecht gestattet also eine mittelbare Beteiligung der Bundesländer am Zustandekommen von Beschlüssen der Gemeinschaftsorgane. Sofern die mitgliedstaatlichen Verfassungen dies vorsehen, kann der jeweilige Mitgliedstaat seine Gliedstaaten oder Regionen in den innerstaatlichen Willensbildungsprozeß, der zur Weisung an den Ratsvertreter führt, einschalten und bei der Entsendung der Vertreter in die Ausschüsse berücksichtigen.

---

[9] *Riegel*, Gliedstaatskompetenzen, S. 247, l. Sp.

[10] *Birke*, S. 112. Daß im Interesse der Gemeinschaftsarbeit die Weisung nicht so sehr ins Detail gehen sollte, daß Kompromisse ausgeschlossen sind, ist offensichtlich.

[11] Ebd., S. 113; *Rudolf*, Bundesländer, S. 127.

[12] *Bleckmann*, Mitwirkung, S. 146, l. Sp.

[13] *Birke*, S. 113. Werden Fragen behandelt, die die Länderhoheitsrechte berühren, kann dem Zweck der Ausschüsse oft sogar mehr gedient werden, wenn Länderbeamte beteiligt sind, da sie dem betreffenden Gebiet meist fachlich und sachlich näher stehen als Bundesbeamte.

Zweiter Abschnitt

Regelung der Mitwirkung der Bundesländer an Gemeinschaftsrechtsakten im Grundgesetz

Es wird die Ansicht vertreten, die Grenzen für die Berücksichtigung von Ländermeinungen bei der Gemeinschaftsrechtsetzung ergäben sich allein aus vorrangigem Gemeinschaftsrecht[1]. Dieser Meinung kann jedoch nicht gefolgt werden, da sich die Vorrangfrage, die keineswegs von vornherein zugunsten des Gemeinschaftsrechts zu entscheiden ist[2], erst dann stellt, wenn eine Kollision zwischen Gemeinschaftsrecht und nationalem Recht eintritt, also sofern eine Beteiligung der Bundesländer etwa als gemeinschaftsrechtswidrig, aber verfassungskonform angesehen werden müßte. Es ist daher zu untersuchen, was das Grundgesetz bezüglich der Mitwirkungsbefugnis der Bundesländer bei der Gemeinschaftsrechtsetzung bestimmt.

A. Regelungsgrundlage

Zunächst ist zu ermitteln, welche Normen des Grundgesetzes zur Beurteilung des Problems der Mitwirkungskompetenz von Bund und Ländern bei der Rechtsetzung in den Gemeinschaften herangezogen werden müssen.

I. Regelung durch Art. 24 I GG

Der pauschale Hinweis, die alleinige Mitwirkungsbefugnis des Bundes im Ministerrat folge zwingend aus Art. 24 I GG, weil der Bund Träger der „Integrationskompetenz" und damit der Folgelasten sei[3], ist, ebensowenig wie die Behauptung, der Bund sei bei der Ratstätigkeit nicht an die Zustimmung der Länder gebunden[3], geeignet, die Anwendbarkeit dieser Vorschrift zu begründen. Ob hier Art. 24 I GG tatsächlich einschlägig ist, muß im einzelnen untersucht werden.

Übereinstimmend wird davon ausgegangen, daß Art. 24 I GG die „Übertragung" von Hoheitsgewalt gestattet[4]. Dies bedeutet nach den Darlegungen im zweiten Teil[5], daß Art. 24 I GG dem Bund erlaubt, durch einfaches Gesetz auf die Ausschließlichkeit deutscher Hoheits-

---

[1] *Riegel*, Gliedstaatskompetenzen, S. 247.

[2] Siehe oben, II. Teil 3. Abschn. vor A.

[3] *Riegel*, Gliedstaatskompetenzen, S. 246, r. Sp.

[4] z. B. *Bleckmann*, Mitwirkung, S. 146, l. Sp.

[5] Siehe oben, II. Teil 3. Abschn. B.

gewalt, sowohl des Bundes als auch der Länder, zu verzichten und die Gemeinschaftsgewalt anzuerkennen sowie die Gründungsverträge zu schließen. Diese Maßnahmen dienen dazu, die Entfaltungsvoraussetzungen für originäre Gemeinschaftsgewalt zu schaffen.

Fraglich ist, ob sich aus dieser Norm auch eine Antwort auf die Frage nach der Beteiligungskompetenz bei der Beschlußfassung im Gemeinschaftsrecht entnehmen läßt. Die Verwendung des Begriffs „Integrationsgewalt" verschleiert im vorliegenden Zusammenhang, um welche Befugnisse es geht. Versteht man unter „Integrationsgewalt" die Befugnis des Bundes, die Entfaltung von Gemeinschaftsgewalt durch Herstellung der tatsächlichen Voraussetzungen zu ermöglichen, handelt es sich nicht um eine Frage nach den Grenzen dieser Befugnis[6], sondern um die Frage, ob dem Bund über diese Kompetenz hinaus noch die Befugnis zu alleiniger Beteiligung am Rechtsetzungsverfahren der Gemeinschaften zusteht.

Dem Wortlaut des Art. 24 I GG läßt sich eine derartige zusätzliche Kompetenz nicht entnehmen, so daß zu untersuchen ist, ob sich aus Art. 24 I GG stillschweigend die Kompetenz des Bundes zur ausschließlichen Beteiligung am Organhandeln in den Gemeinschaften ergibt. Im deutschen Verfassungsrecht werden stillschweigende Befugnisse in Form von Zuständigkeiten kraft Sachzusammenhangs und Zuständigkeiten kraft Natur der Sache[7] anerkannt. Zuständigkeiten kraft Sachzusammenhangs sind gegeben, wenn der Bundeskompetenz zugewiesene Materien verständigerweise nicht geregelt werden können, ohne daß zugleich eine nicht ausdrücklich dem Bund zugewiesene Materie mitgeregelt wird[8]. Die Regelung der Materie muß unerläßliche Voraussetzung für die Regelung der dem Bund zugewiesenen Materie sein[9]. Annexkompetenzen sind als engere Untergruppe der Zuständigkeiten kraft Sachzusammenhangs anzusehen[10]. Zuständigkeiten kraft Sachzusammenhangs knüpfen an ausdrückliche Kompetenzzuweisungen an. Da davon auszugehen ist, daß mit der ausdrücklichen Zuweisung auch die Verwirklichung der Kompetenzen oder Ziele und Aufgaben gewollt ist, werden diejenigen Befugnisse als miteinbegriffen betrachtet, ohne

[6] So aber z. B. *Hrbek*, S. 41, r. Sp.; *Oberthür*, S. 64.

[7] Die Prüfung, ob es sich um Zuständigkeiten kraft Natur der Sache handelt, kann erst erfolgen, sofern sich nicht aus ausdrücklichen Kompetenzen weitere stillschweigende Befugnisse ableiten lassen, da die „resulting powers" an verfassungsrechtlichen Grundentscheidungen anknüpfen.

[8] *Stern*, § 19 III 3, S. 507; schon *Triepel*, S. 289.

[9] *Gubelt*, in: v. Münch, Art. 30, Rdn. 15; *Kisker*, S. 31 ff.; *Maunz*, in: Maunz / Dürig / Herzog, Art. 30, Rdn. 15. Vgl. auch BVerfGE 26, 281 ff. (300), unter Hinweis auf BVerfGE 3, 407 (421, 427 f.); 11, 89; 12, 205 (242); 15, 1 (24); 22, 180 (217).

[10] *Gubelt*, in: v. Münch, Art. 30, Rdn. 15; BVerfGE 8, 143 (149).

die eine Ausübung der ausdrücklichen Kompetenzen nicht möglich wäre.

Die Lehre von den ungeschriebenen Zuständigkeiten kann nicht dazu dienen, neben dem geschriebenen Recht eine neue Rechtsquelle zu begründen. Sie ist nur in der Lage, Inhalt und Umfang bereits bestehender ausdrücklicher Kompetenzen zu bestimmen. So geht die heute einhellige Ansicht im Schrifttum davon aus, daß es bei der Ableitung der implied powers um die Auslegung ausdrücklich gesetzten Rechts geht[11]. Bei dem der Ermittlung und Ableitung von implied powers dienenden Verfahren handelt es sich um das des interpretatorischen Schlusses vom Zweck einer ausdrücklichen Norm auf die zu ihrer Realisierung erforderlichen Mittel. Demnach müßte die vollständige und wirksame Ausübung einer dem Bund ausdrücklich zugewiesenen Kompetenz die Inanspruchnahme einer weiteren Zuständigkeit erfordern.

Das bedeutet: Damit der Bund die ihm durch Art. 24 I GG eingeräumte Kompetenz, „Hoheitsrechte zu übertragen", d. h., die Voraussetzungen zur Entfaltung originärer Gemeinschaftsgewalt herzustellen, auch wahrnehmen könnte, müßte es notwendig sein, daß er neben der Befugnis zum Erlaß eines Admittationsgesetzes und dem Abschluß von Gründungsverträgen die Erlaubnis erhielte, allein bei der Beschlußfassung der rechtsetzenden Gemeinschaftsorgane mitzuwirken. Daß eine alleinige Beteiligung des Bundes an der Rechtsetzung der Gemeinschaften erforderlich wäre, um Raum zur Entfaltung von Gemeinschaftsgewalt zu schaffen, ist nicht ersichtlich, denn nach den obigen Darlegungen über die Gemeinschaftsgründung spielte dabei eine derartige Befugnis keine Rolle. Überhaupt ist es für die Schaffung des Entfaltungsraumes der Gemeinschaftsgewalt ohne Bedeutung, ob weisungsgebundene Vertreter der Mitgliedstaaten bei der Rechtsetzung mitwirken, denn auch wenn keine Verbindung z. B. der Ratsmitglieder zu den Mitgliedstaaten bestünde, könnte das Legislativorgan, vielleicht sogar besser, rechtsetzend tätig werden. Auf die Befugnis des Bundes zur Herstellung der tatsächlichen Verhältnisse zur Entfaltung von Gemeinschaftsgewalt nach Art. 24 I GG hat die Beteiligung des Bundes an der Gemeinschaftsrechtsetzung keinen Einfluß; es handelt sich um voneinander unabhängige Vorgänge. Andeutungen, die auf die Herleitung der Befugnisse des Bundes mittels der implied-powers-Lehre hinweisen, wie: der Bund sei Träger der Folgelasten[12], die fortlaufende Verwirklichung der Vertragsziele sei ausschließlich Aufgabe des Bundes[13], die Funktionsfähigkeit der Gemeinschaften erfordere dies

---

[11] *Küchenhoff*, S. 434 f.; *v. Mangoldt / Klein*, Art. 30, Erl. III 2 c, S. 754; *Triepel*, S. 287 ff.

[12] *Riegel*, Gliedstaatskompetenzen, S. 246, r. Sp.

[13] *Birke*, S. 114.

oder die Gestattung der „Übertragung“ von Länderkompetenzen erlaube dem Bund die alleinige Beteiligung an der Gemeinschaftsrechtsetzung[14], erfüllen nicht die Voraussetzungen für die Annahme einer alleinigen Befugnis des Bundes zur Mitwirkung an Gemeinschaftsrechtsakten kraft Sachzusammenhangs.

Demnach erweist sich die von einigen Autoren pauschal erhobene Behauptung, aus Art. 24 I GG könne auch die Befugnis des Bundes zu alleiniger Beteiligung an der Gemeinschaftsrechtsetzung gefolgert werden[15], als unzutreffend[16].

II. Regelung durch Art. 32 GG

1. Direkte Anwendung

Nahezu ebenso pauschal wie die Hinweise auf Art. 24 I GG erscheinen die Versuche einiger Autoren und der Bundesregierung, eine Befugnis des Bundes zu alleiniger Beteiligung an der Gemeinschaftsrechtsetzung aus Art. 32 GG abzuleiten[17]. Auch hier ist eine eingehendere Untersuchung nötig, um festzustellen, ob durch Art. 32 GG die Kompetenzen zur Beteiligung an Legislativakten der Gemeinschaftsorgane geregelt werden.

Nach Art. 32 I GG ist der Bund für die Pflege der Beziehungen zu auswärtigen Staaten zuständig. Zu fragen ist, ob es sich bei der Mitwirkung an der Setzung von sekundärem Gemeinschaftsrecht um die Wahrnehmung auswärtiger Beziehungen handelt. Der Begriff „Beziehungen zu auswärtigen Staaten“ ist nach allgemeiner Ansicht weit auszulegen: Er umfaßt auch die Pflege der Beziehungen zu internationalen Organisationen[18]. Die Ausübung der durch Satzung der internationalen Organisation begründeten Mitgliedschaftsrechte fällt, da sich der Staat hierbei auf rein völkerrechtlichem Gebiet betätigt, auch unter Art. 32 I GG[19]. Hieraus wird gefolgert, daß auch die Ausübung der Mitwirkungsrechte in „supranationalen Einrichtungen“, also auch in den Europäischen Gemeinschaften, dem Bund nach Art. 32 I GG zustehe[20]. Die

---

[14] *Bleckmann*, Mitwirkung, S. 146, l. Sp.

[15] *Riegel*, Gliedstaatskompetenzen, S. 246, r. Sp. f.; *Sasse*, S. 339.

[16] Im Ergebnis auch: Stellungnahme der Sonderkommission des Bundesratskulturausschusses, in: ZaÖRV, Bd. 27 (1967), S. 150.

[17] *Riegel*, Gliedstaatskompetenzen, S. 246, r. Sp. f.; *Sasse*, S. 339 (entsprechende Anwendung); *Zuleeg*, Standort, S. 465, r. Sp.; Schreiben BMI v. 26. 5. 1964, in: ZaÖRV Bd. 27 (1967), S. 150, Fn. 42.

[18] *v. Mangoldt / Klein*, Art. 32, Erl. III 3 b, S. 780; *Rojahn*, in: v. Münch, Art. 32, Rdn. 10; *Stern*, § 19 III 3, S. 529 m. w. N. in Fn. 269.

[19] *Schmidt-Bleibtreu / Klein*, Art. 32, Rdn. 6.

[20] *Bleckmann*, Mitwirkung, S. 146 f.; *Schmidt-Bleibtreu / Klein*, Art. 32, Rdn. 6.

Einschlägigkeit des Art. 32 III GG wird abgelehnt mit der Begründung, Art. 32 III GG beschränke die Kompetenz der Länder auf den Vertragsschluß; an der Beschlußfassung in internationalen und supranationalen Organisationen seien sie aber nicht zu beteiligen. Trotzdem diese Beschlüsse weitgehend die Funktion völkerrechtlicher Verträge übernommen hätten, könne nicht davon ausgegangen werden, daß Art. 32 III GG mit den Verträgen auch Beschlüsse supranationaler Organisationen erfassen wolle. Andernfalls hätte der Verfassungsgesetzgeber neben Verträgen auch die Beschlußfassung supranationaler Organisationen in Art. 32 III GG aufnehmen müssen[21].

Gegen diese Ansicht ist einzuwenden, daß die Besonderheiten des Gemeinschaftsrechts zu wenig berücksichtigt werden. Die Bestimmung des Art. 32 I GG versteht unter „auswärtigen Beziehungen" die klassischen völkerrechtlichen Beziehungen[22]. Hingegen betrifft etwa die Tätigkeit im Ministerrat, soweit dieser als Rechtsetzungsorgan tätig wird, ausschließlich Europäisches Gemeinschaftsrecht, also keinen dem Völkerrecht zugeordneten Bereich. Die Tätigkeit im Rat findet nicht auf der Ebene des Völkerrechts statt. Sie steht nicht auf gleicher Stufe wie die Beschlußfassung in Gremien internationaler Organisationen, deren Beschlüsse zumeist noch durch nachfolgenden völkerrechtlichen Vertrag zu verbindlichem Völkerrecht gemacht werden müssen und zur innerstaatlichen Wirkung der Umsetzung in nationales Recht bedürfen. Da das Europäische Gemeinschaftsrecht, wie im einzelnen dargelegt wurde, eine eigenständige Rechtsordnung darstellt, können die Regeln, die sich auf völkerrechtliches Tätigwerden beziehen, hier jedenfalls nicht direkt angewendet werden. Auch bei einer weiten Auslegung kann die Mitwirkung an der Gemeinschaftsrechtsetzung nicht unter die Begriffe „auswärtige Beziehungen" oder „völkerrechtliche Verträge" subsumiert werden; Art. 32 GG ist nicht direkt anwendbar[23]. Daß der Verfassungsgeber nur Art. 24 I und 32 GG zur Regelung der supranationalen Organisation vorgesehen habe und deshalb hiervon auch die Mitwirkung an der Beschlußfassung der Gemeinschaften erfaßt werden müßte[24], überzeugt als Gegenargument nicht.

2. *Analoge Anwendung*

Wegen der Besonderheiten des Gemeinschaftsrechts kommt bei der Frage der Mitwirkungsbefugnis bei der Gemeinschaftsrechtsetzung al-

---

[21] *Bleckmann*, Mitwirkung, S. 147, l. Sp.

[22] z. B. *Riegel*, Gliedstaatskompetenzen, S. 246, r. Sp.

[23] *Birke*, S. 114, Fn. 44; *Oetting*, S. 96, Fn. 59; *Riegel*, Gliedstaatskompetenzen, S. 246, r. Sp. Vgl. auch das Ergebnis des Ausschusses für Kulturfragen des Bundesrates, in: ZaÖRV Bd. 27 (1967), S. 149.

[24] *Bleckmann*, Mitwirkung, S. 147, l. Sp.

lenfalls eine entsprechende Anwendung des Art. 32 GG in Betracht[25]. Einige Autoren lehnen eine Analogie unter Hinweis auf mangelnde Vergleichbarkeit der Sachverhalte ab, ohne dies jedoch zu begründen[26].

Für eine analoge Anwendung der Vorschrift ist zunächst Voraussetzung, daß das Gesetz eine Lücke aufweist, d. h., eine Bestimmung fehlt, die das Gesetz nach dem ihm zugrunde liegenden Plan des Verfassungsgebers enthalten sollte. Eine ausdrückliche Regelung über die Mitwirkungsbefugnis bei Legislativakten in den Gemeinschaften enthält das Grundgesetz nicht. Auch durch Auslegung ist eine Zuständigkeitszuweisung nicht zu ermitteln. Daß eine Lücke vom Verfassungsgeber bewußt gewollt ist, kann nicht angenommen werden, da ihm das Problem bei Schaffung des Grundgesetzes nicht bekannt war. Weil die Mitwirkungsrechte im Gemeinschaftsrecht aus innerstaatlicher Sicht sowohl vom Bund als auch von den Ländern wahrgenommen werden könnten, liegt eine regelungsbedürftige Lücke hinsichtlich dieser Kompetenzzuweisung vor.

a) Ähnlichkeit der geregelten Sachverhalte

Die entsprechende Anwendung einer für einen Sachverhalt im Gesetz enthaltenen Regel auf einen nicht geregelten Sachverhalt ist nur dann möglich, wenn die Sachverhalte sich ähnlich sind, d. h., sie müssen in den für die rechtliche Wertung maßgebenden Hinsichten übereinstimmen. Es ist deshalb zu ermitteln, was für die Regelung des Art. 32 GG in rechtlicher Hinsicht maßgeblich ist.

Art. 32 GG ist als materielle Grundlage für die auswärtige Gewalt anzusehen. Von anderen Tätigkeiten unterscheidet sich die auswärtige Gewalt durch ihre Außenwirkung[27]. Sie dringt über den für andere staatliche Gewalt geltenden Bereich territorialer Hoheit, das Staatsgebiet, hinaus und entfaltet Wirkung im internationalen Bereich. In dieser Sphäre wird der Bundesstaat von der Völkerrechtsordnung als ein einheitliches, voll handlungsfähiges Rechtssubjekt betrachtet[28], das sich nicht von einem Einheitsstaat unterscheidet[29]. In der Zuweisung der auswärtigen Gewalt an den Bund wird diesem völkerrechtlichen Tatbestand Rechnung getragen. Diese Sonderstellung der auswärtigen Gewalt gestattet die Durchbrechung des Prinzips bundesstaatlicher Auf-

---

25 *Birke*, S. 114, Fn. 44; *Riegel*, Gliedstaatskompetenzen, S. 249, r. Sp.

26 *Riegel*, Gliedstaatskompetenzen, S. 250, l. Sp., mit Hinweis auf *Tomuschat*.

27 *Rojahn*, in: v. Münch, Art. 32, Rdn. 3.

28 *Bernhardt*, S. 13; *Rudolf*, Bundesländer, S. 117 f.

29 *Berber*, Lehrbuch, § 17 VI e, S. 144 f.; *Rojahn*, in: v. Münch, Art. 32, Rdn. 4; *ders.*, Schulbuchbereinigung, S. 629; *Stern*, § 19 III 3, S. 529; vgl. BVerfGE 2, 347 (378).

gabenteilung durch Art. 32 GG. In Art. 32 GG wird, wie in jedem Bundesstaat notwendig, verfassungsrechtlich festgelegt, in welchem Umfang Gesamtstaat und Gliedstaaten Träger der auswärtigen Gewalt sind. Art. 32 III GG nimmt aus dem Gesamtbereich der auswärtigen Aufgaben die völkerrechtlichen Verträge, die Materien der Landesgesetzgebung betreffen, heraus und weist die Zuständigkeit zu ihrem Abschluß den Ländern zu. Für die Regelung des Art. 32 GG ist demnach maßgebend die Außenrichtung der Staatstätigkeit, also die Behandlung als Einheitsstaat und die Wirkung der Tätigkeit im völkerrechtlichen Bereich.

Die Tätigkeit in Gremien internationaler Organisationen verbleibt ausschließlich im Außenbereich. Die Bundesrepublik wird als geschlossene Einheit behandelt und ihre Betätigung hat Außenwirkungen. Allerdings sind, auch wenn in den Beschlußgremien der Organisationen die Beschlüsse durch Regierungsvertreter einstimmig gefaßt werden, diese Beschlüsse i. d. R. völkerrechtlich noch nicht verbindlich[30]. Erst durch den Abschluß eines nachfolgenden völkerrechtlichen Vertrages werden Rechtswirkungen erzeugt. Innerstaatlich sind die Bestimmungen erst nach einem Umsetzungsakt anwendbar.

Die Tätigkeit deutscher Vertreter im EG-Ministerrat ist insofern außenbezogen, als daß die Ratsmitglieder gemeinschaftsrechtlich wie Vertreter von Zentralstaaten behandelt werden und daß sie unter Mitwirkung der Vertreter anderer Nationen *femdes Recht*, nämlich Gemeinschaftsrecht, erzeugen. Da nicht durch die Mitwirkung an Beschlüssen internationaler Organisationen, sondern i. d. R. durch nachfolgende völkerrechtliche Verträge Rechtswirkungen im Bereich des Völkerrechts hervorgebracht werden, entspricht diese Beteiligung an der Beschlußfassung in internationalen Organisationen nicht der Partizipierung an der Erzeugung von Gemeinschaftsrecht. Hinsichtlich der Schaffung von für die Staaten fremdem Recht entsprechen sich völkerrechtliche Verträge und die Beschlüsse der Legislativorgane der Gemeinschaften. Im Gemeinschaftsbereich haben die Beschlüsse der Rechtsetzungsorgane die Funktion der „law making treaties" übernommen, so daß bezüglich der Rechtserzeugung nur Abschluß eines völkerrechtlichen Vertrages und die Beschlußfassung der Gemeinschaftsorgane verglichen werden könnte.

Die Tätigkeit im Ministerrat ist jedoch auch innenbezogen, da das durch den Beschluß geschaffene Gemeinschaftsrecht eine stark nach innen gerichtete Funktion aufweist. Durch den Beschluß des Rates wird *innerstaatlich wirkendes Recht* geschaffen, das die betroffenen Rechtsunterworfenen unmittelbar berechtigt und verpflichtet. Die Tätigkeit

---

[30] *Menzel / Ipsen*, S. 208; *Seidl-Hohenveldern*, Völkerrecht, S. 73, Rdn. 208.

im Rat wirkt sich unmittelbar im nationalen Bereich der Mitgliedstaaten aus; sie hat Innenwirkung. Diese Innenwirkung unterscheidet sich von anderer Staatstätigkeit jedoch dadurch, daß diese Wirkung in noch weiteren Staaten eintritt und daß der Kreis der Verpflichtungssubjekte i. d. R. weiter ist als im innerstaatlichen Recht, da auch der Staat Adressat sein kann. Die Unterschiede zur Tätigkeit im völkerrechtlichen Bereich bestehen also darin, daß die Beschlüsse internationaler Organisationen nicht die den Mitgliedstaaten unterworfenen Personen ansprechen[31] und auch das Vertragsvölkerrecht der Umsetzung bedarf, während das Gemeinschaftsrecht mit eigenem Geltungsgrund direkt gilt. Der Ministerrat bestätigt sich mit demselben Anspruch auf Gehorsam im innerstaatlichen Bereich, wie der vom Grundgesetz ursprünglich vorgesehene Gesetzgeber.

Fraglich ist, ob die Innenbezogenheit oder die Außenbezogenheit der Tätigkeit deutscher Vertreter in den Beschlußgremien der Gemeinschaften überwiegt. Ob hinsichtlich der Verpflichtungssubjekte von einem Schwerpunkt der Gemeinschaftsrechtsetzung im innerstaatlichen Bereich gesprochen werden kann, weil die an Staaten gerichteten Entscheidungen und Richtlinien gegenüber den Verordnungen zurücktreten, ist nicht mit Bestimmtheit zu ermitteln. Auch daß die Staaten, sofern sie Adressaten des Gemeinschaftsrechts sind, in erster Linie gegenüber der Gemeinschaft und nicht untereinander verpflichtet sind, wie das Völkerrecht es vorsieht, spricht nicht entscheidend für ein Übergewicht der Innenbezogenheit, da eine Verletzung der Verpflichtung gegenüber einem anderen Mitgliedstaat nach Art. 170 EWGV von dem betroffenen Staat vor den Europäischen Gerichtshof gebracht werden kann. Entscheidend sind die der Regelung des Art. 32 GG zugrunde liegenden Anknüpfungspunkte: Die Bundesrepublik wird vom Gemeinschaftsrecht ebenso wie im Bereich des Völkerrechts als geschlossene Einheit behandelt und das gesetzte Recht ist kein Staatsrecht. Maßgeblich ist demnach die außenbezogene Komponente der Tätigkeit in den Rechtsetzungsorganen der Gemeinschaften.

Insoweit besteht hinsichtlich der Anknüpfungspunkte für die Regelung der Zuständigkeit zum Abschluß völkerrechtlicher Verträge in Art. 32 GG und der ungeregelten Befugnis zur Mitwirkung bei der Rechtsetzung in den Gemeinschaften Vergleichbarkeit[32].

---

[31] *Seidl-Hohenveldern*, Recht, S. 246, Rdn. 1564.

[32] Im Ergebnis ebenso *Schmidt-Bleibtreu / Klein*, Art. 32, Rdn. 6, allerdings ohne Begründung.

b) Vergleich der inhaltlich genau bestimmten Regelung des Art. 32 GG mit dem ungeregelten Sachverhalt

Da sich nur die Mitwirkung beim Abschluß völkerrechtlicher Verträge und die Beteiligung an der Setzung des sekundären Gemeinschaftsrechts vergleichen lassen, muß zunächst ermittelt werden, welche Sachverhalte im einzelnen Art. 32 GG erfaßt und welche diesbezüglichen Regelungen die Vorschrift trifft. Die inhaltlich bestimmte Norm ist dem ungeregelten Sachverhalt gegenüberzustellen, bevor eine endgültige Aussage über die Vergleichbarkeit getroffen werden kann.

aa) Zuständigkeiten nach Art. 32 I und III GG

Nach Art. 32 I GG ist der Bund für den Abschluß völkerrechtlicher Verträge zuständig, soweit es sich um Gebiete handelt, die in seine Gesetzgebungskompetenzen fallen. Insoweit bestehen auch bezüglich der Vergleichbarkeit seiner Mitwirkungsbefugnisse an der Gemeinschaftsrechtsetzung keine Schwierigkeiten. In Bereichen, in denen seine innerstaatlichen Gesetzgebungsbefugnisse betroffen sind, ist allein er an der Setzung von Gemeinschaftsrecht zu beteiligen.

Bei der Beteiligung am Abschluß völkerrechtlicher Verträge, die Bereiche betreffen, die der Gesetzgebungskompetenz der Länder unterliegen, ist jedoch die besondere Problematik des Art. 32 III GG zu beachten. Es muß untersucht werden, ob allein die Bundesländer am Vertragsschluß zu beteiligen sind oder auch auf diesem Gebiet dem Bund eine konkurrierende Berechtigung zusteht. Anzuknüpfen ist an die zur Abschlußkompetenz bei völkerrechtlichen Verträgen auf Ländergesetzgebungsbereichen vertretenen Ansichten[33]. Im wesentlichen lassen sich drei Richtungen unterscheiden:

Die zentralistische Ansicht nimmt an, daß Art. 32 I GG dem Bund auch im Bereich ausschließlicher Ländermaterien ein unbeschränktes Recht zum Vertragsschluß verleihe[34].

Nach der föderalistischen Ansicht ist der Bund von jedem Vertragsschluß über ausschließlich ländereigene Materien ausgeschlossen[35].

---

[33] Darstellungen finden sich z. B. bei: *Bleckmann*, Grundgesetz, S. 202 - 209; *Blumenwitz*, S. 302 - 308; *Erichsen*, Staatsrecht, S. 145 - 153; *Hirsch*, S. 104 - 185; *Klein*, Bundesstaatsverträge, S. 199 - 224; *Rojahn*, in: v. Münch, Art. 32, Rdn. 37 - 45; *Seidel*, S. 40 - 43; *Stein*, S. 23 - 29.

[34] Bundesregierung, bei *Hirsch*, S. 70 f., 77; *Grewe*, S. 67 ff., S. 177, Leits. IV 3 c; *Menzel*, Gewalt, S. 206; *Scheuner*, Beitritt, S. 153; *Stein*, S. 27. Weitere Literaturnachweise bei *Rojahn*, in: v. Münch, Art. 32, Rdn. 37; *Schmidt-Bleibtreu / Klein*, Art. 32, Rdn. 17.

[35] *Bernhardt*, S. 154 - 156; *Blumenwitz*, S. 93 ff., 97; *Erichsen*, Staatsrecht, S. 152; *Maunz*, in: Maunz / Dürig / Herzog, Art. 32, Rdn. 29 ff.; *Rudolf*, Beziehungen, S. 56 - 62; *ders.*, Verträge, S. 60 ff. Weitere Nachweise bei *Rojahn*, in: v. Münch, Art. 32, Rdn. 37; *Schmidt-Bleibtreu / Klein*, Art. 32, Rdn. 17.

Die verschiedenen Mittelmeinungen stimmen darin überein, daß sie von der Möglichkeit des Auseinanderfallens von Vertragsschlußkompetenz einerseits und Transformationskompetenz andererseits ausgehen. Überwiegend wird ein Recht des Bundes zum Abschluß des Vertrages, unabhängig davon, ob der Vertrag zu seiner innerstaatlichen Geltung und Anwendbarkeit gesetzgeberische oder verwaltungsmäßige Maßnahmen erfordert, angenommen[36].

Die Anhänger der zentralistischen Ansicht folgern aus Art. 32 I GG, daß dem Bund eine umfassende Abschlußkompetenz zustehe. Art. 32 I GG wird als Generalklausel für den auswärtigen Bereich dem Art. 30 GG, der für den innerstaatlichen Bereiche gelte, gegenübergestellt[37]. Art. 32 III GG wird dann als eng auszulegende Ausnahme angesehen. Danach kann der Bund auch über solche Materien Verträge mit ausländischen Staaten abschließen, für die die Bundesländer die Gesetzgebungskompetenz besitzen.

Die Föderalisten gehen davon aus, daß Art. 32 I GG als eine Ausnahme von Art. 30 GG anzusehen sei. Dieser bilde den grundsätzlichen Maßstab für die Zuständigkeitsverteilung und stelle eine entsprechende Vermutung für Art. 32 III GG auf[38]. Der Bund habe folglich auch nur insoweit eine Vertragsschlußkompetenz, wie seine staatliche Gesetzgebungskompetenz reiche.

Ob durch eine systematische Interpretation des Art. 32 III GG überhaupt eine ausschließliche Zuständigkeit des Bundes oder der Länder begründet werden kann, ist zweifelhaft. Ebenso wie Art. 32 I GG als Regel gegenüber Art. 32 III GG betrachtet werden kann, ist es möglich, Art. 30 GG als Generalklausel anzusehen, zu der Art. 32 III GG in Beziehung gesetzt werden muß. Dann wäre Art. 32 I GG Ausnahme zu dieser Regel. Art. 32 III GG erscheint dann als Rückausnahme und ist demzufolge weit auszulegen. Diese Betrachtung führte zu einer der zentralistischen Ansicht entgegengesetzten Auffassung, da bei einer weiten Auslegung die beeinträchtigte Regel des Art. 30 GG wieder herzustellen wäre, also allein den Ländern nach Art. 32 III GG die Abschlußkompetenz zustünde. Da beide Auffassungen als vertretbar angesehen werden müssen, ist die systematische Auslegung des Art. 32 III GG nicht geeignet, eine ausschließliche Abschlußkompetenz des Bundes oder der Länder zu begründen[39]. Auch der Hinweis, der Bund

[36] *Bleckmann*, Grundgesetz, S. 205 f.; *Böning*, S. 818; *Hirsch*, S. 179 f.; *Klein*, Bundesstaatsverträge, S. 210 ff.; *Kölble*, S. 145 ff.; *v. Mangoldt / Klein*, Art. 32, Erl. V 2 b, S. 785; vgl. auch *Rojahn*, in: v. Münch, Art. 32, Rdn. 38 m. w. N.; *Rudolf*, Verträge, S. 63 f.

[37] *Bernhardt*, S. 131 f.; *Reichel*, S. 195; *Seidel*, S. 41.

[38] Blumenwitz, S. 97; *Maunz*, in: Maunz / Dürig / Herzog, Art. 32, Rdn. 30; *Mosler*, Kulturabkommen, S. 12; *Seidel*, S. 53, 55, Ergebnis S. 61.

werde vertragsbrüchig, wenn die Länder sich weigerten, den von ihnen abgeschlossenen Vertrag zu vollziehen und dies könne der Verfassungsgeber nicht gewollt haben, weswegen eine konkurrierende Abschlußkompetenz des Bundes nicht möglich sei, überzeugt nicht. Der Bund hätte sich vor Vertragsschluß die Ausführung durch die Länder zusichern lassen oder sich durch eine Bundesstaatenklausel absichern können[40].

Geht man jedoch davon aus, daß allein die Länder zum Vertragsschluß auf den, dem Art. 32 III GG unterfallenden Gebieten zuständig seien und die Länder sich weigerten, außenpolitisch wichtige Verträge abzuschließen, könnte die Bundesrepublik außenpolitisch nicht tätig werden. Eine Handlungsunfähigkeit im völkerrechtlichen Bereich verstieße aber gegen den Grundsatz der Völkerrechtsfreundlichkeit, der davon ausgeht, daß sich die Bundesrepublik am völkerrechtlichen Verkehr beteiligt[41]. Auf dem Hintergrund dieser Grundentscheidung ist Art. 32 III GG dahin zu interpretieren, daß er auch den Abschluß völkerrechtlicher Verträge durch den Bund gestattet, wenn Ländergesetzgebungsbereiche betroffen sind. Die Kompetenz des Bundes tritt neben die der Länder.

Auch hinsichtlich der Mitwirkungsbefugnis bei Rechtsetzungsakten der Gemeinschaften kann nichts anderes gelten. Könnten allein die Länder bei der Gemeinschaftsrechtsetzung unmittelbar mitwirken und wären die Länder dazu nicht in der Lage, etwa weil sie sich nicht auf einen einheitlichen Standpunkt einigen können oder wären sie nicht willens, sich zu beteiligen, könnte die Bundesrepublik ihre Mitwirkungsrechte überhaupt nicht wahrnehmen. Eine Lähmung der Mitwirkung am Rechtsetzungsverfahren widerspricht dem Grundsatz der offenen Staatlichkeit des Grundgesetzes. Angesichts der Gewichtigkeit der Integrationsentscheidung kann die Bundesstaatsentscheidung nur insoweit berücksichtigt werden, als eine Teilnahme der Bundesrepublik an der Rechtsetzung in den Gemeinschaften, die die Integrationsentscheidung fordert, nicht unmöglich gemacht würde. Auch die praktischen Schwierigkeiten, die bei einer unmittelbaren Einschaltung der Länder in den Entscheidungsprozeß der Gemeinschaften zu erwar-

---

[39] *Hoffmann*, Einführung, S. 27; *Seidel*, S. 54. Da ein Regel-Ausnahme-Verhältnis nicht begründet werden kann und eine entsprechende Anwendung nur zweifelhaft sein könnte, wenn es sich um eine Ausnahme der Sache nach handelte (vgl. *Larenz*, S. 344), bleibt die Regelung analogiefähig. Die Absicht des Verfassungsgebers, durch Art. 32 III GG den Abschluß völkerrechtlicher Verträge, sofern sie Landesgesetzgebungsbereiche betreffen, den Ländern zu ermöglichen, wird durch eine analoge Anwendung nicht „in ihr Gegenteil verkehrt".

[40] *Hoffmann*, Einführung, S. 27.

[41] Ebd.; *Seidel*, S. 56; *Stein*, S. 25; Enquête-Kommission Verfassungsreform, BT-Drucks. 7/5924, S. 232.

ten wären[42], sprechen für eine Auslegung auf dem Hintergrund der Integrationsentscheidung. Die Grundentscheidung für eine offene Staatlichkeit fordert nicht nur, daß die Entfaltung von Gemeinschaftsgewalt ermöglicht wird, was durch die diesen Grundsatz ausgestaltende Ermächtigung in Art. 24 I GG geschehen ist, sondern auch, daß eine Teilnahme am Organhandeln, soweit sie gemeinschaftsrechtlich vorgesehen ist, auch stattfinden kann. Könnten die Länder allein handeln und weigerten sie sich, wäre diese Teilnahme blockiert. Deshalb ist auch von daher eine Auslegung geboten, die eine konkurrierende Befugnis des Bundes zur Mitwirkung zuläßt. Zu betonen ist, daß die Kompetenz des Bundes, an Rechtsetzungsakten der Gemeinschaften mitzuwirken, *nicht* verlangt wird, um die Entfaltungsvoraussetzungen von Gemeinschaftsgewalt schaffen zu können (also die Erlaubnis des Art. 24 I GG wahrzunehmen), sondern weil nach Errichtung der Gemeinschaften es aufgrund der Integrationsentscheidung notwendig ist, die Mitwirkung der Bundesrepublik an der Setzung von Gemeinschaftsrecht sicherzustellen. Demnach ist die Mitwirkung an Rechtsetzungsakten der Gemeinschaften auf Gebieten der Ländergesetzgebungskompetenzen mit der Beteiligung am Abschluß völkerrechtlicher Verträge auch in dieser Hinsicht vergleichbar.

bb) Kompetenzausübungsschranken

Auch wenn dem Bund eine konkurrierende Abschlußkompetenz über Gegenstände der Landesgesetzgebung nach Art. 32 III GG zugebilligt wird, geht man keineswegs von einer völligen Unbeschränktheit des Bundes bei der Ausübung dieser Befugnis aus. So wird angenommen, der Bund sei bei der Ausübung dieses Rechts an die Zustimmung der Länder[43], etwa über ein Verfahren, das dem Lindauer Abkommen entspricht[44] oder die Billigung des Bundesrates mit qualifizierter Mehrheit[45], gebunden. Begründet wird diese Begrenzung mit der Verpflichtung des Bundes zur Beachtung der föderativen Struktur der Bundesrepublik[46].

Zu untersuchen ist, ob sich derartige Einschränkungen auch dann ergeben, wenn der Bund an der Rechtsetzung im Gemeinschaftsrecht mit-

---

[42] *Rudolf*, Bundesländer, S. 129; *Ruppert*, S. 293.

[43] *Rudolf*, Verträge, S. 69.

[44] Enquête-Kommission Verfassungsreform, BT-Drucks. 7/5924, S. 234. Auf die verfassungsrechtliche Problematik des Abkommens selbst kann hier nicht eingegangen werden.

[45] Vorschlag der Enquête-Kommission Auswärtige Kulturpolitik an die Enquête-Kommission Verfassungsreform, mitgeteilt bei *Rudolf*, Verträge, S. 71.

[46] Enquête-Kommission Verfassungsreform, BT-Drucks. 7/5924, S. 234; vgl. auch *Rudolf*, Verträge, S. 69.

wirken darf und sofern Ländergesetzgebungsbereiche betroffen sind. Bereits bei der Auslegung des Art. 24 I GG hatte die Übergewichtigkeit der als Auslegungsgrundsatz zu berücksichtigenden Entscheidung für die offene Staatlichkeit gegenüber der Einzelausgestaltung des Bundesstaates dazu geführt, eine sich aus Art. 24 I GG ergebende Befugnis zur Herstellung des Entfaltungsraumes für die Gemeinschaftsgewalt auch auf Länderhoheitsbereichen anzuerkennen. Es war darauf hingewiesen worden, daß diese Einräumungsbefugnis begrenzt ist durch die Wahrung des vom Bundesstaatsprinzip geforderten Gleichgewichts zwischen Bund und Ländern. Es muß ermittelt werden, welche Gleichgewichtsverschiebungen eingetreten sind, wie sie ggf. ausgeglichen werden können und welchen Einfluß dies auf eine Befugnis des Bundes zur Mitwirkung am Rechtsetzungsverfahren der Gemeinschaften hat.

Durch die vom Bund vorgenommene Schaffung eines Entfaltungsraumes für die Gemeinschaftsgewalt auch auf Bereichen der Länderhoheitsgewalt sind den Ländern eigene Hoheitsrechte entzogen worden[47]. Ferner hat die Wahrnehmung von ehemals dem Bund und den Ländern zustehenden Hoheitsbefugnissen durch die Gemeinschaften zu einem Verlust des Rechts der Länder, durch die Mitwirkungsbefugnisse des Bundesrates auf die Bundesgesetzgebung Einfluß auszuüben, geführt[48]. Schließlich haben die Länder auch einseitig Kompetenzen an den Bund verloren, wenn dieser an der Ausübung von Gemeinschaftsgewalt auf Gebieten beteiligt ist, die vor der Entfaltung von Gemeinschaftsgewalt seiner Einflußnahme entzogen waren[49].

Wie an anderer Stelle bereits dargelegt, ist durch diese Beeinträchtigungen die Staatlichkeit der Länder nicht berührt[50]. Das vom Grundgesetz vorausgesetzte Gleichgewicht zwischen Bund und Ländern wird durch den Verzicht auf Ausübung von Länderhoheitsrechten durch den Bund nicht erheblich gestört, da ja der Bund auch seinerseits auf die Ausübung von Hoheitsgewalt verzichtet hat und eine vermehrte „Übertragung“ von Länderhoheitsrechten gegenüber denen des Bundes nicht stattgefunden hat. Auch der Verlust von Beteiligungsrechten der Bundesländer an der Bundesgesetzgebung, die über den Bundesrat wahrgenommen werden[51], berührt das Gleichgewicht nicht entscheidend: Zwar wäre der Bund an der Gemeinschaftsrechtsetzung beteiligt, aber auch er hätte auf diesem Gebiet Kompetenzeinbußen hinnehmen müssen, da er nicht alleine, sondern nur im Zusammenwirken mit anderen Mitgliedstaaten handeln kann. Wären allein die Länder direkt an der

---

[47] *Rudolf*, Bundesländer, S. 123; *Oetting*, S. 22.

[48] *Rudolf*, Bundesländer, S. 123; *Oetting*, S. 20; *Schroeder*, S. 85.

[49] *Rudolf*, Bundesländer, S. 128 f.; *Oetting*, S. 22.

[50] Siehe oben, II. Teil 4. Abschn. B. IV. 1.

[51] *Rudolf*, Bundesländer, S. 126.

Gemeinschaftsrechtsetzung beteiligt, so hätten sie auf den der Bundesgesetzgebungskompetenz unterfallenden Gebieten eine stärkere Stellung als zuvor inne[52].

Eine erhebliche Beeinträchtigung des Gleichgewichts wäre jedoch dadurch eingetreten, daß der Bund auf Gebieten, die ursprünglich der Ländergesetzgebungshoheit unterfielen, im Gemeinschaftsbereich eine, wenn auch beschränkte, alleinige Mitwirkungsbefugnis erhielte, die er früher nicht hatte. Der Kompetenzverlust des Bundes auf Gebieten seiner ausschließlichen Zuständigkeit könnte durch die Beteiligungsbefugnis im Rat als z. T. ausgeglichen angesehen werden, während eine Kompensation der Länderverluste nicht einträte, sondern sogar ihnen vor der Gemeinschaftsgründung allein zustehende Befugnisse nun teilweise vom Bund wahrgenommen werden. Die hierin liegende Beeinträchtigung des Gleichgewichts würde nicht dadurch wettgemacht, daß auch der Bund auf die Ausschließlichkeit seiner Hoheitsgewalt verzichtet und die Gemeinschaftsgewalt in seinem Bereich anerkannt hat. In den Bereichen, die zum ausschließlichen Kompetenzbereich der Länder gehörten, hätten sie größere Einbußen als der Bund hinnehmen müssen; sie hätten das größere Opfer gebracht. Das Gleichgewicht wäre hier zuungunsten der Bundesländer beeinträchtigt[53].

Wenn auch durch diese Gleichgewichtsverschiebung Art. 79 III GG nicht berührt würde, so ist doch zu fragen, ob zur Wiederherstellung des Gleichgewichts ein Ausgleich durch unmittelbare Einschaltung der Länder in den Willensbildungsprozeß der Gemeinschaften erfolgen müßte oder eine mittelbare Beteiligung ausreichte. Sicherlich könnte das Gleichgewicht vollständig wiederhergestellt werden, würden die Länder unmittelbar an der Gemeinschaftsgesetzgebung beteiligt[54]. Dies würde jedoch das Ergebnis der Abwägung zwischen Bundesstaatsprinzip und Prinzip der offenen Staatlichkeit bei der Frage der konkurrierenden Mitwirkungsbefugnis des Bundes innerhalb des Gemeinschaftsrechts, auch wenn Ländergesetzgebungsbereiche betroffen sind, aufheben. Deshalb kann auch nicht als Ausgleich für Zuständigkeitseinbußen eine der Integrationsentscheidung zuwiderlaufende unmittelbare Be-

---

[52] *Ruppert*, S. 293.

[53] *Bleckmann*, Mitwirkung, S. 147, r. Sp.; *Hrbek*, S. 39, r. Sp.; *Magiera*, S. 639; *Oetting*, S. 95; *Rudolf*, Bundesländer, S. 128 f.; *Sasse*, S. 339, 343; *Schroeder*, S. 84; *Zuleeg*, Standort, S. 465, r. Sp.

Auch wenn man eine andere Bundesstaatsauffassung zugrunde legt (*Smend*, S. 270; so auch *Spelten*, S. 26), ist eine Verschiebung innerhalb der bundesstaatlichen Kompetenzverteilung eingetreten. Mit dem Verzicht auf Länderkompetenzausübung ist keine vermehrte Teilhabe an der Zentralstaatsgewalt, etwa über den Bundesrat, eingetreten. Im Gegenteil, der Einfluß des Bundesrats ist vermindert worden (*Oetting*, S. 95).

[54] *Rudolf*, Bundesländer, S. 129.

teiligung der Bundesländer an Gemeinschaftsrechtsetzungsakten verlangt werden[55].

Die gebotene Berücksichtigung des Bundesstaatsprinzips[56] wird dadurch erreicht, daß ein relatives Maß an Gleichgewicht durch eine mittelbare Beteiligung der Länder an der Gesetzgebung der Gemeinschaften sichergestellt wird. Die Kompensation für den Kompetenzverlust der Bundesländer, die das Bundesstaatsprinzip verlangt[57], könnte durch Einräumung eines effektiven Einflusses der Bundesländer auf den innerstaatlichen Willensbildungsprozeß, der zur Stellungnahme des deutschen Vertreters in den Rechtsetzungsgremien der Gemeinschaften führt[58], und eine Einschaltung der Länder in die Phase der Entscheidungsvorbereitung bei den Gemeinschaftsorganen[59], herbeigeführt werden.

Demnach ergeben sich auch dann, wenn dem Bund die Mitwirkungskompetenz an Rechtsetzungsakten der Gemeinschaften zuerkannt wird, sofern Ländergesetzgebungskompetenzen betroffen sind, ähnliche Kompetenzausübungsschranken wie nach Art. 32 III GG.

c) Ergebnis

Da der in Art. 32 III GG geregelte Sachverhalt und die Mitwirkung an der Rechtsetzung im Gemeinschaftsrecht auf Länderkompetenzbereichen in allen rechtlich maßgebenden Anknüpfungspunkten übereinstimmen und die übrigen Voraussetzungen für eine Analogie gegeben sind, kann die Bestimmung des Art. 32 III GG entsprechend auf die Befugnis zur Wahrnehmung der Mitwirkungsrechte bei der Gesetzgebung in den Gemeinschaften angewendet werden. Nach Art. 32 III GG entsprechend steht dem Bund die konkurrierende Kompetenz zur Mitwirkung an der Setzung sekundären Gemeinschaftsrechts zu, auch wenn Ländergesetzgebungsbereiche betroffen sind, soweit die Zuständigkeitseinbußen der Bundesländer durch eine Beteiligung am inner-

---

[55] *Magiera*, S. 639; implizit *Sasse*, S. 339; *Schroeder*, S. 84, von Art. 79 III GG ausgehend.

[56] *Rudolf*, Bundesländer, S. 129. Daß eine Kompensation nur im Bereich der absoluten Garantie bundesstaatlicher Gliederung des Art. 79 III GG in Frage komme (*Birke*, S. 114), überzeugt nicht, da die Bundesstaatsentscheidung als Auslegungsgrundsatz herangezogen werden kann.

[57] *Bleckmann*, Mitwirkung, S. 147, r. Sp.; *Hrbek*, S. 39, r. Sp.; *Magiera*, S. 639; implizit *Sasse*, S. 343; die Möglichkeit erwägend *Rudolf*, Bundesländer, S. 127, 129 und *Ruppert*, S. 293. Ein Kompensationsgebot wegen Verletzung des Art. 79 III GG nimmt *Schroeder*, S. 84, an.

[58] *Bleckmann*, Mitwirkung, S. 147, r. Sp.; *Ruppert*, S. 293; *Schroeder*, S. 85.

[59] Das Argument, ein Ausgleich sei nur über einen Ausbau der Rechte des Europäischen Parlaments zu erreichen, weil ansonsten die Entscheidungsfähigkeit der Gemeinschaftsorgane geschwächt werde (*Zuleeg*, Standort, S. 465), ist nicht zwingend.

staatlichen Willensbildungsprozeß und an der Entscheidungsvorbereitung in den Gemeinschaftsorganen ausgeglichen werden[60]. Der Bund hat von dieser Kompetenz Gebrauch gemacht.

B. Umfang der Länderbeteiligungsrechte

Der vom Bundesstaatsprinzip geforderte Einfluß der Bundesländer auf die Gemeinschaftsrechtsetzung kann sichergestellt werden durch eine Mitwirkung der Länder an der innerstaatlichen Willensbildung, die zur Instruktion des deutschen Ratsvertreters führt und die Beteiligungsmöglichkeiten an der Entscheidungsvorbereitung in den Gemeinschaften einräumt. Bei beiden Beteiligungsformen ist der Umfang der Befugnisse und deren rechtliche Absicherung festzulegen. Hierzu muß untersucht werden, welche Möglichkeiten in Betracht gezogen werden können und ob sie den Anforderungen, die das Bundesstaatsprinzip stellt, genügen.

I. Beteiligung am innerstaatlichen Willensbildungsprozeß

Bei der Frage, welche Beteiligungsmöglichkeiten zur Erfüllung des verfassungsrechtlichen Mitwirkungsgebotes in Betracht kommen, sind zunächst die bereits praktizierten Beteiligungsformen auf ihre Geeignetheit zu untersuchen.

1. Unterrichtung und Zusammenarbeit nach Art. 2 ZustG

Nach Art. 2 ZustG[61] hat der Bund die Pflicht, bei Gemeinschaftsrechtsakten, die Länderbelange berühren, die Länder zu unterrichten. Mit dieser Vorschrift hat der Bundesrat nur wenig von dem, was ursprünglich von ihm erstrebt worden ist, erreichen können.

In den Beratungen des Bundesrates zum EGKSV forderte der Ministerpräsident Nordrhein-Westfalens, den Ländern Einfluß auf den deutschen Vertreter im Ministerrat dadurch einzuräumen, daß sie ein Mitspracherecht bei der Instruktion des deutschen Ratsmitglieds erhielten[62]. Der Bundesrat verlangte dann in seinem Beschluß vom 28. 6. 1951, daß

---

[60] Daß der Bund die Länderinteressen zu berücksichtigen hat, auch wenn er auf Gebieten tätig wird, die seiner ausschließlichen Kompetenz unterfallen, ergibt sich ebenfalls aus dem Bundesstaatsprinzip. Allerdings verlangt seine Berücksichtigung auf diesen Gebieten nicht die Einräumung von Mitwirkungsrechten.

[61] BGBl. 1957 II, S. 753.

[62] Vgl. die 61. Sitzung des Bundesrates v. 27. 6. 1951; Stenogr. Bericht BR über die 61. Sitzung, S. 446 C.

bei der Willensbildung der deutschen Stellen im Rahmen des Schumann-Plans die Mitwirkung des Bundesrats vor der Ratifizierung im Gesetz sichergestellt werde[63]. In einem vom Land Nordrhein-Westfalen am 29. 8. 1951 vorgelegten Gesetzentwurf zur Ergänzung des EGKSV[64] wurde vorgeschlagen, daß die Erteilung von Weisungen an den von der Bundesrepublik zu entsendenden Vertreter im Ministerrat durch die Bundesregierung erst nach Konsultation eines vom Bundesrat zu bildenden Ausschusses von Ländervertretern erfolgen dürfe. Soweit ersichtlich bestand Einigkeit zwischen Bundesrat und Bundesregierung, daß es notwendig und berechtigt sei, den Bundesrat an der Willensbildung der Bundesrepublik im Hinblick auf den deutschen Vertreter im Rat zu beteiligen.

Obwohl hierüber auch zwischen Bundesrat und Bundesregierung einerseits und den im Bundestag maßgebenden parteipolitischen Gruppierungen andererseits Übereinstimmung herrschte[65], wurde der Antrag überraschend vom Bundestag mit einer Zufallsmehrheit von vier Stimmen abgelehnt[66]. Damit waren die Versuche des Bundesrates, seinen Einfluß auf den innerstaatlichen Willensbildungsprozeß zu Rechtsakten der Gemeinschaft gesetzlich zu verankern, vorläufig gescheitert.

Die Länder unternahmen bei den Beratungen des Zustimmungsgesetzes zum EWGV einen zweiten Versuch, sich in den nationalen Willensbildungsprozeß zu den Gemeinschaftsbeschlüssen einzuschalten. Sie verlangten eine gesetzliche Verankerung ihres Rechts, eigene Vertreter in die Europäische Versammlung entsenden zu dürfen und Weisungen an den deutschen Ratsvertreter erst nach einer vorherigen Beratung der Bundesregierung mit dem Bundesrat zu erteilen durch Einfügung eines Art. 2 a und 2 b in das Zustimmungsgesetz[67]. Die Forderung nach einer gesetzlichen Verankerung der Länderbefugnis zur Entsendung von eigenen Vertretern ins Parlament im Zustimmungsgesetz wurde mit dem Hinweis auf das Bedürfnis der Regelung in einem besonderen Gesetz zunächst abgelehnt[68]. Der Bundesrat gab sich mit den Vertröstungen des Bundeskanzlers zufrieden, mußte allerdings in der Folgezeit feststellen, daß trotz eines bereits eingebrachten Gesetzesentwurfs alle Abgeordneten des Europäischen Parlaments durch den Bundestag bestimmt wurden[69]. Ein erneuter Entwurf Bayerns blieb unbehandelt[70].

---

[63] BR-Drucks. 470/51; BT-Drucks. 2401, v. 29. 6. 1951.

[64] BR-Drucks. 631/51.

[65] *Schmitz-Wenzel*, S. 203.

[66] Stenogr. Bericht BT über die 183. Sitzung v. 10. 1. 1952, S. 7780.

[67] BR-Drucks. 146/1/57.

[68] Stenogr. Bericht BT über die 224. Sitzung v. 5. 7. 1957, S. 13317 f.

[69] Stenogr. Bericht BT über die 14. Sitzung v. 27. 2. 1958, S. 629; BT-Drucks. 236/58.

Die zweite Länderforderung, die Beteiligung an den Weisungen für den deutschen Ratsvertreter, wurde von der Bundesregierung zurückgewiesen und fiel im Bundestag durch[71]. Auch der Antrag Nordrhein-Westfalens im zweiten Durchgang, die in Art. 2 ZustG vorgesehene Unterrichtung müsse bereits vor der Erteilung von Weisungen an das deutsche Ratsmitglied erfolgen, fand keine Zustimmung[72]. Der Versuch der F.D.P.-Fraktion, im Bundestag 1964 eine Änderung des Art. 2 ZustG herbeizuführen, scheiterte ebenfalls[73].

Die Forderung, an der Instruktion des deutschen Ratsvertreters beteiligt zu werden, fand allerdings bei der Erarbeitung der Fassung des Art. 2 ZustG durch einen Bundestagsausschuß eine bescheidene Berücksichtigung. Mit diesem für die Länder enttäuschenden Kompromiß[74] hat sich der Bundesrat abgefunden. Art. 2 ZustG enthält die Verpflichtung der Bundesregierung, die Legislativorgane von sich aus über Ereignisse im Ministerrat zu informieren.

Praktisch gestaltet sich das Verfahren folgendermaßen[75]: Der von der Kommission an den Präsidenten des Rates übergebene Gesetzesvorschlag wird vom Ratssekretariat an die Ständigen Vertretungen weitergeleitet. Die deutsche Vertretung gibt den Vorschlag an das Bundeskanzleramt weiter, das nach der interministeriellen Vereinbarung vom 21. 1. 1963[76] über die Abteilung E des Bundeswirtschaftsministeriums, ohne Prüfung, ob tatsächlich Gesetzgebungsrechte der Bundesländer betroffen sind, den Vorschlag Bundestag und Bundesrat zusendet. Die Direktoren des Bundestages und des Bundesrates werden durch die Abteilung E vorab unterrichtet. Bei Änderung des Vorschlages ist eine erneute Zuleitung vorzunehmen. Der Präsident des Bundesrates verweist den Vorschlag an die fachlich zuständigen Ausschüsse, wobei der EG-Ausschuß federführend tätig ist und die redaktionelle Zusammenfassung zur Beschlußfassung vornimmt. Besondere Aufmerksamkeit wird i. d. R. Fragen gewidmet, die die technische Durchführung des Vorschlags betreffen sowie die bundesstaatliche Kompetenzverteilung bei der verwaltungs- und gesetzesmäßigen Durchführung des Gemeinschaftsrechts berühren[77]. Die Ausschußberatungen bereiten die Stellungnahmen des Bundesrates vor. Diese Stellungnahmen werden

---

70 BR-Drucks. 453/65.

71 BT-Drucks. II/3440, S. V.

72 Stenogr. Bericht BR über die 181. Sitzung v. 19. 7. 1957, S. 744.

73 BT-Drucks. IV/2091.

74 *Sasse*, S. 336.

75 Vgl. hierzu *Oberthür*, S. 60; *Oetting*, S. 41 ff.; *Sasse*, S. 351 ff.

76 Als Anlage zum Schreiben des Staatssekretärs des Bundeskanzleramtes v. 6. 9. 1963 allen Bundesministerien zugeleitet.

77 *Birke*, S. 44 f.; *Hrbek*, S. 40; *Oberthür*, S. 60.

in Form von Beschlüssen des Plenums abgegeben. Bei den Beschlüssen zu den Vorschlägen der Kommission handelt es sich um sog. „schlichte Parlamentsbeschlüsse“[78]; zur Beschlußfassung ist der Bundesrat aus Gewohnheitsrecht befugt[79]. Nach übereinstimmender Ansicht sind diese „schlichten Parlamentsbeschlüsse“ rechtlich nicht verbindlich[80], so daß mangelnde Berücksichtigung der Auffassung des Bundesrates durch die Bundesregierung im Ministerrat keine rechtlichen Folgen auslöst[81].

Selbst wenn faktisch die Beschlüsse Auswirkungen auf die Haltung der Bundesregierung im Rat haben können, was von einigen Autoren betont wird[82], offenbart sich doch in der rechtlichen Unverbindlichkeit und der Nichtdurchsetzbarkeit der Bundesratsentschließungen eine erhebliche Schwäche des Verfahrens nach Art. 2 ZustG[83]. Weitere Mängel ergeben sich bei der Betrachtung der technischen Durchführung des Verfahrens: Erfolgt die Zuleitung des Vorschlags überhaupt nicht oder nicht rechtzeitig, ist die Stellungnahme des Bundesrates bei der Beschlußfassung im Ministerrat nicht möglich oder überholt[84]. Bundesrat und Bundestag sind damit vor vollendete Tatsachen gestellt, die einer modifizierenden Einflußnahme nicht mehr zugänglich sind[85]. Außerdem wird der gesamte Kommissionsbereich ausgeklammert[86].

Der Statuierung einer Unterrichtungspflicht des Bundes liegt zwar, wie sich aus der Entstehungsgeschichte der Vorschrift ergibt, der Gedanke zugrunde, damit einen gewissen Ausgleich für den durch die Integration eingetretenen Kompetenzverlust der Länder und des Parlaments zu schaffen; ob allerdings dem Art. 2 ZustG eine auch nur geringe Ausgleichsfunktion zukommt, ist jedoch zweifelhaft. Daß das Bundesstaatsprinzip im Rahmen der Kompetenzzuweisung nach Art. 32 III GG entsprechend eine Informations- und Anhörungspflicht der Bundesregierung gegenüber den Ländern deckt, ist unbestritten[87]. Die Pflicht, den Bundesstaat „auf dem Laufenden zu halten“, die nur eine Informations-, nicht einmal eine Konsultationspflicht begründet[88], stellt

---

[78] *Oetting*, S. 106.

[79] Ebd., S. 109.

[80] *Holch*, S. 217; *Oetting*, S. 91.

[81] *Birke*, S. 44 f.; *Hrbek*, S. 40; implizit *Oberthür*, S. 61; *Rudolf*, Bundesländer, S. 125.

[82] *Birke*, S. 45; *Holch*, S. 217; *Hrbek*, S. 40; *Oetting*, S. 91, 94, 167; *Sasse*, S. 359.

[83] *Oetting*, S. 169; *Rudolf*, Bundesländer, S. 125 f.

[84] *Sasse*, S. 360. Vgl. die Beispiele für unterbliebene und verspätete Mitwirkung des Bundesrates bei *Rudolf*, Bundesländer, S. 125, Fn. 30 u. 31.

[85] *Oetting*, S. 51 f., 170.,

[86] Ebd., S. 38.

[87] Im Ergebnis *Birke*, S. 115; *Bleckmann*, Mitwirkung, S. 147, r. Sp.; *Oetting*, S. 93; *Riegel*, Gliedstaatskompetenzen, S. 247, l. Sp.

[88] *Oetting*, S. 93.

jedoch keine Kompensation für den Verlust der Länderkompetenzen dar[89]. Der Funktionszuwachs bei der Regierung wird angesichts der rechtlich unmöglichen und faktisch nur sehr vagen Einflußnahme der Bundesländer durch Art. 2 ZustG nicht wesentlich vermindert. Da es sich nicht um eine rechtlich abgesicherte effektive Einflußmöglichkeit auf die vorbereitende nationale Willensbildung zu den Gemeinschaftsrechtsakten handelt, kann durch diese Regelung das vom Bundesstaatsprinzip verlangte relative Gleichgewicht zwischen Bund und Ländern nicht hergestellt werden. Art. 2 ZustG ist als Surrogat für die Länderkompetenzverluste, die durch die Inanspruchnahme der Bundeskompetenzen nach Art. 32 III GG entsprechend eintreten, nicht geeignet[90].

2. *Angestrebte Vereinbarung mit dem Bund und die Bundeskanzlererklärung von 1979*

Seit 1975 haben sich die Bundesländer erneut bemüht, über eine Vereinbarung mit dem Bund eine rechtlich abgesicherte Beteiligung an der Gemeinschaftsrechtsetzung zu erreichen. Eine am 4. 9. 1975 von den Chefs der Staatskanzleien der Länder eingesetzte Arbeitsgruppe hat 1976 einen „Entwurf für eine Vereinbarung mit dem Bund" vorgelegt, der von der Ministerpräsidentenkonferenz vom 27. - 29. 10. 1976 zustimmend zur Kenntnis genommen und zur Grundlage für Verhandlungen mit dem Bund gemacht worden ist[91].

a) Inhalt des Vereinbarungsentwurfs

Der Entwurf beinhaltet eine Verpflichtung des Bundes, den Standpunkt der Länder im Rat dann zu vertreten, wenn es um Maßnahmen geht, die innerstaatlich nach der Auffassung der Länder in deren ausschließlichen Kompetenzbereich fallen. Nur wenn übergeordnete integrationspolitische Gründe es erfordern, darf der Bund vom Standpunkt der Länder abweichen[92]. Auch wenn durch EG-Maßnahmen sonstige wesentliche Länderinteressen berührt werden, muß der Bund den Standpunkt der Länder berücksichtigen[93]. Nr. 3 des Entwurfs sieht eine Unterrichtungsverpflichtung des Bundes bereits zu einem Zeitpunkt vor, in dem er selbst von der geplanten Maßnahme Kenntnis erhält. Nach Nr. 4 des Entwurfs soll der Bund auf Verlangen der Länder zu vorbereitenden Beratungsgremien der Kommission und des Rates zwei Län-

---

[89] Angedeutet bei *Oetting*, S. 33 u. S. 34, Fn. 68.

[90] Im Ergebnis auch *Rudolf*, Bundesländer, S. 126.

[91] *Hrbek*, S. 41; *Oberthür*, S. 63; ausführlichere Darstellung bei *Rudolf*, Bundesländer, S. 129 ff.

[92] Nr. 1 des Entwurfs.

[93] Nr. 2 des Entwurfs.

dervertreter hinzuziehen, wenn die geplante Maßnahme nach Auffassung der Länder ausschließliche Länderkompetenzen betrifft. In Nr. 5 des Entwurfs ist als Anlaufstelle für den Bund der Beobachter der Länder bei den Europäischen Gemeinschaften vorgesehen.

b) Gang der Verhandlungen

Der Vereinbarungsentwurf von 1976 bildete die Grundlage für die 1977 beginnenden Verhandlungen zwischen Vertretern der Bundesregierung und der Bundesländer. Insgesamt fanden seit 1977 sechs Besprechungen jeweils im Wechsel zwischen Bonn und München statt[94].

Schon zu Beginn der Verhandlungen wurde deutlich, daß die Beurteilungen von Bund und Ländern hinsichtlich der verfassungsrechtlichen Zulässigkeit einer Länderbeteiligung am innerstaatlichen Willensbildungsprozeß, der der Gemeinschaftsrechtsetzung vorausgeht, erheblich voneinander abwichen[95].

Zwar unterstellten die Länder die Zulässigkeit einer „Übertragung" von Landeshoheitsrechten[96] und gingen von der Berechtigung des Bundes zur Vertretung der Bundesrepublik im Rat aus[97], leiteten aber eine Verpflichtung des Bundes, sie bei der innerstaatlichen Willensbildung zu beteiligen, aus der Verfassung ab: Wäge man das innerstaatliche Kompetenzgefüge, das durch den bundesstaatlichen Aufbau und die verfassungskräftige Zuordnung gekennzeichnet sei, mit den Erfordernissen der Integration ab, ergebe sich, daß den Ländern entscheidend Einfluß auf die inhaltliche Bestimmung des Standpunktes des deutschen Vertreters im Rat zugestanden werden müsse[98]. Nur so werde die innerstaatliche Zuständigkeitsordnung nicht mehr als durch die Integration nötig, beeinträchtigt[99]. Andererseits vertraten die Länder in den Verhandlungen den Standpunkt, ihnen stünde in allen Bereichen, für die sie nach innerstaatlicher Kompetenzverteilung die Gesetzgebungskompetenz besäßen, auch die „Integrationskompetenz" zu[100]. Diese könne nicht generell von der Kompetenz des Bundes überspielt werden[101]. Daß

[94] 1. Besprechung am 15. 11. 1977 in München, 2. Besprechung am 9. 2. 1978 in Bonn, 3. Besprechung am 26. 5. 1978 in München, 4. Besprechung am 14. 9. 1978 in Bonn. — Nach *Rudolf*, Bundesländer, S. 11, fanden weitere Besprechungen am 25. 1. 1979 und am 6. 4. 1979 statt.

[95] Nr. 3 des Sitzungsprotokolls v. 15. 11. 1977.

[96] Nr. A 1 der Erläuterungen zum Entwurf.

[97] Nr. A 3 der Erläuterungen zum Entwurf.

[98] Nr. A 5 der Erläuterungen zum Entwurf.

[99] Nr. A 5 der Erläuterungen zum Entwurf. Die Auffassung geht zurück auf die Ansicht *Sasses* im Gutachten Biella. Vgl. auch S. 7 des Schreibens v. 17. 8. 1978.

[100] Nr. 6 des Sitzungsprotokolls v. 14. 9. 1978.

[101] S. 6 des Schreibens v. 17. 8. 1978.

der Bund auch bei Maßnahmen, die in die Bundeskompetenz fielen, auf wesentliche Interessen der Länder Rücksicht zu nehmen hätte, ergebe sich aus der Pflicht des Bundes zu landesfreundlichem Verhalten[102]. Die Befugnis des Bundes, sich in Fällen übergeordneter integrationspolitischer Bedeutung über den Länderstandpunkt hinwegzusetzen, wurde mit der Verpflichtung der Länder zu integrationsfreundlichem Verhalten, die aus der Verpflichtung des Gesamtstaates durch das Gemeinschaftsrecht folge, begründet[103]. Weil eine rechtzeitige und erschöpfende Unterrichtung der Länder während der vorbereitenden Beratungen wegen der in den Verhandlungen vorgetragenen neuen Gesichtspunkte nur durch Anwesenheit von Ländervertretern gewährleistet sei, müsse der Bund Ländervertreter hinzuziehen[104]. Diesen Rechtsstandpunkt haben die Länder während der Verhandlungen bekräftigt und nicht aufgegeben[105].

Demgegenüber vertrat der Bund die Ansicht, ihm stehe die Kompetenz zur „Integrationspolitik" zu. Dies ergebe sich aus der Präambel, Art. 24 I GG, Art. 32 I GG und aus dem Gesichtspunkt der Natur der Sache[106]. Nach dieser Auffassung war es konsequent, wenn der Bund für sich die Kompetenz-Kompetenz in Fragen der Außen- und Integrationspolitik in Anspruch nahm. Seiner Auffassung nach müsse er integrationspolitische und außenpolitische Handlungsfreiheit haben[107]. Die Integrationskompetenz gebe ihm das Recht, beim Vorliegen von integrationspolitischen oder außenpolitischen Gründen, worüber er entscheide, vom Standpunkt der Länder abzuweichen[108]. Er könne sich lediglich bereiterklären, sich zu verpflichten, im Rahmen seiner außen- und integrationspolitischen Zielsetzung die Interessen der Länder zu berücksichtigen[109].

Trotz der gegensätzlichen Rechtsstandpunkte waren sich beide Seiten einig, daß eine pragmatische Lösung unter Ausklammerung rechtlicher Fragen angestrebt werden sollte[110].

Gegenüber dem Entwurf der Länder ergaben sich während der Verhandlungen einige neue Gesichtspunkte. So waren die Länder bestrebt,

---

[102] Nr. A 6 der Erläuterungen zum Entwurf.

[103] Nr. B 1 der Erläuterungen zum Entwurf.

[104] Nr. B 4 der Erläuterungen zum Entwurf.

[105] Nr. 2 des Sitzungsprotokolls v. 26. 5. 1978; siehe auch die schriftliche Stellungnahme zu Fragen der Bundesregierungsdelegation, Schreiben v. 17. 8. 1978, S. 6 u. 7; Nr. 6 des Sitzungsprotokolls v. 14. 9. 1978.

[106] Nr. 2 des Sitzungsprotokolls v. 26. 5. 1978.

[107] Nr. 4 des Sitzungsprotokolls v. 15. 11. 1977.

[108] Nr. 6 des Sitzungsprotokolls v. 14. 9. 1978.

[109] Nr. 6 des Sitzungsprotokolls v. 14. 9. 1978.

[110] Nr. 3 des Sitzungsprotokolls v. 15. 11. 1977; Nr. 2 des Sitzungsprotokolls v. 26. 5. 1978; S. 2 des Schreibens v. 17. 8. 1978.

auch Koordinierungsabsprachen, d. h. Vereinbarungen, die außerhalb der Kompetenz der Europäischen Gemeinschaften, aber in deren Gremien beraten und getroffen weden, der angestrebten Beteiligungsregelung zu unterwerfen. Während die Bundesvertreter argumentierten, eine Einbeziehung dieser Abkommen sei unnötig, da diese Absprachen meist nicht bindend seien, und, sofern es sich um völkerrechtliche Verträge handele, sei die Befugnis zum Abschluß geregelt[111], stellten die Länder auf die Ähnlichkeit zum Verfahren bei Gemeinschaftsmaßnahmen und den engen Zusammenhang mit der Gemeinschaftspolitik ab[112]. Die Notwendigkeit, daß auch eine Regelung der Zusammenarbeit von Bund und Ländern bei der Umsetzung von Gemeinschaftsrechtsakten getroffen werden müsse, wurde gesehen[113] und es bestand Einigkeit darüber, daß i. d. R. eine bundeseinheitliche Durchführung in materieller Hinsicht erforderlich sei[114]. Während der Verhandlungen wurde offenbar, daß sich auch hinsichtlich der Stellungnahmen der Bundesländer Probleme ergeben: Kommt es zu keiner einheitlichen Stellungnahme, so müßte das Ratsmitglied entscheiden, welche Auffassung im Rat vertreten werden soll. Da diese Schiedsrichterrolle vom Bund nicht übernommen werden könne, bestand er darauf, daß die Länder einen einheitlichen Standpunkt einnehmen müßten[115]. Weil nur ein gemeinsamer Standpunkt vorgebracht werden könne, bestehe deshalb auch kein Bedürfnis für einen zweiten Ländervertreter[116]. Kontrovers blieb in den Verhandlungen auch die Form der Beteiligungsregelung. Während die Länder eine förmliche Vereinbarung für unerläßlich hielten[117], bekundeten die Bundesvertreter schon früh ihre Absicht, lediglich eine einseitige Erklärung abgeben zu wollen[118]. Die Länder begründeten ihre Forderung nach einer förmlichen Vereinbarung nach dem Vorbild des „Lindauer Abkommens“ damit, daß das Grundgesetz keine konkreten Aussagen über eine Ländermitwirkung an der Gemeinschaftsgesetzgebung enthalte und ausgelegt werden müsse, weshalb nur eine Vereinbarung geeignete Grundlage für die Zusammenarbeit sein könne[119]. Dagegen hielten die Bundesvertreter eine einseitige Erklärung des Bundes für ausreichend.

[111] Nr. 3 des Sitzungsprotokolls v. 9. 2. 1978; Nr. 5 des Sitzungsprotokolls v. 14. 9. 1978.

[112] S. 5 des Schreibens v. 17. 8. 1978; Nr. 5 des Sitzungsprotokolls v. 14. 9. 1978.

[113] Nr. B der Kriterien zur Zusammenarbeit.

[114] Nr. 8 des Sitzungsprotokolls v. 14. 9. 1978.

[115] Nr. 4 des Sitzungsprotokolls v. 14. 9. 1978.

[116] Nr. 7 des Sitzungsprotokolls v. 14. 9. 1978.

[117] S. 1 des Schreibens v. 17. 8. 1978.

[118] Nr. 3 des Sitzungsprotokolls v. 9. 2. 1978.

[119] Nr. 3 des Sitzungsprotokolls v. 14. 9. 1978.

Bei Abschluß einer Vereinbarung bestünde die Gefahr, daß unerwünschte Streitigkeiten über die juristische Qualität, etwa die Frage der Justitiabilität des Abkommens, entstünden[119]. Die Auffassung der Länder hat sich nicht durchsetzen können. Die Verhandlungen haben nach einem schriftlichen Angebot des Bundes[120] und Besprechungen der Chefs von Bundeskanzleramt und den Staatskanzleien der Länder am 22. 6. 1979 sowie der Ministerpräsidenten der Länder am 5. 7. 1979 schließlich mit einer Erklärung des Bundeskanzlers ihren Abschluß gefunden[121].

c) Inhalt der Bundeskanzlererklärung

In dem Schreiben des Bundeskanzlers erklärt sich der Bund nach einem Hinweis auf die aus dem Treueverhältnis folgende Pflicht zur vertrauensvollen Zusammenarbeit[122] bereit, die Länder rechtzeitig und umfasend über die Vorhaben der Europäischen Gemeinschaften zu unterrichten[123]. Fallen die Gemeinschaftsmaßnahmen ganz oder in einzelnen Bestimmungen in die ausschließliche Gesetzgebungskompetenz der Länder, wird den Ländern die Möglichkeit eingeräumt, ihren Standpunkt eingehend und umfassend darzustellen. Dabei erwartet der Bund von den Ländern das Anstreben einer einheitlichen Haltung und rechtzeitige Übermittlung. Die Länder sollen sich bemühen, ihren Beitrag in die außen- und integrationspolitischen Zielsetzungen und Notwendigkeiten des Bundes einzuordnen. Der Bund werde sich bemühen, mit den Ländern zu einem einvernehmlichen Standpunkt zu gelangen und diesen im Laufe der Verhandlungen soweit wie möglich einzubringen und durchzusetzen. Er werde vom Standpunkt der Länder nur aus zwingenden außen- und integrationspolitischen Gründen abweichen. Sei eine Abweichung erfolgt, so teile er die Gründe hierfür mit. Betreffe die beabsichtigte Maßnahme eine ausschließliche Länderkompetenz, so werde der Bund auf Verlangen zu den Beratungsgremien der Kommission und des Rates zwei Vertreter der Länder hinzuziehen, soweit ihm dies möglich sei[124]. Berührten EG-Vorhaben die wesentlichen Interessen der Länder, werde der Bund die Länder anhören und die sich aus dem föderativen Aufbau der Bundesrepublik ergebenden Verpflichtungen beachten[125]. Bei Koordinierungsmaßnahmen solle ebenso wie bei sonstigen Gemeinschaftsmaßnahmen verfahren werden. Es wird angekündigt, das Verfahren der Zusammenarbeit in

---

[120] Schreiben v. 21. 2. 1979.

[121] Schriftliche Erklärung des Bundeskanzlers in einem Schreiben an den Vorsitzenden der Ministerpräsidentenkonferenz v. 19. 9. 1979.

[122] Nr. I der Bundeskanzlererklärung.

[123] Nr. II 1 der Bundeskanzlererklärung.

[124] Nr. II 2 der Bundeskanzlererklärung.

[125] II 3 der Bundeskanzlererklärung.

der Gemeinsamen Geschäftsordnung der Bundesministerien im Benehmen mit den Ländern zu regeln[126]. Mit dieser Erklärung des Bundeskanzlers haben sich die Regierungschefs der Länder einverstanden erklärt[127].

d) Verfahrensregelungen

Regelungen über das Verfahren der Länderbeteiligung, wie es die Erklärung des Bundeskanzlers vorsieht, finden sich in der angekündigten Bestimmung des § 85 a der Gemeinsamen Geschäftsordnung der Bundesministerien[128] und in einem Verfahrensschema der Bundesländer[129].

Danach ergibt sich folgendes Verfahren: Die Informationen der Bundesregierung über die Arbeit der Gemeinschaftsorgane werden, was die Ratstätigkeit betrifft, vom Bundeswirtschaftsministerium[130], die über die Kommissionsarbeit vom federführenden Ministerium[131], an den Beobachter der Länder bei den Europäischen Gemeinschaften weitergeleitet. Der Beobachter der Länder gibt diese Information an die von den Ländern benannten zentralen Stellen (Anlaufstellen)[132] in den einzelnen Bundesländern weiter und benennt gleichzeitig nach einem Plan[133] die vorläufig zuständige Gemeinsame Stelle[134]. Die Anlaufstellen leiten die Information an die von ihnen ermittelten federführenden und mitbeteiligten Landesressorts[135]. Wird nach einer Meinungsbildung, die das federführende Ressort unter Hinzuziehung der beteiligten Ressorts herbeiführt, von einem Land eine gemeinsame Stellungnahme für zweckmäßig gehalten[136], leitet das federführende Ressort die Stellung-

---

[126] Nr. III der Bundeskanzlererklärung.

[127] Schreiben des Ministerpräsidenten des Landes Nordrhein-Westfalen an den Bundeskanzler v. 26. 9. 1979.

[128] GMBl 1980, S. 471; Genehmigung am 19./20. 6. 1980 durch die Chefs der Staatskanzleien.

[129] Schema für ein Verfahren der Länder bei Maßnahmen der Europäischen Gemeinschaften auf Gebieten, die zur Gesetzgebungskompetenz der Länder gehören oder deren wesentliche Interessen berühren.

[130] § 85 a I GGO II.

[131] § 85 a II GGO II.

[132] Welche Stelle dies ist, entscheidet jedes Land gesondert; z. B. können als Anlaufstelle benannt werden: Ländervertreter in Bonn, Fachressorts oder Staatskanzleien.

[133] Der Plan ist als Anlage dem Verfahrensschema beigefügt.

[134] Nr. I 1 des Verfahrensschemas der Bundesländer.

[135] Nr. I 2 des Verfahrensschemas der Bundesländer. Durch Zuweisung der Aufgabe, die interne Zuständigkeit in den Ländern festzustellen, soll der Länderbeobachter entlastet und eine schnelle Weiterleitung der Information gewährleistet werden. Vgl. die Erläuterungen zu Nr. I 1 Abs. 1 u. 2 des Verfahrensschemas der Bundesländer.

[136] Grundsätzlich soll eine Stellungnahme abgegeben werden, wenn es sich um eine in den Kompetenzbereich der Länder fallende Angelegenheit handelt

nahme an die Gemeinsame Stelle weiter[137]. Die Gemeinsame Stelle, die i. d. R. ein Fachminister ist, wird von der Fachministerkonferenz bestimmt[138], so daß sich insgesamt 16 Gemeinsame Stellen ergeben[139]. Die Bezeichnung durch den Länderbeobachter ist nicht zwingend; die Mehrheit der Länder kann eine andere Stelle benennen[140]. Nach Abstimmung übermittelt die Gemeinsame Stelle die Auffassung der Länder dem zuständigen Bundesressort[141]. Sollen Ländervertreter in die Delegation des Bundes aufgenommen werden[142], wird durch die Gemeinsame Stelle eine Abstimmung über die Benennung der Ländervertreter herbeigeführt[143]. Die Gemeinsame Stelle behält die Führung des Verfahrens, während die Ländervertreter bei den Verhandlungen in den Gemeinschaftsgremien unmittelbar in Kontakt mit den federführenden Landesressorts bleiben[144].

Das dargestellte Verfahren hat Berührungspunkte mit dem Beteiligungsverfahren nach Art. 2 ZustG. Das „Bundesratsverfahren" setzt erst mit Zuleitung der Dokumente des Rates ein, also zu einem Zeitpunkt, in dem das „Länderverfahren" bereits seit Beginn der Arbeiten bei der Kommission im Gange ist. Während bei Angelegenheiten, die in den Bereich ausschließlicher Länderzuständigkeit fallen, nur das neue Verfahren möglich sein soll[145], wird bei Maßnahmen im Bereich der Bundeskompetenz, die wesentliche Interessen der Länder berühren, dem Verfahren nach Art. 2 ZustG der Vorzug gegeben. Um ein Doppelverfahren zu vermeiden, wird ab Zuleitung der Ratsdokumente die weitere Wahrnehmung der wesentlichen Interessen der Länder i. d. R. dem „Bundesratsverfahren" überlassen[146].

e) Rechtliche Beurteilung

Um feststellen zu können, ob das Verfahren nach der Bundeskanzlererklärung geeignet ist, die verfassungsrechtliche Verpflichtung des

---

(Erläuterungen zu Nr. II 1 Abs. 1 u. 2 des Verfahrensschemas der Bundesländer).

137 Nr. II 1 des Verfahrensschemas der Bundesländer. Beispiele bei *Rudolf*, Bundesländer, S. 133, Fn. 51.

138 Nr. II 1 Abs. 3 des Verfahrensschemas der Bundesländer.

139 Nr. II 2 des Verfahrensschemas der Bundesländer.

140 Erläuterungen zu Nr. II 1 Abs. 3 a des Verfahrensschemas der Bundesländer; mit einer Gemeinsamen Stelle Wasserrecht und Wasserwirtschaft.

141 Nr. II 4 des Verfahrensschemas der Bundesländer.

142 § 85 a III GGO II.

143 Nr. II 3 des Verfahrensschemas der Bundesländer.

144 Nr. III des Verfahrensschemas der Bundesländer.

145 Nr. IV Abs. 1 des Verfahrensschemas der Bundesländer: Die Willensbildung liege nicht beim Bundesrat.

146 Nr. IV Abs. 2 des Verfahrensschemas der Bundesländer und die Erläuterungen hierzu.

Bundes, die Länder an der innerstaatlichen Willensbildung zu Gemeinschaftsakten zu beteiligen, auch zu erfüllen, ist zu untersuchen, ob die vorgetragenen Rechtsauffassungen von Bund oder Ländern zutreffend sind und ob Inhalt, Verfahren und Form der Erklärung den verfassungsrechtlichen Anforderungen genügen. Anders als das Vorgehen von Bund und Ländern, das wegen der Interessiertheit beider an einer rein pragmatischen Lösung keine Klärung der Rechtsfragen erzwang[147], muß bei der Suche nach einer rechtlichen Lösung ermittelt werden, ob die von Bund und Ländern geäußerten Standpunkte der Verfassungsrechtslage entsprechen.

Soweit die Länder in Widerspruch zu ihren Äußerungen in Nr. A 3 der Erläuterungen zum Verhandlungsentwurf davon ausgehen, ihnen stehe die „Integrationskompetenz" auf den Gebieten zu, für die sie innerstaatlich zuständig seien[148], so ist diese Auffassung abzulehnen, wenn unter „Integrationskompetenz" die Befugnis verstanden wird, an der Gemeinschaftsgesetzgebung unmittelbar mitzuwirken. Es wurde dargelegt, daß dem Bund diese Befugnis nach Art. 32 III GG entsprechend zusteht[149].

Die Forderung der Länder, an der innerstaatlichen Willensbildung beteiligt zu werden, ist verfassungsrechtlich jedoch begründet durch den vom Bundesstaatsprinzip verlangten Ausgleich der Länderkompetenzeinbußen und Mitwirkungsrechte durch Wiederherstellung des bundesstaatlichen Gleichgewichts[150]. Auch die Rücksichtnahmepflicht auf wesentliche Interessen der Länder, wenn Bundeskompetenzen betroffen sind, ergibt sich aus der verfassungsrechtlich gebotenen Berücksichtigung des Bundesstaatsprinzips[151]. Demnach trifft die Auffassung des Bundes, er habe die „Integrationskompetenz" und sei deshalb verfassungsrechtlich nicht verpflichtet, die Länder am innerstaatlichen Willensbildungsprozeß zu beteiligen[152], nicht zu. Seine Kompetenzen nach Art. 32 III GG analog sind eingeschränkt durch die verfassungsrechtliche Verpflichtung zur Länderbeteiligung im innerstaatlichen Bereich. Keine der Auffassungen ist daher in der Lage, eine Regelung, wie in der Bundeskanzlererklärung vorgesehenen, auch rechtlich abzustützen.

Was den Inhalt der Erklärung betrifft, so wurde bereits dargestellt[153], daß eine Informationsverpflichtung des Bundes und die Einräumung

[147] Siehe die Nachweise in Fn. 110.

[148] Siehe hierzu Fn. 100.

[149] Siehe hierzu oben, III. Teil 2. Abschn. A. II. 2. Da der Bund von dieser Befugnis Gebrauch gemacht hat, bleibt kein Raum für eine Betätigung der Bundesländer in diesem Bereich.

[150] Siehe oben, III. Teil 2. Abschn. A. II. 2. b) bb).

[151] Siehe Fn. 60.

[152] Siehe Fn. 106 u. 109.

der Möglichkeit zu Länderstellungnahmen zwar vom Verfassungsrecht gefordert, aber allein noch nicht ausreichend sind.

Fraglich ist, ob eine Bindung der Vertreter des Bundes bei ihrer Tätigkeit in den Gemeinschaftsorganen an den Standpunkt der Länder, so wie im Vereinbarungsentwurf vorgesehen oder wie nach der Bundeskanzlererklärung in abgeschwächter Form geplant, verfassungsrechtlich zulässig und geboten ist. Die Gemeinschaftsverträge hindern eine Beteiligung am innerstaatlichne Willensbildungsprozeß nicht[154]. Da das Gemeinschaftsrecht von einer Bildung der Ratsvertreter an Weisungen ihrer Regierungen ausgeht, ist es mit den Verträgen auch vereinbar, wenn der Ratsvertreter an Weisungen gebunden wird, an denen die Länder mitgewirkt haben[155]. Wer im innerstaatlichen Bereich bei der Formulierung der Instruktion beteiligt werden muß, ist allein nach innerstaatlichem Recht zu entscheiden[156].

Eine Beteiligung der Länder bei der Instruktion des deutschen Ratsvertreters wird zwar für die systematisch grundsätzlich richtige Lösung gehalten[157], jedoch aus verschiedenen Gründen dennoch nicht befürwortet. So meint *Birke*, diese Forderung widerspräche der staatsrechtlichen Stellung eines Bundesministers. Nach Art. 65 GG führe jeder Bundesminister seinen Geschäftsbereich selbständig und leite ihn unter eigener Verantwortung. Er könne nur an Richtlinien des Bundeskanzlers oder des Kabinetts gebunden werden, was auch für die Beschlußfassung im Rahmen der Europäischen Gemeinschaften gelte[158]. *Birke* übersieht, daß nicht die Länder Weisungen erteilen sollen, sondern daß der Bund bei Erteilung der Instruktion des Ratsvertreters in bestimmten Fällen an die Stellungnahmen der Länder gebunden sein soll. Nach wie vor weist der Bund an, so daß Art. 65 GG nicht berührt ist.

Weiter wird argumentiert, der Bund könne nur dann die gemeinschaftsrechtlich gebotene Flexibilität des Vertreters im Rat sicherstellen, wenn die Länder an der innerstaatlichen Willensbildung nicht beteiligt würden[159]. Dem ist entgegenzuhalten, daß auch dann, wenn die Bundesregierung den Vertreter an zu detaillierte Weisungen bindet,

---

153 Siehe oben unter 1.

154 Vgl. z. B. die in Dänemark nach § 6 II des Beitrittsgesetzes praktizierte Regelung; mitgeteilt bei *Sasse*, S. 349.

155 *Birke*, S. 111; vgl. oben, III. Teil 1. Abschn. B.; a. A. *Oetting*, S. 110, m. w. N. in Fn. 20.

156 *Birke*, S. 113; vgl. oben, III. Teil 1. Abschn. B.; a. A. *Oetting*, S. 110.

157 *Schroeder*, S. 87.

158 *Birke*, S. 115.

159 Ebd.; in einer Länderbeteiligung sieht auch *Sasse*, S. 361, die Gefahr der Unflexibilität.

die Gefahr der Unflexibilität gegeben ist; einmal unterstellt, daß diese Flexibilität tatsächlich gemeinschaftsrechtlich geboten ist.

Außerdem wird darauf hingewiesen, daß das Recht der Bundesregierung nicht beschnitten werden dürfe, die Politik des Bundes zu bestimmen[160]. Hierzu ist festzustellen, daß der Gedanke der Erhaltung von außenpolitischer Betätigungsmöglichkeit des Bundes bereits bei der Zuerkennung seiner konkurrierenden Kompetenz zur Wahrnehmung der Mitwirkungsrechte in den Gemeinschaften auch auf Länderkompetenzbereichen nach Art. 32 III GG analog eine entscheidende Rolle gespielt hat. Zwar darf dem Bund integrationspolitisches Handeln nicht unmöglich gemacht werden; eine Einschränkung seiner Kompetenzen ist jedoch möglich.

Insoweit erweisen sich die Bedenken gegen eine Bindung des Bundes an die Stellungnahmen der Länder bei der Instruktion des deutschen Ratsvertreters, wenn es sich um Maßnahmen der Gemeinschaftsorgane handelt, die Gesetzgebungsbefugnisse der Bundesländer berühren, als nicht stichhaltig. Eine Regelung, die eine derartige Mitwirkung der Länder vorsieht, ist als Ausgleichsmaßnahme zur Wiederherstellung des bundesstaatlich geforderten Gleichgewichts geeignet und deshalb verfassungskonform.

Auch eine Anhörungspflicht des Bundes bei der Berührung wesentlicher Interessen der Länder, wenn Gemeinschaftsmaßnahmen Bundeskompetenzbereiche betreffen, ist durch das Bundesstaatsprinzip gedeckt, das hier ebenfalls Wirkungen, wenn auch geringerer Intensität als im Fall der Berührung von Ländergesetzgebungskompetenzen, entfaltet[161].

Die Verpflichtung des Bundes, die Länder beim Zustandekommen von Kooperationsabkommen zu beteiligen, gehört, soweit es sich um völkerrechtliche Vereinbarungen handelt, systematisch nicht zu einer Regelung über Beteiligungsverpflichtungen bei der innerstaatlichen Willensbildung zu Gemeinschaftsrechtsakten, sondern wäre bei den Vorschriften über die Kompetenzen zum Abschluß völkerrechtlicher Verträge zu behandeln.

Die Bestimmung über die Hinzuziehung zweier Ländervertreter bei den Vorbereitungen zu Gemeinschaftsrechtsakten ist verfassungsrechtlich nicht zu beanstanden.

Die praktische Durchführung der Regelung in dem durch § 85 a GGO II und dem Verfahrensschema der Bundesländer festgelegten Verfah-

---

[160] So die Vertreter des Bundes während der Verhandlungen mit den Ländern, siehe Fn. 107; *Schroeder*, S. 87.

[161] Insoweit ist der Begründung der Länder zuzustimmen.

ren dürfte allerdings Probleme aufwerfen. Abgesehen davon, daß sich die Praktikabilität des recht komplizierten Verfahrens erst erweisen muß[162], bleibt das Problem der einheitlichen Stellungnahme der Bundesländer ungelöst. Das Verfahren läßt zu, daß unterschiedliche Meinungen von der Gemeinsamen Stelle an das zuständige Bundesressort übermittelt werden. Da jedenfalls im Ministerrat nur eine einheitliche Stellungnahme möglich ist, befindet sich der Bund in dem Dilemma, entscheiden zu müssen, welche Meinung er im Rat vertritt. Die ihm unerwünschte Schiedsrichterrolle bleibt erhalten.

Gegen das Verfahren, soweit es die Beteiligungsrechte neuen Ländereinrichtungen wie Anlaufstellen, federführenden Landesressorts und Gemeinsamen Stellen zuweist und dem Bundesrat nur eine bescheidene Restregelung beläßt[163], bestehen Bedenken: Die Ansicht der Länder, die Willensbildung liege nicht bei dem Bundesorgan Bundesrat, sondern direkt bei den Ländern, wenn es sich um Gemeinschaftsmaßnahmen auf Gebieten mit ausschließlicher Landeshoheit handele, ist nur dann zutreffend, sofern die Ausübung der Mitwirkungsrechte im Gemeinschaftsrecht in die ausschließliche Kompetenz der Länder fiele[164], denn dann stellte die Willensbildung im innerstaatlichen Bereich eine ausschließliche Länderangelegenheit dar. Wie bereits dargelegt, werden die ursprünglich den Länderkompetenzen zugeordneten Hoheitsbefugnisse zulässigerweise von den Gemeinschaftsorganen wahrgenommen[165] und die Mitwirkung an der Gemeinschaftsrechtsetzung in diesem Bereich fällt in die Kompetenz des Bundes[166]. Deshalb handelt es sich bei der Befugnis zur Mitwirkung an der innerstaatlichen Willensbildung um eine Beteiligung an Bundeskompetenzen. Der Verlust der ausschließlichen Länderkompetenzen, ihrer Mitwirkungsrechte an der Bundesgesetzgebung und die innerstaatliche Kompetenzverschiebung kann nur kompensiert werden durch ein Recht zu mittelbarer Einflußnahme auf die der Bundesregierung im Rat zustehenden Befugnisse. Die Einflußnahme der Länder auf die Staatstätigkeit des Bundes ist im Grundgesetz durch die Einschaltung des Bundesorgans Bundesrat geregelt. Deshalb steht das Einflußrecht den Bundesländern zur Beteiligung an der innerstaatlichen Willensbildung ihnen nicht unmittelbar, sondern über den Bundesrat zu[167]. Da das Verfahren der Beteiligung nach § 85 a GGO II und dem Länderverfahrensschema den Bundesrat ausschaltet, steht diese Regelung nicht im Einklang mit dem Verfassungs-

---

[162] So auch *Rudolf*, Bundesländer, S. 134.

[163] Nr. IV des Verfahrensschemas der Bundesländer.

[164] So die Ländermeinung in den Verhandlungen, siehe Nr. 4 des Sitzungsprotokolls v. 15. 11. 1977.

[165] Siehe oben, II. Teil 3. und 4. Abschn.

[166] Siehe oben, III. Teil 2. Abschn. A.

[167] *Oetting*, S. 87 f.; *Schroeder*, S. 85.

recht. Durch eine Regelung, die die Beteiligungsrechte an der innerstaatlichen Willensbildung dem Bundesrat zuweist, würden auch wegen der dort möglichen Mehrheitsentscheidungen die oben aufgezeigten Schwierigkeiten bei einer uneinheitlichen Stellungnahme der Länder vermieden.

Auch die Form der „pragmatischen" Lösung nach der Bundeskanzlererklärung erweist sich als unzureichend. Angesichts der eindeutigen Aussagen der Bundesvertreter während der Verhandlungen, nur eine rechtlich unverbindliche Eklärung, die eine freiwillige Selbstbindung enthalte, werde abgegeben[168], können die Erklärungen des Bundeskanzlers und des Vorsitzenden der Ministerpräsidentenkonferenz kaum als „Vereinbarung" etwa i. S. des sog. Lindauer Abkommens qualifiziert werden. Rechtlich unverbindliche Erklärungen sind nicht geeignet, die verfassungsrechtlich begründete Forderung nach einer angemessenen Länderbeteiligung an der innerstaatlichen Willensbildung zu Gemeinschaftsrechtsakten zu erfüllen[169].

Eine rechtliche Lösung des Mitwirkungsproblems der Bundesländer am staatlichen Willensbildungsprozeß zu Gemeinschaftsrechtsakten wird durch die Erklärungen des Bundeskanzlers und des Vorsitzenden der Ministerpräsidentenkonferenz und des aufgrund dieser Erklärungen eingeführten Beteiligungsverfahrens nicht erreicht.

II. Beteiligung an der Entscheidungsvorbereitung in den Gemeinschaften

Nachdem festgestellt worden ist, daß sich aus dem Bundesstaatsprinzip die Verpflichtung des Bundes ergibt, bei der Wahrnehmung seiner Kompetenz zur Mitwirkung an der Rechtsetzung in den Gemeinschaften die Länder dann am innerstaatlichen Willensbildungsprozeß zu beteiligen, wenn Ländergesetzgebungsbereiche durch das Gemeinschaftsrecht betroffen sind, ist nun zu untersuchen, ob auch eine Beteiligung der Bundesländer im vorbereitenden Stadium bei Kommission und Rat erfolgen muß. Die Länder haben in einer Reihe von Fällen die Beteiligung an Verwaltungs- und Beratungsausschüssen durch die Entsendung von Ländervertretern in die deutsche Delegation gefordert und teilweise auch bescheidene Erfolge erzielt. Zumeist hat es jedoch die Bundesregierung abgelehnt, die Länder an der Ausschußarbeit unmittelbar zu beteiligen.

---

[168] Nr. 3 des Sitzungsprotokolls v. 26. 5. 1978 und Nr. 3 des Sitzungsprotokolls v. 14. 9. 1978.

[169] *Rudolf*, Bundesländer, S. 132 f., 136, allerdings in der Konsequenz noch weitergehend.

1. *Praktizierte Beteiligungen*

In einer Reihe von Fällen ist es den Ländern gelungen, Einfluß auf die Ausschußarbeit zu gewinnen. So stellen sie ein ordentliches Mitglied der deutschen Delegation im Ständigen Agrarstrukturausschuß[170] und im Beratenden Ausschuß für die Berufsausbildung[171]. Im Ausschuß für Regionalpolitik[172] benennen sie ein stellvertretendes Mitglied der deutschen Delegation und im Verwaltungsausschuß des Europäischen Sozialfonds wird ein Vertreter des Landes hinzugezogen, das von dem behandelten Projekt betroffen ist[173]. Im Gemeinschaftsausschuß nach Art. 17 der Verordnung Nr. 79/65 verfügen die Länder über zwei Verbindungsleute[174].

2. *Verpflichtung zur Beteiligung an der Beschlußvorbereitung*

Die Betrachtung der Praxis zeigt, daß in einigen Fällen von besonderer Betroffenheit der Länderinteressen die Bundesländer auf verschiedene Weise in der deutschen Delegation beteiligt werden. Die Benennung der Vertreter ist bisher jedoch keineswegs einheitlich gewesen. So bestimmte sie einmal der Bundesrat, ein anderes Mal die Fachministerkonferenz auf Einladung der Bundesregierung, eines Bundesministers oder der EG-Kommission.

Dies deutet bereits darauf hin, daß wegen der fehlenden rechtlichen Begründung der Länderbeteiligungsrechte an der Beschlußvorbereitung auch keine klare Zuständigkeitstrennung erreicht werden konnte[175]. Nach dem aufgrund der Bundeskanzlererklärung neu eingeführten Verfahren könnte dieser Mißstand weitgehend beseitigt werden; allerdings enthebt die Erklärung, die rechtlich unverbindlich ist, nicht einer Untersuchung darüber, ob die Bundesregierung rechtlich verpflichtet ist, die Länder an der Beschlußvorbereitung zu beteiligen[176].

Birke nimmt an, daß für eine Verpflichtung des Bundes, die Länder etwa in Kommissionsausschüssen mitwirken zu lassen, keine rechtliche Grundlage existiere[177]. Er begründet seine Ansicht damit, es gehe bei

---

[170] Siehe *Birke*, S. 52; *Hrbek*, S. 40; *Oberthür*, S. 61.

[171] *Birke*, S. 50; *Hrbek*, S. 40; *Oberthür*, S. 61; *Schmitz-Wenzel*, S. 35.

[172] *Oberthür*, S. 61.

[173] *Hrbek*, S. 40; *Oberthür*, S. 61.

[174] *Birke*, S. 53.

[175] Hinweise auf diesen Mangel finden sich bei *Hrbek*, S. 40, und *Oberthür*, S. 61.

[176] Siehe auch hierzu die Äußerungen der Sonderkommission des Bundesratskulturausschusses, wiedergegeben in ZaÖRV Bd. 27 (1967), S. 150, Fn. 42.

[177] *Birke*, S. 116.

der Mitwirkung in den Ausschüssen allein um die Wahrnehmung des Gesamtinteresses der Bundesrepublik und die Länder seien aus der Pflicht zu bundesfreundlichem Verhalten gehalten, dem Bund diesen Bereich zu überlassen. Deshalb läßt er das Argument der Bundesregierung, die Beteiligung der Länder verbiete sich, da der Umfang der Delgation zu beschränkt sei, gelten.

Der Hinweis, es gehe bei der Mitwirkung in den Ausschüssen um Wahrnehmung gesamtstaatlicher Interessen, zwingt nicht zu der Schlußfolgerung, die Länder seien von jeglicher Beteiligung ausgeschlossen. Daß es sich um übergreifende Interessen handelt, ist ein Argument dafür, dem Bund in entsprechender Anwendung des Art. 32 III GG die konkurrierende Kompetenz zur Wahrnehmung der Beteiligungsrechte bei der Rechtsetzung in den Gemeinschaften zuzuerkennen. Dieser Kompetenz sind aber, dies wurde mehrfach betont, durch das als Auslegungsgrundsatz zu beachtende Bundesstaatsprinzip immanente Grenzen gesetzt. Das in der konkreten Ausgestaltung der Bundesstaatsentscheidung im Grundgesetz zum Ausdruck kommende Gleichgewichtsgebot fordert eine Kompensation vor allem für die durch die Gemeinschaftsgründung zugunsten des Bundes verschobenen Kompetenzen. Dieser Ausgleich könnte neben der mittelbaren Beteiligung an Ratsentscheidungen durch Einfluß auf die Instruktion des deutschen Ratsvertreters auch durch Beteiligung an der Vorbereitung von Legislativakten der Gemeinschaften erfolgen. Der von den Ländern in den Verhandlungen mit dem Bund vorgetragene Standpunkt[178] ist hier zutreffend: Die verfassungsrechtlich gebotene rechtzeitige und erschöpfende Unterrichtung der Länder während der vorbereitenden Beratungen, etwa der Kommission, ist ohne eine direkte Einschaltung der Länder nicht möglich, da sich neue Gesichtspunkte häufig erst während der Verhandlungen ergeben; außerdem könnte der Standpunkt der Länder hierzu nicht rechtzeitig eingeführt werden. Es ist deshalb notwendig, zu diesen Beratungen Vertreter der Länder hinzuzuziehen.

Durch eine solche Beteiligung wird auch der Grundsatz der Integrationsfreundlichkeit nicht beeinträchtigt. Was gegen eine direkte Beteiligung der Länder durch eigene Vertreter im Ministerrat an Stelle des Bundes sprach, gilt für eine unmittelbare Beteiligung in der deutschen Delegation in den vorbereitenden Ausschüssen nicht: Durch eine unmittelbare Mitwirkung an den vorbereitenden Verhandlungen kann keine Lähmung der deutschen Mitwirkung an der Rechtsetzung der Gemeinschaften erfolgen, da der Ländervertreter zwar Länderstandpunkte in die Diskussion einbringen kann, aber an der Beschlußfassung im Rat als dem entscheidenden Akt nicht beteiligt ist.

---

178 Erläuterungen B zu Nr. 4 des Verhandlungsentwurfs.

Demnach spricht nichts gegen eine Beteiligung der Bundesländer an der Beschlußvorbereitung als Ausgleichsmaßnahme für verlorengegangene Kompetenzen. Insbesondere ist der Einwand unbegründet, es könnten in der deutschen Delegation keine Ländervertreter gestattet werden, weil die Länder nicht gegenüber den Gemeinschaften handeln dürften. Die Mitglieder der Delegation handeln nach außen als Vertreter des Bundes.

Demzufolge ist das Verlangen der Bundesländer, das in der Bundeskanzlererklärung und dem § 85 a GGO II sowie dem Verfahrensschema der Länder seinen Niederschlag gefunden hat, dann, wenn ausschließliche Länderkompetenzbereiche durch eine geplante Gemeinschaftsmaßnahme betroffen sind, nach Information der Länder auf deren Verlangen Ländervertreter in die deutsche Delegation bei den jeweiligen Ausschüssen aufzunehmen, verfassungsrechtlich begründet.

III. Unmittelbare Einflußnahme durch direkte Länderkontakte

Neben den aufgezeigten Einwirkungsbefugnissen der Bundesländer über Beteiligung an der Instruktion des deutschen Ratsvertreters und der Mitwirkung in den Gemeinschaftsausschüssen ist es denkbar, daß den Ländern ohne Einschaltung des Bundesrates direkte Einflußmöglichkeiten auf die Gemeinschaftsorgane eröffnet sind.

1. *Praktizierte Einflußmöglichkeiten*

a) Länderbeobachter bei den Gemeinschaften

Die Grundlage für die Tätigkeit des Länderbeobachters bei den Gemeinschaften bildet eine Verabredung zwischen dem Bundesaußenminister und den Ministerpräsidenten von Bayern und Baden-Württemberg aus dem Jahr 1956[179], die eine Teilnahme von zwei Ländervertretern an den Vorverhandlungen für die Gemeinschaftsverträge vorsah. Nach Gründung der Gemeinschaft wurde nach Absprache der Ministerpräsidentenkonferenz mit dem Außenminister[180] die bereits hergestellte Verbindung der Bundesländer zu den Gemeinschaften in Form der Entsendung eines Länderbeobachters zu Informationszwekken aufrechterhalten.

Der erste Länderbeobachter wurde von der Ministerpräsidentenkonferenz, die nachfolgenden wurden von der Konferenz der Wirt-

---

[179] Zu der Tätigkeit des Länderbeobachters siehe *Birke*, S. 53 f.; *Hrbek*, S. 41; *Oberthür*, S. 62; *Sasse*, S. 341 f.

[180] *Birke*, S. 54.

schaftsminister ernannt. Der Name wird dem Auswärtigen Amt, dem Bundeskanzleramt und dem Bundeswirtschaftsminister offiziell mitgeteilt. Sein Dienstsitz ist Bonn; er unterhält aber auch ein Büro in Brüssel. Er hat die Aufgabe, die Länder über alle Ratstagungen, die für sie bedeutsamen Sitzungen des Ausschusses der Ständigen Vertreter und des Sonderausschusses Landwirtschaft zu unterrichten. Sofern die Kommission für die Länder wichtige Vorlagen einbringt, hat er auch hierüber zu berichten. Dies geschieht i. d. R. durch die Weiterleitung der jeweiligen Informationen an die je nach Federführung zuständigen Fachministerien der Länder[181]. Somit bietet der Länderbeobachter eine Gewähr für die umfassende Unterrichtung von Länderfachministern und Bundesratsausschüssen über alle wichtigen Vorgänge in den Gemeinschaften. Um seiner Unterrichtungsaufgabe nachkommen zu können, nimmt der Länderbeobachter an Sitzungen des Ministerrates, des Ausschusses der Ständigen Vertreter, des Sonderausschusses Landwirtschaft und den Arbeitsgruppen des Rates teil[182], wobei er offiziell der deutschen Delegation zugerechnet wird[183].

Demnach liegt die Bedeutung des Länderbeobachters in erster Linie darin, daß er den Ländern ausreichend Informationen über die Tätigkeiten der Gemeinschaften verschafft. Diese gehen über die von Art. 2 S. 2 ZustG erfaßten Tätigkeiten hinaus, da auch Dokumente erfaßt werden, die die Kommission an den Rat leitet[184]. Wenn die Tätigkeit des Länderbeobachters als wesentliche Voraussetzung für eine Einflußnahme der Länder auf Entscheidungen der Bundesregierung und Verhandlungen der deutschen Delegation bezeichnet wird[185], so ist doch klarzustellen, daß es sich bei diesem Einfluß nur um rechtlich unverbindliche Beschlüsse des Bundesrates handelt.

Der Länderbeobachter soll auch die Funktion haben, bestimmte Wünsche einzelner oder aller Bundesländer an die Kommission zu übermitteln[186]. Außerdem nimmt er die bereits beschriebenen Aufgaben nach § 85 a I u. II GGO II und dem Verfahrensschema der Länder wahr.

b) Direkte Kontakte der Länder mit den Gemeinschaftsorganen

Die Länder haben wiederholt mit den Gemeinschaftsorganen, insbesondere mit der Kommission, Kontakt aufzunehmen versucht und teil-

---

181 *Oberthür*, S. 62.
182 *Birke*, S. 54; *Oberthür*, S. 62.
183 *Sasse*, S. 341.
184 *Birke*, S. 54.
185 *Hrbek*, S. 41, l. Sp.; *Oberthür*, S. 62; *Sasse*, S. 343.
186 *Hrbek*, S. 41, l. Sp.; *Oberthür*, S. 62.

weise auch hergestellt[187]. Oft wurden diese Begegnungen von den zuständigen Länderministerien gesucht. Die Kommission hinderte die Versuche der Länderministerien nicht, sondern war gerade im Bereich der Agrar- und Regionalpolitik, von sich aus an derartigen Begegnungen interessiert[188]. Auch die Bundesregierung stand diesen Kontakten nicht grundsätzlich ablehnend gegenüber; teilweise schien sie sogar bereit zu sein, die Bemühungen der Länder zu unterstützen[189]. Inwieweit die Länder in direkten Gesprächen mit der Kommission Forderungen gestellt und mit Erfolg durchgesetzt haben[190], ohne die Bundesregierung in Kenntnis gesetzt zu haben, ist nicht bekannt[191].

c) Eigene Ländervertreter bei den Gemeinschaften

Um einen möglichst weitgehenden Einfluß der Länder sicherzustellen, könnte erwogen werden, den Ländern eigene Vertretungen in Büssel einzurichten. In diese Richtung geht eine Initiative Bayerns, einen eigenen Vertreter zu den Gemeinschaften zu entsenden[192]. Es wäre denkbar, daß dann ein neues Gremien, etwa eine „Ländervertreterkonferenz"[193] entstünde, die die Aufgabe hätte, Länderinteressen bezüglich der Gemeinschaftsangelegenheiten zu koordinieren. In welcher Form die Länderbelange gegenüber den Gemeinschaften vertreten werden könnten, bliebe jedoch offen.

2. *Rechtliche Beurteilung unmittelbarer Kontakte*

a) Auskunft und Unterrichtung

Soweit sich der Länderbeobachter im Rahmen seiner Informations- und Unterrichtungspflicht auf „passiv-rezeptive Beobachtung" beschränkt, wird seine Tätigkeit nach Gemeinschaftsrecht und verfassungsrechtlich für zulässig gehalten[194]. In der Tat ergeben sich gemeinschaftsrechtlich keinerlei Bedenken, an der deutschen Delegation auch einen Ländervertreter teilnehmen zu lassen. Innerstaatlich läßt sich die Tätigkeit des Länderbeobachters zurückführen auf die Absprache zwischen den Ministerpräsidenten der Länder und dem Wirtschafts- und Außenminister sowie auf die Bundeskanzlererklärung von 1979. Bei beidem handelt es sich nicht um rechtlich verbindliche Ver-

---

[187] Beispiele siehe bei *Birke*, S. 59.

[188] Beispiele siehe bei *Hrbek*, S. 41, m. Sp.; *Oberthür*, S. 64.

[189] *Oberthür*, S. 64.

[190] Dies vermutet *Birke*, S. 59.

[191] *Hrbek*, S. 41, m. Sp.

[192] Berichtet von *Hrbek*, S. 42, m. Sp.

[193] Ebd.

[194] *Oetting*, S. 54.

einbarungen, sondern allenfalls um „gentlemen's agreements". Deshalb entbehrte das Wirken des Länderbeobachters bisher ausreichender rechtlicher Absicherung[195]. Zwar ist dieses Problem durch § 85 a I u. II GGO II entschärft worden, aber es bleibt zu bedenken, daß es sich bei dieser Vorschrift um eine innnerorganisatorische Norm handelt, die keine Rechtsgrundlage für die Aufteilung der Kompetenzen bei mittelbarer und unmittelbarer Mitwirkung an Gemeinschaftsrechtsakten bietet[196]. Entscheidend ist, daß die Bundesländer ihre oben beschriebenen Mitwirkungsrechte an der innerstaatlichen Willensbildung bei der Instruktion des deutschen Ratsvertreters und bei der Vorbereitung von Beschlüssen nur dann wirksam wahrnehmen können, wenn sie über entsprechende Informationen verfügen. Wie gezeigt, werden durch das Verfahren nach Art. 2 ZustG nicht alle notwendigen Informationen erfaßt, so daß darüber hinaus Mitteilungen über Gemeinschaftsmaßnahmen notwendig sind. Diese zur Ausübung der Länderbeteiligungsrechte erforderliche Information wird weitgehend sichergestellt durch das Verfahren nach § 85 a I u. II GGO II. Allerdings dürften einer darüber hinausgehenden Informationsbeschaffung über den Länderbeobachter oder unmittelbare Kontakte zur Kommission auch keine verfassungsrechtlichen Hindernisse entgegenstehen.

b) Unmittelbare Beziehungen zu Gemeinschaftsorganen

Gegen unmittelbare Beziehungen der Länder zu Gemeinschaftsorganen, etwa der Kommission, mittels Länderbeobachter oder auch durch Kontaktaufnahme der Länderminister, die über die Informationsbeschaffung hinausgehen, werden sowohl gemeinschaftsrechtliche als auch verfassungsrechtliche Bedenken geltend gemacht.

Was die Mittlerrolle des Länderbeobachters angeht, so sind dagegen jedenfalls von Gemeinschaftsrechts wegen keine Einwände zu erheben, da der Länderbeobachter im „Außenverhältnis" als Bundesvertreter auftritt[197].

Direkte Kontakte der Länder mit der Kommission hält *Birke*, soweit die Länder nicht als „Marktbürger", sondern als Träger staatlicher Gewalt angesprochen werden, für gemeinschaftsrechtswidrig[198]. Er begründet seine Ansicht damit, daß im Rahmen der Gründungsverträge ausschließlich dem Bund Befugnisse zur Erfüllung der festgelegten Aufgaben zugewiesen seien[199] und deshalb nicht auf nachgeordnete Be-

---

[195] *Birke*, S. 54.

[196] *Rudolf*, Bundesländer, S. 135.

[197] *Oetting*, S. 99; *Sasse*, S. 342.

[198] *Birke*, S. 106 ff.

[199] Ebd., S. 106 f.

hörden durchgegriffen werden dürfe[199]. Auch bei Information, die aufgrund der innerstaatlichen Kompetenzverteilung nur die Länder in ausreichendem Maße erteilen können, sei es der Kommission nicht erlaubt, ohne Erlaubnis der Bundesregierung, selbst Auskünfte einzuholen[200]. In die gleiche Richtung zielt eine Äußerung des französischen Vertreters im Ausschuß der Ständigen Vertreter vom 1. 12. 1966[201], nach der es der Kommission nicht gestattet sei, unmittelbare Kontakte mit regionalen oder lokalen Instanzen zu unterhalten.

Diese Argumentation ist zutreffend, soweit es sich um im Gemeinschaftsrecht niedergelgte Beteiligungsrechte handelt, da von Gemeinschaftsrechts wegen allein der Zentralstaat zur Mitwirkung befugt ist. Anderes gilt bei Verhandlungen, die von den Gemeinschaften als Völkerrechtssubjekt mit den deutschen Bundesländern als „partiellen Völkerrechtssubjekten" geführt werden. Derartige Kontakte verbieten die Gemeinschaftsverträge nicht.

Es wird angenommen, das Verfassungsrecht verbiete den Ländern eine direkte Beziehung zu den Gemeinschaftsorganen, da es sich hierbei um die Wahrnehmung politischer Beziehungen handele, wofür nach Art. 32 I GG der Bund zuständig sei[202]. Dieser Ansicht kann jedoch hinsichtlich der Begründung nicht gefolgt werden: Die Befugnis zur Beteiligung an der Rechtsetzung der Gemeinschaften, soweit es um Maßnahmen geht, die Ländergesetzgebungskompetenzen betreffen, regelt im innerstaatlichen Bereich Art. 32 III GG, der wegen der Vergleichbarkeit von Rechtserzeugung in den Gemeinschaften und durch völkerrechtlichen Vertrag analog anwendbar ist[203]. Nach Art. 32 III GG entsprechend dürften die Länder nur dann tätig werden, sofern es sich um Maßnahmen handelte, die ihren Gesetzgebungsbereich berührten und der Bund seine konkurrierende Kompetenz nicht ausgeübt hat. Da er zulässigerweise die Beteiligungsrechte im Rat wahrnimmt, sind den Ländern direkte Kontakte, die zu unmittelbarer Einflußnahme auf die Gemeinschaftsrechtsakte dienen, nicht gestattet. Aus dem gleichen Grund erlaubt das Grundgesetz auch keine institutionalisierte Ländervertretung. Sofern es sich jedoch lediglich um, die Stellungnahmen von Ausschüssen vorbereitende, Kontakte handelt, sind dagegen keine Einwände zu erheben, da eine mittelbare Länderbeteiligung verfassungsrechtlich gefordert wird[204].

---

[200] Ebd., S. 108.

[201] Mitgeteilt bei *Schmitz-Wenzel*, S. 152.

[202] *Oetting*, S. 99.

[203] Siehe ausführlich oben, III. Teil 2. Abschn. A. II.

[204] Vom Ergebnis her in die gleiche Richtung weisend, *Schmitz-Wenzel*, S. 163.

Werden Verhandlungen auf völkerrechtlicher Ebene zwischen den Gemeinschaften und den Bundesländern als „partiellen Völkerrechtssubjekten“ angestrebt, so beurteilt sich die Zulässigkeit der Länderkontakte nach Art. 32 GG in direkter Anwendung. Demnach gilt für den Bereich ausschließlicher Ländergesetzgebungskompetenzen Art. 32 III GG. Der Bund hat zwar auch hier eine konkurrierende Abschlußkompetenz, aber soweit er noch nicht tätig geworden ist, können die Länder mit den Gemeinschaften Abkommen schließen. Ihre Kontakte sind dann von Art. 32 III GG gedeckt.

Demnach muß bei der Frage nach der Zulässigkeit unmittelbarer Kontakte der Bundesländer zu Gemeinschaftsorganen differenziert werden. Unmittelbare Beziehungen der Länder sind erlaubt, sofern nicht die Beteiligungsrechte des Bundes an der Gemeinschaftsrechtsetzung und seine Vertragsschlußkompetenz beeinträchtigt sind.

C. Ergebnis

Die Untersuchung hat ergeben, daß das Gemeinschaftsrecht keine Bestimmung über eine Beteiligung der Bundesländer an der Setzung sekundären Gemeinschaftsrechts enthält.

Im deutschen Verfassungsrecht wird die Befugnis zur Mitwirkung am Rechtsetzungsverfahren der Gemeinschaften durch Art. 32 GG analog, soweit er die Abschlußkompetenz bei völkerrechtlichen Verträgen regelt, erfaßt. Danach kommt dem Bund die Mitwirkungsbefugnis im Gemeinschaftsrecht nach Art. 32 III GG entsprechend auch dann zu, wenn die Gemeinschaftsrechtsakte auf Bereichen ergehen, die zuvor der ausschließlichen Ländergesetzgebungskompetenz unterfielen. Allerdings gebietet das als Auslegungsgrundsatz zu berücksichtigende Bundesstaatsprinzip, den Kompetenzverlust der Bundesländer, von dem sie stärker als der Bund betroffen sind, durch Sicherstellung deren effektiver Mitwirkung an der innerstaatlichen Willensbildung und an der Vorbereitung von Gemeinschaftsbeschlüssen auszugleichen.

Um eine wirksame Länderbeteiligung am innerstaatlichen Willensbildungsprozeß zu gewährleisten, wenn Ländergesetzgebungsbereiche betroffen sind,

— muß der Bund die Länder bereits mit Beginn der Arbeiten bei der Kommisison umfassend über die Gemeinschaftsvorhaben informieren,

— ist er gehalten, ihnen Gelegenheit zu einer ausführlichen Stellungnahme zu geben,

— muß der Bund auf Grundlage dieser Stellungnahme in den Gemeinschaftsgremien verhandeln und
— darf er nur aus zwingenden integrationspolitischen Gründen von dieser Stellungnahme abweichen.

Eine unmittelbare Beteiligung der Länder an den vorbereitenden Beratungen in den Gemeinschaftsorganen, wenn Ländergesetzgebungsbereiche berührt werden, wird erreicht durch Hinzuziehung von mindestens einem Ländervertreter bei den Verhandlungen des Bundes in den vorbereitenden Gremien von Rat und Kommission auf Verlangen der Länder.

Direkte Kontakte zu Gemeinschaftsorganen sind nach Art. 32 III GG analog nicht möglich, wenn dadurch die Gemeinschaftsrechtsetzung beeinflußt werden soll; bei Verhandlungen auf völkerrechtlicher Ebene ist der Rahmen des Art. 32 III GG zu beachten.

Das bisher praktizierte Verfahren einer Beteiligung der Länder nach Art. 2 ZustG reicht nicht aus.

Das Verfahren nach der Bundeskanzlererklärung kommt zwar inhaltlich den geforderten Beteiligungsmaßnahmen weitgehend nahe, wenn auch die Zusagen teilweise zu unverbindlich gehalten sind, entbehrt aber vor allem der rechtlichen Form und verkennt die Notwendigkeit der Wahrnehmung der Beteiligungsrechte über den Bundesrat.

Um den verfassungsrechtlichen Forderungen gerecht zu werden, sind die aufgeführten Beteiligungsrechte der Bundesländer über den Bundesrat wahrzunehmen und in einer rechtlich verbindlichen Regelung, etwa einem Bundesgesetz (z. B. Änderung des Art. 2 ZustG), festzulegen.

Vierter Teil

Beteiligung der Bundesländer an der innerstaatlichen Durchführung des Gemeinschaftsrechts

Nachdem ermittelt wurde, auf welche Weise die Bundesländer am Zustandekommen des sekundären Gemeinschaftsrechts zu beteiligen sind, ist nunmehr ihre Rolle bei der Durchführung des Gemeinschaftsrechts zu untersuchen. In Frage kommt eine Einschaltung der Länder auf zwei Gebieten: Einmal kann das Gemeinschaftsrecht staatliche Maßnahmen erfordern, die nach nationalem Recht Gesetzesakte darstellen oder das Gemeinschaftsrecht bedarf zur Durchführung noch der Akte nationaler Verwaltungsbehörden. Im ersten Fall wird das Gemeinschaftsrecht rechtsetzend ausgeführt, im zweiten verwaltungsmäßig vollzogen[1]. Im folgenden soll geprüft werden, ob dem Bund oder den Ländern die Kompetenz zur Durchführung des Gemeinschaftsrechts zusteht. Hierzu ist zu trennen zwischen Ausführungs- und Vollzugskompetenz.

Erster Abschnitt

Die Kompetenz zur rechtsetzenden Durchführung des Gemeinschaftsrechts — Ausführungsbefugnis

Die Frage, ob Bundes- oder Landesorgane zur rechtsetzenden Durchführung von Gemeinschaftsrecht zuständig sind, könnte im Gemeinschaftsrecht und/oder im innerstaatlichen Recht der Bundesrepublik geregelt sein. Deshalb sind beide Rechtsordnungen daraufhin zu überprüfen, ob ihnen Aussagen über die Ausführungskompetenzen bezüglich der Gemeinschaftsrechtsakte im nationalen Bereich entnommen werden können.

---

[1] Zur Terminologie vgl. *Ipsen*, Europarecht, S. 218, 9/23, Fn. 26; *Zuleeg*, Recht, S. 47, 209, 225 ff.

A. Regelungen nach primärem Gemeinschaftsrecht

Die Zuständigkeit zur Ausführung des Gemeinschaftsrechts im Bereich der Bundesrepublik ist im Gemeinschaftsrecht geregelt, sofern sich Gemeinschaftsrechtsnormen ermitteln lassen, die eigene oder nationale Stellen als Gemeinschaftsbefugnisse ausübende Behörden bei der rechtsetzenden Durchführung von Gemeinschaftsrecht bestimmen, oder die es gestatten, nationale Organe, auch wenn sie mit der Durchführung von Sekundärrecht staatliche Befugnisse wahrnehmen sollten, als Durchführungsorgane zu benennen. Nach dem Gemeinschaftsrecht können Rat und Kommission rechtsetzend tätig werden[1]. Oft wird nur das Ziel vorgeschrieben, nicht aber bestimmt, in welcher Form die Verpflichtung erfüllt werden soll. Rechtstechnisches Mittel im Gemeinschaftsrecht ist hierzu die Richtlinie; aber auch bei Verordnungen und Entscheidungen können rechtsetzende Maßnahmen notwendig sein. Besonders im Rahmen der Rechtsangleichung und auf dem Gebiet des Umweltschutzes sind Maßnahmen häufig, die nicht mit unmittelbarer innerstaatlicher Wirkung ausgestattet sind[2]. Soweit diese Rechtsetzungsakte jedoch zu ihrer Wirksamkeit im innerstaatlichen Bereich legislative Maßnahmen auf Gebieten erfordern, die ausschließlich Länderkompetenzen betreffen, werden keine Zuständigkeiten festgestellt. Darüber, von wem und auf welche Weise die Gemeinschaftsakte ausgeführt werden, treffen die Bestimmungen des Primärrechts ausdrücklich keine Aussagen[3]. Die Regelung könnte allenfalls stillschweigend im Gemeinschaftsrecht enthalten sein.

I. Delegation von Gemeinschaftsbefugnissen

Wird angenommen, daß den Gemeinschaften die Befugnis zur Ausführung des Sekundärrechts zustehe, könnten sie diese Ausführungskompetenz in „Eigenregie" durch eigene Organe wahrnehmen oder sie könnten die Kompetenz, bzw. deren Ausübung auf Bund oder Länder übertragen. Da die Vertragsbestimmungen den Gemeinschaften auf dem Gebiet der rechtsetzenden und verwaltungsmäßigen Durchführung nur in bescheidenem Maße gestatten, das Gemeinschaftsrecht mit eigenen Behörden durchzuführen[4], kommt eine Wahrnehmung in „Eigenregie" nur in geringem Umfang in Betracht. Für den größten Teil der Befugnisse bliebe eine Delegation möglich. Sofern die Gemeinschaftsorgane in der Lage wären, der Gemeinschaft zustehende Ausführungs-

---

[1] Art. 189 EWGV.

[2] *Riegel*, Gliedstaatskompetenzen, S. 247, l. Sp.

[3] *Spelten*, S. 69 f.

[4] Ebd., S. 68.

befugnisse auf mitgliedstaatliche Organe zu übertragen, erhielten diese Gemeinschaftszuständigkeiten und wären an die Zuständigkeitsbestimmungen aufgrund Gemeinschaftsrechts gebunden. So ist es denkbar, daß bei der Gründung der Gemeinschaften diesen Länderbefugnisse zur Ausführung zugewiesen worden sind, die sie wieder auf die nationalen Stellen zurückübertragen könnten[5]. Die nationalen Stellen erhielten dann Zuständigkeiten, die nicht der innerstaatlichen Kompetenzaufteilung unterlägen. Es wäre so möglich, dem Bund Kompetenzen zuzuweisen, die früher von den Ländern ausgeübt worden sind[6].

1. *Lehre vom dédoublement fonctionnel*

Nach der Lehre vom dédoublement fonctionnel verdoppelt ein innerstaatliches Organ, wenn es Aufgaben aus einer anderen Rechtsordnung erfüllt, seine Funktion, so daß es nicht nur nationale Rechtsmacht entfaltet, sondern auch Befugnisse der anderen Rechtsordnung erhält[7].

Gegen diese Ansicht ist jedoch einzuwenden, daß allein aus der Erfüllung von Gemeinschaftsaufgaben nicht zwingend geschlossen werden kann, die betreffende staatliche Stelle werde aufgrund von Gemeinschaftsbefugnissen tätig. Die Theorie des dédoublement fonctionnel beachtet nicht das Prinzip der begrenzten Einzelermächtigung im Gemeinschaftsrecht und übersieht deshalb, daß die Gemeinschaften in ihrer Kompetenzfülle beschränkt sind[8]. Es müßte im einzelnen nachgewiesen werden, daß die Gemeinschaften über die entsprcheenden Kompetenzen verfügen. Wegen der von der Lehre des dédoublement fonctionnel vorausgesetzten generellen Kompetenzzuweisung ist sie schon vom Ansatz her nicht auf das Gemeinschaftsrecht anwendbar[9].

2. *Die Ansicht Büntens*

Eingehender begründet *Bünten*[10] seine Ansicht, die gesetzgeberische Mitwirkung bei der Durchführung von Gemeinschaftsrecht erfolge nicht nur aufgrund nationaler Staatsgewalt sondern auch kraft delegierter Gemeinschaftsbefugnisse. Handele es sich um Ausführungsmaßnahmen auf Gebieten, die weiterhin nationaler Hoheit unterstünden,

---

[5] *Birke*, S. 118, mit Hinweisen auf Autoren, die eine Rückdelegation für möglich halten in Fn. 63. Weitere Nachweise für diese Ansicht bei *Emrich*, S. 68, Fn. 195.

[6] *Birke*, S. 118.

[7] Zu den Vertretern dieser Lehre vgl. die Nachweise bei *Bünten*, S. 38, Fn. 5 und *Ipsen*, Europarecht, S. 215, Fn. 12.

[8] *Bünten*, S. 39 ff.

[9] Vgl. auch *Ipsen*, Europarecht, S. 215, 9/17.

[10] *Bünten*, S. 44 ff., 67 ff., 112 ff., 147 f.

gründeten sie sich auf staatliches Recht. Beträfen sie Fragen, die auf integrierten Sachbereichen lägen, handelten die staatlichen Organe kraft delegierter Gemeinschaftshoheit[11]. Dabei sei unerheblich, ob Verordnungen, Richtlinien oder Entscheidungen die legislative Ausführung erforderten[12]. Durch die Delegation würden die Handlungsmöglichkeiten der Mitgliedstaaten erweitert, während beim Handeln aufgrund staatlicher Hoheit die Gemeinschaften den Staaten Pflichten auferlegten. Gegenstand der Delegation seien Gliedkompetenzen; es finde keine Organleihe statt[13].

Wie auch *Bünten*[14] erkennt, ist Voraussetzung für die Annahme, die nationalen Ausführungsmaßnahmen im Gesetzgebungsbereich beruhten auf einem Delegationsakt, daß die Gemeinschaften über die in Frage stehenden Befugnisse verfügen und die Staaten ihre Kompetenzen verloren haben, denn eine Delegation erweist sich dann als überflüssig, wenn die Mitgliedstaaten aufgrund der ihnen verbliebenen Hoheitsgewalt ohnehin zum Handeln befugt sind. Nur sofern die Staaten eine Hoheitseinbuße erlitten haben, sind sie nicht mehr in der Lage, auf eigene Staatsgewalt bei der rechtsetzenden Durchführung zurückzugreifen und sind auf die Inanspruchnahme von Gemeinschaftsbefugnissen angewiesen[15]. Ein zwischen Gemeinschaften und Mitgliedstaaten bestehendes Komplementärverhältnis, d. h., eine Ausschließlichkeit der Befugnisse wegen Abgrenzung und Aufteilung der Hoheitsbefugnisse, kann nur unter der Voraussetzung angenommen werden, daß die Staaten mit der „Übertragung" Teile ihrer Hoheitsmacht mit dinglicher Wirkung verloren hätten und damit eine substantielle Minderung der Staatsgewalt eingetreten wäre. Nach der Ansicht *Büntens* hat die Gründung der Gemeinschaften nicht nur das rechtliche Dürfen sondern auch das rechtliche Können der Gründungsstaaten eingeschränkt, mit der Folge, daß die Staaten auf den den Gemeinschaften zugeordneten Gebieten nicht mehr über eigene Befugnisse verfügen und sie auf die Gemeinschaftsgewalt zurückgreifen müssen[16].

Bünten begründet seine Auffassung, die Staaten hätten ihre Hoheitsrechte mit dinglicher Wirkung verloren, nicht. Er schränkt aber seine Meinung, die Gemeinschaften müßten zur rechtsetzenden Durchführung des Gemeinschaftsrechts Befugnisse delegieren, in zweifacher Hinsicht ein: Er schließt die Möglichkeit einer Rückdelegation aus, da dies zu einem rechtlich unzulässigen Ergebnis führe und beschränkt die Dele-

[11] Ebd., S. 113, 154, 159.
[12] Ebd., S. 156 f., 159.
[13] Ebd., S. 114 ff., 126, 135, 159.
[14] Ebd., S. 44 f.
[15] Diese Voraussetzung ist auch nach *Bünten*, S. 45, 67, zu beachten.
[16] Ebd., S. 68.

gation auf „Wahrnehmungszuständigkeiten"; d. h., lediglich die Berechtigung zur Ausübung der Hoheitsgewalt wird neuen Subjekten zugeordnet[17]. Woraus die rechtliche Unzulässigkeit einer Rückübertragung von Hoheitsrechten folgt, wird jedoch nicht dargelegt. Die Neuzuordnung erfolgt seiner Ansicht nach nicht durch die Zuweisung von Organzuständigkeiten unmittelbar an die innerstaatlichen Gesetzgebungskörperschaften und Behörden i. S. einer Organleihe, sondern durch Delegation von Gliedkompetenzen an die Mitgliedstaaten, die im eigenen Namen tätig werden[18]. Eine Organleihe sei deshalb ausgeschlossen, weil den Gemeinschaften nicht die Kompetenz eingeräumt worden sei, im einzelnen die Ausführungsorgane zu bestimmen. Der Vertrag sehe keine Ermächtigung für die Gemeinschaftsorgane vor, in die Staats- und Verwaltungsorganisation der Mitgliedstaaten durch Benennung eines nationalen Organs zur Vornahme legislativer Ausführungsakte einzugreifen[19]. Demnach handelten die nationalen Organe bei der rechtsetzenden Durchführung von Gemeinschaftsrecht aufgrund gemeinschaftsrechtlicher Befugnisse; ihre konkrete Zuständigkeit bestimmte sich jedoch nach innerstaatlichem Recht. Im Ergebnis ließe sich auch nach dieser Ansicht keine Erlaubnis der Gemeinschaftsorgane zur Bestimmung der nationalen Stellen zur Ausführung von Gemeinschaftsrecht herleiten.

Auch wenn *Bünten* durch eine Einschränkung der Delegationsbefugnis zu dem Schluß kommt, die Gemeinschaften könnten nicht in den Staatsaufbau der Mitgliedstaaten eingreifen, muß seiner Ansicht widersprochen werden. Es war im zweiten Teil der vorliegenden Untersuchung festgestellt worden, daß die Staaten nur auf die aktuelle Ausschließlichkeit ihrer Hoheitsgewalt verzichtet haben; ihnen bleibt also die potentielle Ausschließlichkeit erhalten. Dies bedeutet, daß ihr rechtliches Können, Hoheitsgewalt auszuüben, nicht beeinträchtigt ist. Daher können sie sich, wenn sie das Gemeinschaftsrecht rechtsetzend durchführen, auf die ihnen verbliebene staatliche Gewalt stützen, weshalb für eine Delegation durch die Gemeinschaften kein Raum bleibt. Die innerstaatlichen Stellen handeln bei der legislativen Durchführung demnach nicht aufgrund von Gemeinschaftsrecht, sondern kraft staatlichen Rechts.

Da der Staat gesetzgeberische Maßnahmen wegen der ihm verbliebenen potentiellen Allzuständigkeit auch selbst hätte treffen können, kann nicht angenommen werden, die Ausführungsvorschriften beruhten auf einer gemeinschaftsrechtlichen Ermächtigung[20]. Es handelt sich bei

---

[17] Ebd., S. 115.

[18] Ebd., S. 115 f. Bei *Magiera*, S. 635 f., bleibt unklar, ob er eine Delegation für möglich hält; eine Organleihe lehnt auch er ab.

[19] *Bünten*, S. 126.

den Rechtsakten der Gemeinschaften, die eine legislative Ausführung durch die Staaten vorsehen, vielmehr um eine Anweisung an die Mitgliedstaaten, von ihrer Hoheitsmacht im Gemeinschaftsinteresse Gebrauch zu machen. Sie bedeuten eine Verpflichtung der Staaten, die ihnen verbliebenen Hoheitsrechte in der vorgesehenen Weise auszuüben[21].

Demnach sind die gesetzgeberischen Maßnahmen, die aufgrund eines Gemeinschaftsrechtsaktes ergehen, ausschließlich nationale Rechtsnormen, deren Geltungsgrund nicht im Gemeinschaftsrecht liegt. Beachten die staatlichen Rechtsetzungsorgane die gemeinschaftsrechtliche Verpflichtung nicht, so führt dies nicht zur Nichtigkeit oder Unanwendbarkeit der nationalen Vorschrift, sondern lediglich zur Verletzung der gemeinschaftsrechtlichen Verpflichtung[22].

Da die nationalen Stellen bei der rechtsetzenden Ausführung von Gemeinschaftsrecht aufgrund von Befugnissen handeln, die ihnen durch die innerstaatliche Rechtsordnung verliehen worden sind[23], muß auch für die Verteilung der Rechtsetzungskompetenzen zwischen Bund und Ländern bei der Ausführung von Gemeinschaftsrecht allein das Grundgesetz maßgebend sein, es sei denn, es ergäbe sich aus dem Gründungsvertrag die Befugnis der Gemeinschaften, in die innerstaatliche Zuständigkeitsverteilung eingreifen zu dürfen.

II. Ermächtigung zum Eingriff in staatliche Befugnisse

Auch wenn festgestellt werden konnte, daß sich die Befugnisse zur rechtsetzenden Durchführung aus dem staatlichen Recht herleiten, so schließt das nicht aus, daß die Gründungsstaaten auf die Wahrnehmung ihrer Kompetenzen verzichtet und den Gemeinschaften Eingriffsbefugnisse in ihren Staatsaufbau eingeräumt haben. Dann müßte dieser Verzicht gemeinschaftsvertraglich geregelt sein.

1. Ausdrückliche Regelung in den Gründungsverträgen

In den Gemeinschaftsverträgen findet sich keine ausdrückliche Regelung über die Zuständigkeit für die Ausführung von Gemeinschafts-

---

[20] *Birke*, S. 119; *Emrich*, S. 68, m. w. N. in Fn. 196; *Magiera*, S. 635, m. w. N. in Fn. 60; *Spelten*, S. 68; *Weber*, S. 97.

[21] *Birke*, S. 119, m. w. N. in Fn. 64; *Bünten*, S. 147, m. w. N. in Fn. 118; *Ipsen*, Europarecht, S. 455, 21/21; *Spelten*, S. 68; *Weber*, S. 97 m. Fn. 452.

[22] *Emrich*, S. 69.

[23] *Beutler* u. a., S. 67 f.; *Ipsen*, Europarecht, S. 857, 47/37; *Pestalozza*, S. 717, l. Sp.; *Rupp*, Kontrolle, S. 2154, r. Sp.; *Schmitz*, S. 35; *Schwaiger*, Grundrechtsschutz, S. 977, r. Sp.; *Wagner*, Grundbegriffe, S. 332.

recht. Art. 88 EWGV nimmt nur allgemein auf die Behörden der Mitgliedstaaten Bezug. Damit wird nicht festgelegt, welches konkrete Organ zur rechtsetzenden Durchführung von Gemeinschaftsrecht befugt sein soll. Auch die in den Einzelermächtigungen enthaltenen Befugnisse zu einer materiellen Regelung lassen nicht ohne weiteres den Schluß auf die Befugnis zur Benennung von Ausführungsorganen zu[24]. Nur wenn der Wortlaut der Ermächtigung Anhaltspunkte enthielte, könnte eine Ermächtigung zur Bestimmung der Ausführungsorgane in Erwägung gezogen werden.

In den Bestimmungen des EWGV sind jedoch derartige Anhaltspunkte nicht enthalten. Vielmehr sprechen einige Bestimmungen eher dafür, daß nicht nur die Maßnahmen zur Ausführung des Gemeinschaftsrechts aufgrund staatlicher Gewalt ergehen, sondern daß auch die Bestimmung der zuständigen Behörden sich ausschließlich nach den staatlichen Rechtsordnungen richtet: So könnte man aus der Bestimmung des Art. 189 III EWGV, der Wahl von Form und Mittel bei Ausführung der Gemeinschaftsrechtsakte dem mitgliedstaatlichen Recht überläßt, folgern, daß die Mitgliedstaaten auch frei seien, die zuständigen innerstaatlichen Stellen zu bestimmen[25]. Dieser Schluß aus Art. 189 III EWGV ist zwar nicht zwingend, da mit „Wahl von Form und Mittel" auch nur die gesetzgeberische Form im engeren Sinne, also formelles Gesetz, Rechtsverordnung und Allgemeine Verwaltungsvorschriften gemeint sein könnten. Jedoch spricht einiges dafür, daß, wenn schon die gesetzestechnische Form freigestellt ist, auch die Organe bestimmt werden können. Keinesfalls läßt sich aber aus der Praxis der Gemeinschaften, die zugestandene Wahlmöglichkeit der Staaten nach Art. 189 III EWGV einzuengen, umgekehrt schließen, daß damit das Gemeinschaftsrecht allein entscheiden könne, ob die Kompetenzaufteilung der nationalen Verfassungen beachtet werden müsse oder nicht[26].

Riegel zieht zur Begründung der These, das Gemeinschaftsrecht sei Richtschnur für die Zuständigkeitsverteilung zur innerstaatlichen rechtsetzenden Durchführung des Gemeinschaftsrechts[27], Art. 5 EWGV heran. Aus der in Art. 5 EWGV verankerten Gemeinschaftstreue ergebe sich, daß nur diejenige Ausführung gewählt werden dürfe, die den Gemeinschaftszielen am ehesten entspreche. Somit bliebe die innerstaat-

---

[24] *Holch,* S. 224; *Rengeling,* Verwaltungsvollzug, S. 222 (für Verwaltung); *ders.,* Rechtsgrundsätze, S. 33.

[25] *Daig,* in: Groeben / Boeckh / Thiesing, Art. 189, Anm. 4 C, S. 339; EuGH, Rs. 52 - 54/71, Slg. Rsp. Bd. XVII, 1107 (1116).

[26] So aber *Riegel,* Gliedstaatskompetenzen, S. 248, r. Sp.

[27] Ebd.

liche Zuständigkeitsverteilung wegen der Vorrangigkeit des Gemeinschaftsrechts unbeachtlich[28].

Diese Ansicht vermag jedoch in der vorgetragenen Pauschalität nicht zu überzeugen: Einmal läßt sich aus Art. 5 EWGV nicht ohne weiteres ein Vorrang des Gemeinschaftsrechts gegenüber dem Staatsrecht herleiten; ob gemeinschaftsrechtliche Normen überhaupt in der Lage sind, eine Vorrangstellung des Europarechts gegenüber dem Recht der Mitgliedstaaten zu begründen, ist ohnehin zweifelhaft[29]. Zum anderen ergibt sich aus Art. 5 EWGV auch nicht, daß das Gemeinschaftsrecht in den mitgliedstaatlichen Zuständigkeitsaufbau eingreifen darf; Art. 5 EWGV ist keine Kompetenznorm. Auch läßt sich dieser Vorschrift nicht entnehmen, daß dann, wenn es der Erreichung der Gemeinschaftsziele am besten entspräche, die innerstaatliche Kompetenzverteilung überspielt werden könnte. Unter welchen Voraussetzungen das Gemeinschaftsrecht die Inanspruchnahme ungeschriebener Kompetenzen gestattet, wird nachfolgend behandelt. Vielmehr spricht Art. 5 EWGV, indem er die Beachtung der Gemeinschaftsbelange fordert, eher dafür, daß die Staaten für die rechtsetzende Durchführung selbst zu sorgen haben, denn andernfalls wäre diese Verpflichtung unnötig[30].

Da eine vertragliche Zuweisung der Befugnis, die innerstaatlichen Stellen für die rechtsetzende Durchführung des Gemeinschaftsrechts bestimmen zu dürfen, fehlt, geht die überwiegende Ansicht in Rechtsprechung und Literatur davon aus, daß die Festlegung des Rechtsetzungsorgans zur Ausführung von Gemeinschaftsrecht den Staaten überlassen bleibt[31].

2. *Befugniszuweisung durch implied powers*

Obwohl eine audsrückliche Zuweisungsnorm im Gemeinschaftsrecht fehlt, könnte eine Zuständigkeit der Gemeinschaften zur Bestimmung nationaler Behörden für die rechtsetzende Durchführung von Gemeinschaftsrecht aus im Primärrecht enthaltenen stillschweigenden Kompetenzen hergeleitet werden.

---

[28] Ebd., S. 249, l. Sp.

[29] Siehe hierzu oben, II. Teil 3. Abschn. vor A.

[30] *Rengeling*, Verwaltungsvollzug, S. 227 (Verwaltung); *ders.*, Rechtsgrundsätze, S. 33.

[31] z. B. EuGH, Rs. 51 - 54/71, Slg. Rsp. Bd. XVII, 1107 (1116). *Birke*, S. 118, m. w. N. in Fn. 41; *Beutler* u. a., S. 68; im Ergebnis auch *Bünten*, S. 153 f., 159, m. w. N. S. 154, Fn. 150, 151; *Constantinesco*, S. 622, Rdn. 553, 554, unklar S. 624, Rdn. 555; *Daig*, in: Groeben / Boeckh / Thiesing, Art. 189, Anm. 4 C, S. 339; *Holch*, S. 225; *Ipsen*, Europarecht, S. 444, 20/59; *Magiera*, S. 629, m. w. N. S. 636 f., Fn. 38; *Rengeling*, Verwaltungsvollzug, S. 217; *Scheuning*, S. 148, r. Sp.; *Schmitz*, S. 38; *Spelten*, S. 69 f.; *Zuleeg*, Recht, S. 315; a. A. *Riegel*, Gliedstaatskompetenzen, S. 249, l. Sp.

Daß stillschweigende Befugnisse trotz der Lückenklausel des Art. 235 EWGV im Gemeinschaftsrecht Anwendung finden, ist inzwischen wohl allgemein anerkannt[32]. Zur Begründung muß hier auf die einschlägigen vertiefenden Untersuchungen verwiesen werden[33]. Allerdings ist auch in diesem Zusammenhang hervorzuheben, daß nicht sämtliche bekannten Arten der stillschweigenden Befugnisse (implied powers i. e. S., implied powers i. w. S., resulting powers) im Gemeinschaftsrecht anerkannt werden können:

Weil bereits die Lückenklausel des Art. 235 EWGV den Gemeinschaftsorganen die zur Verwirklichung der Gemeinschaftsziele erforderlichen Befugnisse dann gewährt, wenn die notwendigen Kompetenzen im Vertrag nicht vorgesehen sind, können im Gemeinschaftsrecht keine implied powers anerkannt werden, deren Anknüpfungspunkte und Ableitungsmethode mit denen des Art. 235 EWGV übereinstimmen. Art. 235 EWGV gewährt wegen der Erforderlichkeit von Kompetenzen zur Verwirklichung der Gemeinschaftsziele, insbesondere der in Art. 2 u. 3 EWGV aufgestellten Grundsätze, die notwendigen Befugnisse mittels des teleologischen Schlusses vom Zweck auf die Mittel[34]. Anknüpfungspunkte sind demnach die Gemeinschaftsziele; die Methode ist die des interpretatorischen Schlusses vom Zweck auf die Mittel[35].

Stillschweigende Befugnisse, die auch an bestimmte Aufgaben und Zielzuweisungen anknüpfen (implied powers i. w. S. oder Zielkompetenzen) und hieraus auf die zur Erreichung der Ziele notwendigen Mittel schließen[36], also sich ebenfalls des interpretatorischen Schlusses vom Zweck einer Norm auf die zu ihrer Realisierung erforderlichen Mittel bedienen, werden bereits von Art. 235 EWGV erfaßt und sind deshalb unzulässig[37].

Anderes gilt jedoch für jene Befugnisse, deren Anknüpfungsnormen ausdrückliche Kompetenzzuweisungen sind (implied powers i. e. S., Hilfskompetenzen). Sie gehen davon aus, daß mit der ausdrücklichen

---

[32] *Becker*, S. 17; *Beutler* u. a., S. 66; *Constantinesco*, S. 282, Rdn. 200; *Gericke*, S. 116; *Haedrich / Ehring*, in: Groeben / Boeckh / Thiesing, Art. 145, Anm. II 2, S. 77, Art. 235, Anm. III 3, S. 773 f.; *Ipsen*, Europarecht, S. 436, 20/44; *Nicolaysen*, Theorie, S. 132; *ders.*, Gemeinschaftsrecht, S. 44; *Peruzzo*, S. 130; *Rabe*, S. 139 f.; *Rengeling*, Verwaltungsvollzug, S. 220; *Schweitzer / Hummer*, S. 169; *Strohmaier*, S. 132; *Zuleeg*, Recht, S. 107.

[33] Vgl. etwa *Peruzzo*, S. 112 ff. und *Strohmaier*, S. 1 ff.

[34] *Nicolaysen*, Theorie, S. 133 ff.; *Strohmaier*, S. 105, 135.

[35] *Constantinesco*, S. 273, Rdn. 189, S. 282, Rdn. 200; *Gericke*, S. 114 f.; *Ipsen*, Europarecht, S. 433, 20/40; *Nicolaysen*, Theorie, S. 132; *Strohmaier*, S. 105, 132.

[36] *Strohmaier*, S. 109.

[37] *Gericke*, S. 114 f.; *Strohmaier*, S. 132 und mit unterschiedlicher Begründung die wohl h. M.: *Constantinesco*, S. 282, Rdn. 200; *Ipsen*, Europarecht, S. 436, 20/44; *Nicolaysen*, Theorie, S. 132; *Rabe*, S. 425 ff.

Zuweisung auch die Verwirklichung der Kompetenzen gewollt sei. Deshalb werden diejenigen Kompetenzen als miteinbegriffen betrachtet, ohne die eine Ausübung der ausdrücklichen Kompetenzen nicht möglich wäre. Da sie zwar wegen der gleichen Ableitungsmethode eine funktionelle Verwandtschaft zu den von Art. 235 EWGV erfaßten Befugnissen aufweisen, aber andere Anknüpfungspunkte als diese haben, werden diese „Hilfskompetenzen" nicht bereits von Art. 235 EWGV abgedeckt und sind deshalb neben dieser Norm im Gemeinschaftsrecht anwendbar[38].

Die Anwendbarkeit von „resulting powers" oder „Kompetenzen kraft Natur der Sache" im Gemeinschaftsrecht[39] ist zweifelhaft. Befugnisse kraft Natur der Sache (resulting powers) werden über die Feststellung verfassungsausgestaltender Grundentscheidungen als Obersatz aus einzelnen Verfassungsentscheidungen abgeleitet. Demnach wird der Obersatz durch Rechtsanalogie entwickelt. Aus diesem Obersatz leitet man dann mittels Deduktion die einzelnen Befugnisse her. Obwohl zwischen resulting powers und Art. 235 EWGV hinsichtlich der Anknüpfungspunkte und der Ableitungsmethode keine Identität besteht, sprechen gegen ihre Anwendung im Gemeinschaftsrecht andere Gründe. Sinn der begrenzten Einzelermächtigung und des Art. 235 EWGV ist die Erhaltung des in Art. 235 EWGV vorgesehenen Verfahrens. Dem widerspräche es, wollte man Befugnisse anerkennen, die nur durch einen rechtsanalogen Schluß aus vertraglichen Grundentscheidungen abgeleitet werden, also ungeschrieben und nicht mitgeschrieben sind[40]. Demnach kann im Gemeinschaftsrecht nicht auf „resulting powers" zurückgegriffen werden[41]. Soweit daher *Riegel* die Gemeinschaftsziele heranzieht, um eine Befugnis der Gemeinschaftsorgane zum Eingriff in die innerstaatliche Zuständigkeitsverteilung mit der Notwendigkeit zur Zielerfüllung zu begründen[42], stützt er sich der Sache nach auf implied powers i. w. S. Da derartige Kompetenzerweiterungen bereits durch die Lückenklausel des Art. 235 EWGV erfaßt werden, ist sein Vorgehen unzulässig. Aus der Notwendigkeit, die Ziele der Gemeinschaften bestmöglichst zu verwirklichen, kann keine Kompetenz zum Eingriff in die innerstaatliche Zuständigkeitsverteilung abgeleitet werden.

Jedoch könnte, da das Gemeinschaftsrecht ihre Anwendung neben Art. 235 EWGV zuläßt, eine Zuständigkeit der Gemeinschaftsorgane

[38] Mit unterschiedlicher Begründung: *Becker*, S. 81 (implizit); *Beutler* u. a., S. 66; *Bleckmann*, Europarecht, S. 116; *Constantinesco*, S. 282, Rdn. 200; *Gericke*, S. 116; *Ipsen*, Europarecht, S. 436, 20/44; *Nicolaysen*, Theorie, S. 136; *ders.*, Gemeinschaftsrecht, S. 44.

[39] Vgl. *Gericke*, S. 114.

[40] Vgl. ebd.

[41] *Glaesner*, S. 657; *Rabe*, S. 156 f.; *Strohmaier*, S. 140.

[42] *Riegel*, Gliedstaatskompetenzen, S. 248 f.

zur Bestimmung von nationalen Behörden zur Ausführung des Gemeinschaftsrechts aus stillschweigenden Kompetenzen in Form der implied powers i. e. S. hergeleitet werden. Wie bereits festgestellt, steht die Bestimmung der für die rechtsetzende Durchführung des Gemeinschaftsrechts zuständigen Stellen im allgemeinen den Mitgliedstaaten zu. Eine Abweichung von diesem Grundsatz wäre nur dann möglich, wenn die Voraussetzungen der implied powers i. e. S. vorlägen. Dann müßte jeweils im Einzelfall festgestellt werden, ob die vollständige und wirksame Ausübung einer ausdrücklich zugewiesenen Kompetenz die Bestimmung der ausführenden nationalen Stelle erforderte. Generell eine Erforderlichkeit anzunehmen, ist unzulässig. Nur dann, wenn die Mitgliedstaaten nicht in der Lage wären, selbst für die rechtsetzende Durchführung des Gemeinschaftsrechts zu sorgen, wofür jedoch keine Anhaltspunkte vorliegen, könnte einmal die Erforderlichkeit bejaht werden. Meist ist das innerstaatliche Recht sogar viel eher in der Lage, die geeignete Ausführungsbehörde auszuwählen als die Gemeinschaftsorgane. Eine allgemeine Befugnis der Gemeinschaftsorgane, die innerstaatlichen Organe zur rechtsetzenden Durchführung des Gemeinschaftsrechts selbst zu bestimmen, ist auch aus stillschweigenden Befugnissen i. S. der implied powers i. e. S. nicht ableitbar. Nur ausnahmsweise könnte eine Ausnahme von dem Grundsatz, daß die Mitgliedstaaten selbst zur Zuständigkeitsverteilung befugt seien, angenommen werden, nämlich dann, wenn im Einzelfall der Nachweis erbracht werden kann, daß zur Erfüllung einer ausdrücklich zugewiesenen Gemeinschaftskompetenz die Bestimmung der innerstaatlichen Stelle zur rechtsetzenden Durchführung des Gemeinschaftsrechts durch die Gemeinschaftsorgane erforderlich ist.

III. Ergebnis

Somit läßt sich weder aus einer Delegation von Gemeinschaftskompetenzen eine eigene Befugnis der Gemeinschaftsorgane zur Bestimmung der nationalen Durchführungsbehörden, noch aus einer ausdrücklichen oder stillschweigenden Ermächtigung des Primärrechts eine Gemeinschaftskompetenz zum Eingriff in mitgliedstaatliche Befugnisse, nämlich in die Durchführungsorganisation der Mitgliedstaaten, ableiten. Mangels gemeinschaftsrechtlicher Ermächtigungsgrundlage können von den Gemeinschaftsorganen keine nationalen Stellen zur Ausführung des Gemeinschaftsrechts bestimmt werden. Da die mitgliedstaatlichen Stellen bei der Ausführung des Gemeinschaftsrechts aufgrund von Befugnissen handeln, die ihnen durch die innerstaatlichen Rechtsordnungen verliehen worden sind und die Gemeinschaftsorgane in diese Befugnisse nicht eingreifen dürfen, ist auch zwischen Bund und Ländern von der im Grundgesetz vorgesehenen Zuständigkeitsverteilung auszugehen[43].

B. Regelung der Ausführungskompetenz bei Gemeinschaftsrechtsakten im Grundgesetz

Es herrscht zwar weitgehend Einigkeit darüber, daß allein das Grundgesetz bestimmen kann, ob Bund oder Länder zur Ausführung des Gemeinschaftsrechts befugt sind. Streitig ist jedoch geblieben, wem nach dem Grundgesetz die Kompetenz zusteht. Bei den Durchführungsmaßnahmen zum Sekundärrecht, soweit eine rechtsetzende Durchführung verlangt wird, handelt es sich zumeist um den Erlaß deutscher Gesetze. Somit ist von der Zuständigkeitsverteilung des Art. 70 GG auszugehen. Nach Art. 70 I GG sind die Länder zur Gesetzgebung zuständig, soweit nicht das Grundgesetz dem Bund die Gesetzgebungsbefugnis verleiht. Demnach ist der Bund zur rechtsetzenden Durchführung des Gemeinschaftsrechts befugt, wenn das Grundgesetz hierfür eine Ausnahme vom Grundsatz des Art. 30 GG vorsieht. Sollte sich dem Grundgesetz keine abweichende Regelung entnehmen lassen, bleiben die Länder zuständig[44]. Demnach besitzt der Bund dann die Durchführungskompetenz, wenn ihm das Grundgesetz ausdrücklich oder stillschweigend eine derartige Kompetenz zuweist.

I. Ausdrückliche Regelung im Grundgesetz

Ob die Befugnis zur rechtsetzenden Durchführung von Gemeinschaftsrecht dem Bund oder den Ländern zusteht, ist ausdrücklich im Grundgesetz nicht geregelt. Um eine lückenlose Zuständigkeit des Bundes zu begründen, könnte erwogen werden, den Begriff „Recht der Wirtschaft" in Art. 74 Ziff. 11 GG weit auszulegen. Ein derartiges Vorgehen scheitert jedoch daran, daß mit dieser Auslegung die Einrichtung des Zuständigkeitskataloges ad absurdum geführt würde[45].

Bis jetzt ist explizit selbst über die Transformationskompetenz bei völkerrechtlichen Verträgen nichts in der Verfassung festgelegt. Art. 24 I GG erlaubte zwar, zur Errichtung der Europäischen Gemeinschaften nach außen auf die Ausübung von Hoheitsgewalt zu verzichten, Gemeinschaftsgewalt anzuerkennen und einen Gründungsvertrag zu schließen;

---

[43] *Birke*, S. 118, 119; *Beutler* u. a., S. 68; *Daig*, in: Groeben / Boeckh / Thiesing, Art. 189, Anm. 4 C, S. 339; *Magiera*, S. 629, 637; *Spelten*, S. 68; im Ergebnis ebenso *Bünten*, S. 126, 154, 159 und *Constantinesco*, S. 622, Rdn. 553 f.; a. A. *Riegel*, Gliedstaatskompetenzen, S. 248 f.

[44] *Magiera*, S. 636.

[45] *Zuleeg*, Recht, S. 315 f.

er enthält aber nichts über die Durchführungsbefugnis hinsichtlich des Sekundärrechts. Art. 32 GG verleiht zwar dem Bund die Abschlußkompetenz bei völkerrechtlichen Verträgen, wovon bei einer Auslegung auf dem Hintergrund der Völkerrechtsfreundlichkeit im Rahmen des Art. 32 III GG auch Verträge über Ländergesetzgebungsbereiche erfaßt werden, macht aber, jedenfalls in seiner geltenden Fassung, keine Angaben über die Befugnis zum Vollzug[46].

Erhielte Art. 32 GG die von der Enquête-Kommission zu Art. 32 III GG vorgeschlagene Fassung, so wären nach Satz drei die Länder zum Vollzug der in ihren innerstaatlichen Kompetenzbereich fallenden Verträge verpflichtet[47], Abschluß- und Innenkompetenz fielen auseinander. Da jedoch im Fall einer gesetzlichen Verwirklichung des Vorschlages auch mit der Neufassung des Art. 32 GG das Gemeinschaftsrecht wegen seiner Besonderheiten gegenüber dem Allgemeinen Völkerrecht von der Vorschrift nicht erfaßt wäre, käme nur eine analoge Anwendung in Betracht. Inwieweit eine entsprechende Anwendung des Art. 32 GG dann auf die Durchführungskompetenz beim Gemeinschaftsrecht möglich wäre, beurteilt sich nach den gleichen rechtlichen Gesichtspunkten wie die Analogie des Art. 32 III GG in bezug auf die Mitwirkungskompetenz bei der Beschlußfassung im Rat[48]. Die Ansicht von *Riegel*[49], daß eine Vergleichbarkeit der Sachverhalte schon deshalb nicht gegeben sei, weil materielle Abschlußgrundlage der Gemeinschaftsverträge nicht Art. 32 GG, sondern Art. 24 I GG sei, ist nicht zutreffend, da es nicht um die rechtsetzende Durchführung der Verträge, sondern um die Ausführung von Sekundärrecht geht.

Es bleibt festzuhalten, daß sich weder im geltenden Verfassungsrecht der Bundesrepublik noch nach einer Änderung des Art. 32 GG i. S. des Vorschlags der Enquête-Kommission eine ausdrückliche Bestimmung über die Zuständigkeit zur rechtsetzenden Durchführung des Gemeinschaftsrechts findet.

II. Stillschweigende Regelung im Grundgesetz

Da das Grundgesetz explizit nichts über die Befugnis zur rechtsetzenden Durchführung des Gemeinschaftsrechts enthält, kommt allenfalls eine stillschweigende Regelung in Betracht. Der Bund ist zur rechtsetzenden Durchführung des Gemeinschaftsrechts befugt, sofern

---

[46] *Riegel*, Gliedstaatskompetenzen, S. 247, l. Sp.

[47] Enquête-Kommission Verfassungsreform, BT-Drucks. 7/5924, S. 229, l. Sp.

[48] Siehe oben, III. Teil 2. Abschn. A. II. 2.

[49] *Riegel*, Gliedstaatskompetenzen, S. 250, l. Sp.

sich eine derartige Kompetenz aus ungeschriebenem Verfassungsrecht ergibt. Dies ist dann der Fall, wenn die Befugnis zur Ausführung des Gemeinschaftsrechts Teil der in Art. 24 I GG verankerten „Integrationsgewalt“ ist, sich aus Art. 24 I GG mittels der implied powers Lehre eine Kompetenz des Bundes begründen ließe oder aus der Mitwirkungsbefugnis des Bundes an der Setzung von Sekundärrecht nach Art. 32 III GG analog eine Erlaubnis zur rechtsetzenden Durchführung dieses Rechts abzuleiten wäre.

1. Erstreckung der „Integrationsgewalt“ des Bundes auf die Befugnis zur Ausführung des Sekundärrechts

Fällt die Befugnis zur rechtsetzenden Durchführung des Gemeinschaftsrechts unter die in Art. 24 I GG dem Bund zugewiesene Kompetenz, Maßnahmen zur Schaffung eines Entfaltungsraumes für die Gemeinschaftsgewalt zu ergreifen, ist bereits aus diesem Grund den Ländern jede Mitwirkung bei der rechtsetzenden Durchführung des Gemeinschaftsrechts verwehrt.

Birke geht davon aus, daß der für die „Übertragung“ von Hoheitsrechten auf supranationale Organisationen maßgebende Art. 24 I GG Rückschlüsse auf die innerstaatliche Zuständigkeitsverteilung bei der Ausführung von Gemeinschaftsrecht zulasse. Er nimmt an, die Frage, wer innerstaatlich zur rechtsetzenden Durchführung des Gemeinschaftsrechts zuständig sei, könne losgelöst von dem Streit über die Auslegung der Bestimmungen, die allgemein die völkerrechtliche Vertragsgewalt von Bund und Ländern regeln, beantwortet werden[50]. Seiner Ansicht nach hat sich die Ausübung der „Integrationsgewalt“ nicht mit Abschluß der Gründungsverträge erschöpft. Es sei lediglich ein Prozeß eingeleitet worden, der zur Ausbildung originärer Gemeinschaftsgewalt hinführen soll. Originäre Gemeinschaftsgewalt könne nicht durch einmalige „Übertragungserklärungen“ der Mitgliedstaaten entstehen; es bedürfe der ständigen Betätigung und Konkretisierung des im Grundsatz erklärten Verzichts auf die Ausschließlichkeit der Staatsgewalt[51]. Alle Maßnahmen, die der Konkretisierung des Ausschließlichkeitsverzichts dienten, seien als Maßnahmen, die die Ausbildung originärer Gemeinschaftsgewalt förderten, nicht der Regelungsmacht der Länder unterworfen, auch wenn die Länder nach innerstaatlichem Recht zuständig seien, da mit dem Ausschließlichkeitsverzicht die Verfassung des Gesamtstaates berührt werde[52]. Unter diesen Voraussetzungen hängt bei der rechtsetzenden Durchführung von Gemein-

---

[50] *Birke*, S. 121 ff.

[51] Ebd., S. 121.

[52] Ebd.

schaftsrecht die Zuständigkeit davon ab, ob die an die Mitgliedstaaten gerichteten Entscheidungen und Richtlinien originäre Gemeinschaftsrechtsakte und damit mit einem Ausschließlichkeitsverzicht verbunden sind[53]. Geht man davon aus, daß die Gemeinschaften auch mit Richtlinien und an Staaten gerichtete Entscheidungen unmittelbar wirksame Rechtsakte erlassen können[54], hätten die Mitgliedstaaten in den Bereichen, die von diesen Rechtsetzungsformen geregelt werden können, generell auf die Ausschließlichkeit ihrer Staatsgewalt verzichtet. Da dieser Verzicht nach *Birke* durch die Ausführungsvorschriften jeweils konkretisiert wird, ist es nach seinem Ausgangspunkt konsequent, wenn er annimmt, daß es sich um eine Aufgabe handele, die allein der Bund wahrnehmen könne[55].

Die Ansicht *Birkes* trifft nur dann zu, wenn Art. 24 I GG zu entnehmen ist, daß sich die „Integrationsgewalt" des Bundes auch auf die Durchführung des Gemeinschaftsrechts erstreckt. *Birke* kann zugestimmt werden, soweit er die Funktion des Art. 24 I GG darin erblickt, die Entfaltung der originären Gemeinschaftsgewalt u. a. durch Verzicht des Bundes auf Ausschließlichkeit der Bundes- und Länderhoheitsgewalt zu ermöglichen. Soweit er jedoch davon ausgeht, daß sich die „Integrationsgewalt" des Bundes auch auf rechtsetzende Durchführungsmaßnahmen des Gemeinschaftsrechts erstrecke, könnte ihm hierin nur gefolgt werden, wenn es sich bei den Ausführungsgesetzen um Vorschriften handelte, die zur Ausbildung der originären Hoheitsgewalt beitrügen. *Birkes* Auffassung liegt die Annahme zugrunde, die Schaffung von originärer Gewalt sei ein länger andauernder Prozeß, der mit jedem Erlaß einer Durchführungsbestimmung weiter vorangetrieben werde. Der Bund hat von der ihm in Art. 24 I GG erteilten Befugnis, durch den Gründungsvertrag und die innerstaatlichen Maßnahmen in Form des Admittationsgesetzes die tatsächlichen Voraussetzungen für die Entfaltung originärer Gemeinschaftsgewalt zu schaffen, Gebrauch gemacht. Die Gemeinschaften haben diesen Entfaltungsraum genutzt und unangefochten eigenes Recht gesetzt und durchgesetzt; also ist das Gemeinschaftsrecht als originäre und effektive Rechtsordnung bereits mit der ersten eigenen Rechtshandlung entstanden. Demnach ist die Vorstellung, daß sich die originäre Gemeinschaftsgewalt erst in einem länger andauernden Prozeß durch „Konkretisierung" bilde, indem immer wieder „Integrationsgewalt" durch Erklärung des Ausschließlichkeitsverzichts betätigt werde, unzutreffend. Die „Integrationsgewalt", verstanden als die Erlaubnis, den Entfaltungsraum für

[53] Ebd., S. 122.

[54] So der EuGH, in Rs. 9/70, in EuR 1971, S. 31 ff. (36) und in Rs. 51/76, Slg. Rsp. 1977, 113 (126 f.).

[55] *Birke*, S. 125.

originäre Gemeinschaftsgewalt zu schaffen, hat sich mit dem Vollzug der Maßnahmen nach Art. 24 I GG erschöpft. Da es keiner weiteren Maßnahmen seitens der Staaten bedarf, um Gemeinschaftsgewalt entstehen zu lassen, können die Ausführungsvorschriften auch nicht als „Integrationsmaßnahmen" angesehen werden, zu deren Vornahme allein der Bund nach Art. 24 I GG befugt wäre.

2. Ausführungskompetenz als mitgeschriebene Zuständigkeit aus Art. 24 I GG

Wie von der h. M. angenommen wird und auch als das Ergebnis der eigenen Untersuchung bestätigt werden konnte[56], hat der Bund das Recht, die Voraussetzungen zur Entfaltung von Gemeinschaftsgewalt zu schaffen und zu diesem Zweck auch auf die Ausübung von Länderhoheitsrechten zu verzichten, die Gemeinschaftsgewalt anzuerkennen und den Gründungsvertrag abzuschließen. Aus der Tatsache, daß dies dem Bund nach Art. 24 I GG gestattet ist, wird gefolgert, daß sich insbesondere aus Art. 24 I GG ableiten lasse, der Bund dürfe Gemeinschaftsrecht, selbst wenn dieses Sachgebiete berührte, die normalerweise in die ausschließliche Zuständigkeit der Länder fielen, auch ausführen[57]. Wenn es dem Bund gestattet sei, gemeinschaftsrechtliche Verpflichtungen einzugehen, so müsse er auch befugt sein, die Handlungen vorzunehmen, die zu deren Erfüllung notwendig seien[58]. Deshalb enthalte Art. 24 I GG auch implizit die Kompetenz zur Ausführung des Gemeinschaftsrechts.

Bei den Autoren, welche aus Art. 24 I GG eine stillschweigende Befugnis des Bundes zur Durchführung des Gemeinschaftsrechts herleiten, bleibt zumeist unklar, von welcher Funktion des Art. 24 I GG ausgegangen wird. Dies hat zur Folge, daß Befugnis zur „Mitwirkung" bei der Gewaltentstehung und Beteiligung bei der Durchführung von Akten der neuen Gewalt miteinander vermengt und verwechselt werden. Zwischen beiden ist jedoch klar zu trennen: Art. 24 I GG soll die Entfaltung originärer und effektiver Gemeinschaftsgewalt ermöglichen. Hierzu gestattet er dem Bund, die mehrfach beschriebenen Maßnahmen vorzunehmen.

Ist dies geschehen und ist die neue Gemeinschaftsgewalt als unabgeleitete tätig geworden, *existiert eine originäre und effektive Gemeinschaftsrechtsordnung; die Funktion des Art. 24 I GG ist erschöpft.* Die

[56] Siehe oben, II. Teil 4. Abschn. C.

[57] *Dehousse*, S. 5/6; *Glaesner*, Landesbericht, S. 8, zit. nach *Birke*, S. 120. Erwogen bei *Magiera*, S. 636; *Riegel*, Überlegungen, S. 87; *Wagner*, Grundbegriffe, S. 219.

[58] *Riegel*, Überlegungen, S. 87.

innerstaatliche Durchführung dient nicht der Schaffung von Hoheitsgewalt, sondern erfüllt Akte bereits existierender Gemeinschaftsgewalt[59]. Damit wird sekundäres Gemeinschaftsrecht angewendet, also einer gemeinschaftsrechtlichen Verpflichtung nachgekommen. Es handelt sich somit um zwei strukturell völlig verschiedene Ebenen: *Die Kompetenz zur Schaffung des Entfaltungsraumes für die Gemeinschaftsgewalt ist in Art. 24 I GG geregelt. Die Zuständigkeit zur Mitwirkung an der Begründung von gemeinschaftsrechtlichen Verpflichtungen (Richtlinien und an Staaten gerichtete Entscheidungen) bestimmt sich nach Art. 32 GG analog.* Demnach kann, da Art. 24 I GG bei der Frage nach der Beteiligung an der Setzung des Sekundärrechts nicht herangezogen werden darf, auch eine stillschweigende Kompetenz zur Erfüllung der gemeinschaftsrechtlichen Verpflichtung nicht an diese Norm anknüpfen.

Selbst wenn man der Auffassung ist, die Befugnis zur Mitwirkung bei der Beschlußfassung ergebe sich aus Art. 24 I GG, könnte nur dann eine Befugnis des Bundes zur Durchführung des Gemeinschaftsrechts angenommen werden, sofern sich das Vorliegen der Voraussetzungen der Kompetenzen kraft Sachzusammenhangs oder kraft Natur der Sache im einzelnen nachweisen ließe[60]. Ob zur Erfüllung der Mitwirkungsbefugnis bei der Beschlußfassung im Rat überhaupt die Inanspruchnahme der Kompetenz zur rechtsetzenden Durchführung notwendig ist, wird im folgenden näher untersucht.

3. Ableitung der Befugnis zur rechtsetzenden Durchführung des Gemeinschaftsrechts aus der Kompetenz des Bundes zur Mitwirkung bei der Beschlußfassung

Wie bereits festgestellt[61], leitet sich die Befugnis des Bundes, auch auf den den Ländergesetzgebungskompetenzen unterfallenden Gebieten, an der Setzung von Sekundärrecht der Gemeinschaften mitwirken zu dürfen, aus Art. 32 III GG analog her. Es liegt nahe, von dieser Mitwirkungskompetenz auf die Befugnis zur innerstaatlichen rechtsetzenden Durchführung des Sekundärrechts schließen zu wollen. So vertritt ein Teil der Lehre die Ansicht, daß sich teils neben Art. 24 I GG, teils ausschließlich aus der Kompetenz nach Art. 32 GG, auch eine umfassende Bundeskompetenz zur rechtsetzenden Durchführung des Gemeinschaftsrechts ergebe[62], wobei offenbleibt, ob die Kompetenz zum Abschluß des

---

[59] *Spelten*, S. 71.

[60] Ablehnend: *Spelten*, S. 71; *Weber*, S. 86; *Zuleeg*, Recht, S. 318, 330; a. A. *Riegel*, Überlegungen, S. 87.

[61] Siehe oben, III. Teil 2. Abschn. A.

[62] Referierend *Dehousse*, S. 6, l. Sp.; *Glaesner*, Landesbericht, S. 8, zit. nach *Birke*, S. 120, Fn. 66. Erwogen bei *Magiera*, S. 636; als Möglichkeit angedeutet bei *Schroeder*, S. 54; vgl. auch *Wagner*, Grundbegriffe, S. 219.

Gründungsvertrages oder zur Mitwirkung beim Erlaß des Sekundärrechts als Ausgangskompetenz gemeint ist. Die Autoren knüpfen an Erörterungen über Fragen an, die sich bei der Abschluß- und Erfüllungskompetenz von völkerrechtlichen Verträgen über Ländermaterien stellen. Auf die Problematik wurde bereits bei der Untersuchung, ob sich Art. 32 III GG auf die Mitwirkung an der Beschlußfassung in den Gemeinschaften analog anwenden läßt, hingewiesen. Die verschiedenen Auffassungen, die zur Abschlußkompetenz bei völkerrechtlichen Verträgen über ausschließliche Ländermaterien vertreten werden, dienen auch dazu, die jeweiligen Durchführungskompetenzen zu begründen.

Wie an anderer Stelle bereits dargelegt, ist die föderalistische Ansicht abzulehnen[63]. Soweit sich die Vertreter der zentralistischen Auffassung bei der Begründung einer Abschlußkompetenz des Bundes auf eine systematische Auslegung des Grundgesetzes stützen oder die Gefahr des Vertragsbruchs als Argument verwenden, kann ihnen aus den vorgetragenen Gründen nicht gefolgt werden. Die Annahme, der Bund sei zur Mitwirkung an der Gemeinschaftsrechtsetzung auch auf den, der Ländergesetzgebung unterfallenden Bereichen befugt, stützt sich vielmehr auf die Überlegung, daß der Grundsatz der offenen Staatlichkeit eine derartige Auslegung des Art. 32 III GG gebietet[63]. Mit der Begründung der Mitwirkungskompetenz des Bundes bei der Setzung von Sekundärrecht ist jedoch noch nicht nachgewiesen, daß er auch zur rechtsetzenden Durchführung im innerstaatlichen Bereich allein befugt ist.

Die zentralistische Ansicht, die *Glaesner*[64] und *Wagner*[65] auf das Europarecht übertragen, geht von der Prämisse aus, daß aus der Abschlußkompetenz die Durchführungskompetenz folge oder als stillschweigende Befugnis in der Abschlußkompetenz enthalten sei und der Bund deshalb auch bei der Durchführung nicht an die innerstaatlichen Zuständigkeiten gebunden sein könne[66]. Diese Auffassung hat unbestreitbar den Vorteil, daß keine Konflikte zwischen Abschluß- und Durchführungskompetenz entstehen. Damit wäre die Gefahr gebannt, daß der Bund durch Abschluß von völkerrechtlichen Verträgen, bzw. bei Übertragung auf das Gemeinschaftsrecht bei der Mitwirkung an Gemeinschaftsrechtsakten, ohne Erfüllungsmöglichkeiten in Schwierigkeiten kommt, da er z. B. der Gemeinschaft gegenüber auch für die Durchführung verantwortlich ist[67]. Allerdings ist im einzelnen zu un-

---

[63] Siehe oben, III. Teil 2. Abschn. A. II. 2. b).

[64] *Glaesner*, Landesbericht, S. 8, zit. nach *Birke*, S. 120, Fn. 66.

[65] *Wagner*, Grundbegriffe, S. 219.

[66] Bundesregierung in zwei Schreiben, wiedergegeben bei *Hirsch*, S. 70 f., 77; *Grewe*, S. 67 ff., 177, Leits. IV 3 c; *Menzel*, Gewalt, S. 206; *Scheuner*, S. 153; *Stein*, S. 27.

tersuchen, ob die Begründungen für die Annahme einer Kongruenz von Mitwirkungs- und Durchführungskompetenz zutreffend sind.

a) Begründung der Ausführungszuständigkeit aus Art. 73 Nr. 1 GG

Diejenigen Autoren, die die Zuständigkeit zur rechtsetzenden Durchführung völkerrechtlicher Verträge aus Art. 73 Nr. 1 GG zu begründen versuchen, argumentieren, der Vertragsschluß führe dazu, daß die hierin geregelten Materien als „auswärtige Angelegenheiten" i. S. von Art. 73 Nr. 1 GG angesehen werden müßten[68].

Allerdings spricht gegen diese Auffassung, daß es sich bei der Kompetenz in dieser Vorschrift um die notwendige Regelung der Befugnis für die Wahrnehmung der auswärtigen Angelegenheiten als selbständige Sachbereiche handelt; so z. B. hinsichtlich der auswärtigen Vertretung des Staates oder des Schutzes der Bundesbürger im Ausland. Wird dem Art. 73 Nr. 1 GG der Sinn gegeben, daß er alle Ausführungsmaßnahmen zu völkerrechtlichen Verträgen, bzw. dem Sekundärrecht ermögliche, so wären die Art. des Grundgesetzes, die die einzelnen Auslandsbeziehungen des Bundes regeln (Art. 73 Nr. 5, 74 Nr. 5, 74 Nr. 17, 105 I GG), überflüssig[69]. Zu Recht geht deshalb die überwiegende Ansicht dahin, daß mit den auswärtigen Angelegenheiten in Art. 73 Nr. 1 GG nicht diejenigen gemeint sein können, die der Bund für sich nach Art. 32 I GG in Anspruch nimmt[70]. Art. 73 Nr. 1 GG ist deshalb nicht geeignet, eine Kompetenz des Bundes zu rechtsetzender Durchführung des Gemeinschaftsrechts auch auf den den Ländern vorbehaltenen Bereichen zu begründen.

b) Herleitung der Kompetenz zu rechtsetzender Durchführung aus Art. 123 II und Art. 59 II S. 1 GG

Art. 123 II GG bezieht sich nur auf den Fortbestand der Transformationswirkung der Zustimmungsgesetze des Reichstages; daher können aus dieser Vorschrift keine Ausführungsbefugnisse des Bundes abgeleitet werden. Ebensowenig ist nach allgemeiner Meinung Art. 59 II S. 1 GG zu einer Ableitung von Durchführungskompetenzen auf Gebieten, die der Ländergesetzgebungskompetenz unterfallen, geeignet.

---

[67] Diese Vorteile sehen: *Magiera*, S. 636; *Schroeder*, S. 52; *Spelten*, S. 70; *Zuleeg*, Recht, S. 318.

[68] *Grewe*, S. 177, Leits. IV 3 c; *Kaufmann*, S. 59; *Menzel*, Gewalt, S. 179 f., 205 ff.; *Scheuner*, S. 152.

[69] *Bleckmann*, Grundgesetz, S. 205; *Mosler*, Gewalt, S. 255; *Schroeder*, S. 52; *Seidel*, S. 55.

[70] *Berber*, Aspekte, S. 253; *Bernhardt*, S. 147; *Blumenwitz*, S. 87; *Erichsen*, Staatsrecht, S. 148; *Hirsch*, S. 161 f.; *Kaiser*, Erfüllung, S. 550; *Lenz*, in: Hamann / Lenz, Art. 32, Anm. B 2 c; *Maunz*, in: Maunz / Dürig / Herzog, Art. 32, Rdn. 33; *Rojahn*. Schulbuchbereinigung, S. 629, r. Sp.

Diese Vorschrift betrifft nur Verträge und Verwaltungsabkommen des Bundes[71].

c) Herstellung der Kongruenz von Außen- und Innenzuständigkeit über Art. 37 GG

Unterstellt man eine verfassungsrechtliche Verpflichtung der Länder zur Ausführung der vom Bund abgeschlossenen Verträge und des unter seiner Mitwirkung zustande gekommenen Sekundärrechts, so bestünde über Art. 37 GG, der auch die Pflicht zu bundesfreundlichem Verhalten umfaßt, die Möglichkeit einer Ersatzvornahme durch den Bund. Gegebenenfalls wäre der Bund auch in der Lage, Ländergesetze zu erlassen. Im Ergebnis wäre es denkbar, auf diesem Wege zu einer Kongruenz von Mitwirkungs- und Ausführungszuständigkeit zu gelangen.

Fraglich ist jedoch, wie die Ausführungsverpflichtung begründet werden soll. Soweit die Bundestreue als selbständiger Geltungsgrund hierfür herangezogen wird, ist bereits hier darauf hinzuweisen, daß die Bundestreue als Auslegungsregel nicht ihrerseits eine Kompetenz begründet, sondern das Vorhandensein einer Befugnis voraussetzt[72]. Eine Kongruenz von Mitwirkungs- und Ausführungszuständigkeit kann deshalb mittels einer Ersatzvornahme nach Art. 37 GG unter Zuhilfenahme des Prinzips der Bundestreue nicht begründet werden[73].

d) Ableitung der Ausführungskompetenz aus Art. 32 GG

Überwiegend wird von Art. 32 GG ausgegangen und angenommen, daß aus der dem Bund zugewiesenen umfassenden Abschlußkompetenz folge, daß dem Bund auch die Durchführungskompetenz zustehen müsse. Die Kompetenz des Bundes, von ihm abgeschlossene Verträge, für deren Erfüllung er völkerrechtlich haftet, auch auszuführen, wird, wenn überhaupt, mit dem Hinweis auf das Prinzip der implied powers begründet[74].

Es muß jedoch im einzelnen geprüft werden, ob sich eine Ermächtigung des Bundes, das Gemeinschaftsrecht auszuführen, kraft Sachzusammenhangs aus der Mitwirkungsbefugnis des Bundes bei der Setzung des Sekundärrechts nach Art. 32 GG entsprechend oder kraft Natur der Sache herleiten läßt.

---

[71] *Erichsen*, Staatsrecht, S. 146 ff.; *Lenz*, in: Hamann / Lenz, Art. 32, Anm. B 2 c; *Reichel*, S. 60 ff.; *Rojahn*, in: v. Münch, Art. 32, Rdn. 40; *ders.*, Schulbuchbereinigung, S. 629, r. Sp.; *Stein*, S. 28 f.

[72] *Bayer*, S. 63; BVerfGE 13, S. 54 ff., Leits. 3. Siehe auch unten, II. 1. b) bb).

[73] *Erichsen*, Staatsrecht, S. 151; *Reichel*, S. 234.

[74] *Grewe*, S. 171; *Kaiser*, Erfüllung, S. 550; *Mosler*, Gewalt, S. 266; *Riegel*, Überlegungen, S. 87; wohl auch *Wagner*, Grundbegriffe, S. 219.

Eine Ausführungskompetenz des Bundes kraft Sachzusammenhangs hinsichtlich des Gemeinschaftsrechts, welches den Erlaß von Ländergesetzen erforderte, kann dann anerkannt werden, wenn die Befugnis nach Art. 32 III GG entsprechend (bei der Beschlußfassung im Rat auch dann mitwirken zu dürfen, sofern Ländergesetzgebungsbereiche betroffen sind) nicht ausgeübt werden kann, ohne daß zugleich die Durchführungskompetenz in rechtsetzender Hinsicht mitgeregelt wird[75]. Die Ausführungskompetenz müßte unbedingt erforderlich sein, damit der Bund die ihm in Art. 32 III GG analog zugewiesene Mitwirkungskompetenz wahrnehmen kann[76].

Wird die Anwendung der implied powers Lehre auf die Mitwirkungskompetenz nach Art. 32 III GG analog für möglich gehalten, so ist doch schon vom Grundsätzlichen her gegen die Erwägung, hier könnte ein Sachzusammenhang angenommen werden, einzuwenden, daß die Setzung von Sekundärrecht und dessen Durchführung strukturell verschieden sind. Einen sachlichen Zusammenhang i. S. einer Mitregelung annehmen zu wollen, ist schon deshalb sehr zweifelhaft[77]. Gegen die Ansicht, es könne die Ausführungskompetenz kraft Sachzusammenhangs aus der Mitwirkungskompetenz des Bundes nach Art. 32 III GG entsprechend, hergeleitet werden, spricht jedoch vor allem, daß die rechtsetzende Durchführung durch den Bund nicht unerläßliche Voraussetzung für die Wahrnehmung seiner Mitwirkungsbefugnis bei der Setzung des Sekundärrechts ist[78]. Eine Kongruenz von Mitwirkungs- und Ausführungskompetenz mag zwar sinnvoll und nützlich sein, etwa unter dem Gesichtspunkt, daß durch den Bund die Einheitlichkeit bei der Ausführung besser gewährleistet[79] und keine Schwierigkeiten hinsichtlich der Verantwortlichkeit wie beim Auseinanderfallen zu befürchten wären; zwingend geboten ist eine Übereinstimmung nicht. Auch wenn die Länder das Gemeinschaftsrecht ausführen, ist die Mitwirkung des Bundes an der Rechtsetzung nicht behindert. Demnach fehlt es für die Ableitung der Durchführungskompetenz aus der Mitwirkungskompetenz des Bundes an der Setzung des Sekundärrechts nach Art. 32 III GG analog, an dem für die Befugnis kraft Sachzusammenhangs notwendigen Merkmal der Erforderlichkeit.

Sofern man Kompetenzen kraft Natur der Sache anerkennt, wäre auch hier notwendig, daß nur der Bund und nicht die Länder in der

---

[75] Zur Durchführungskompetenz bei völkerrechtlichen Verträgen *Stern*, § 19 III 3, S. 507.

[76] Für völkerrechtliche Verträge vgl. BVerfGE 26, 218 (300); *Maunz*, in: Maunz / Dürig / Herzog, Art. 30, Rdn. 15.

[77] In bezug auf völkerrechtliche Verträge *Reichel*, S. 230.

[78] Für völkerrechtliche Verträge *Erichsen*, Staatsrecht, S. 149 f.; *Reichel*, S. 229; *Zuleeg*, Recht, S. 318.

[79] *Magiera*, S. 636.

Lage wären, Sekundärrecht auszuführen. Zwar könnten die Länder, da die Länderparlamente jeweils eigene Gesetze beschließen müßten, wegen des ihnen hier verbleibenden Spielraums in ihrer Ausführungsgesetzgebung geringfügig voneinander abweichen und gegenüber einer bundeseinheitlichen Regelung wäre infolge der zeitraubenderen Parallelgesetzgebung eine zeitliche Verzögerung möglich. Jedoch werden dadurch die Ziele der Gemeinschaften nicht schwerer erreichbar und die Ausführung des Gemeinschaftsrechts kann auch durch den Landesgesetzgeber sichergestellt werden[80]. Da die erforderlichen rechtsetzenden Maßnahmen sowohl vom Bundes- als auch vom Landesgesetzgeber erlassen werden können, ist eine Kompetenz des Bundes auch aus der Natur der Sache nicht ableitbar[81].

Demnach ist weder eine Kongruenz von Mitwirkungs- und Ausführungskompetenz kraft Sachzusammenhangs aus der Befugnis des Art. 32 II GG analog zu begründen[82], noch ergibt sich eine Ausführungskompetenz des Bundes aus der Natur der Sache[83].

Da sich im Grundgesetz keine ausdrückliche oder stillschweigende Ausnahme vom Grundsatz der Länderzuständigkeit nachweisen läßt, sind die Länder nach Art. 70 I GG zum Erlaß von Ausführungsgesetzen zu Gemeinschaftsrechtsakten, die Ländergesetzgebungsbereiche berühren, befugt[84].

C. Verpflichtung der Bundesländer zur Ausführung des Gemeinschaftsrechts

Nach der Feststellung, daß der Bund auf Gebieten, die der Ländergesetzgebungshoheit unterfallen, nach Art. 32 III GG entsprechend befugt ist, allein an Beschlüssen im Rat mitzuwirken, den Ländern aber nach Art. 70 I GG das Recht zusteht, das Sekundärrecht auf diesen Bereichen auszuführen, bedürfen nunmehr die Fragen, die sich aus dem Auseinanderfallen von Mitwirkungs- und Ausführungskompetenz ergeben, der Klärung.

---

80 *Spelten*, S. 71; *Weber*, S. 86.

81 *Zuleeg*, Recht, S. 318.

82 *Menzel*, Gewalt, S. 179 f., 207; *Mosler*, Kulturabkommen, S. 33; *Reichel*, S. 218; *Rojahn*, in: v. Münch, Art. 32, Rdn. 40; *Schroeder*, S. 53.

83 *Spelten*, S. 71; *Zuleeg*, Recht, S. 318, 330; *Weber*, S. 86.

84 Vgl. die Hinweise bei *Fuß*, Rechtsschutz, S. 1783, r. Sp.; *Magiera*, S. 637, Fn. 68; *Oetting*, S. 21, Fn. 11; *Schmitz*, S. 38 m. Fn. 207; *Schroeder*, S. 54; *Spelten*, S. 72; *Weber*, S. 86 m. w. N. in Fn. 382. Grundsätzlich wohl auch *Riegel*, Gliedstaatskompetenzen, S. 250, der aber eine Ersatzkompetenz annimmt. Ebenso *Zuleeg*, Recht, S. 315, 316, 330, der auch eine Ersatzkompetenz des Bundes für möglich hält.

Schwierigkeiten entstünden dann, wenn die Länder sich weigerten, das Sekundärrecht auszuführen und der Bund hierfür gemeinschaftsrechtlich zur Verantwortung gezogen würde. Die nun entstehende verfahrene Situation: Der Bund wäre gemeinschaftsrechtlich und völkerrechtlich verpflichtet, zu handeln, könnte dies aber aus verfassungsrechtlichen Gründen nicht, könnte nur dann aufgelöst werden, wenn eine Möglichkeit bestünde, die Länder zum Tätigwerden zu zwingen. Dies setzte voraus, daß eine Handlungsverpflichtung der Bundesländer existierte und diese Verpflichtung zwangsweise durchgesetzt werden könnte.

I. Verpflichtung der Bundesländer aus dem Gemeinschaftsrecht

Es könnte sich aus dem Gemeinschaftsrecht eine Verpflichtung der Bundesländer ergeben, von ihrer Gesetzgebungsbefugnis bei der Ausführung von Gemeinschaftsrecht Gebrauch zu machen. Die Länder sind dann zur Vornahme der erforderlichen gesetzgebenden Maßnahmen verpflichtet, wenn sie an das Gemeinschaftsrecht gebunden sind und gemeinschaftsrechtliche Normen eine Verpflichtung zur rechtsetzenden Durchführung enthalten.

Wie bereits an anderer Stelle dargelegt, durfte der Bund auf die Ausschließlichkeit der Länderhoheitsgewalt verzichten, die Gemeinschaftsgewalt mit Wirkung für den Länderbereich anerkennen und die Gründungsverträge abschließen, auch wenn Länderkompetenzen berührt wurden. Deshalb haben die Länder die Gemeinschaftsrechtsakte auch nach innerstaatlichem Recht als für sie verbindlich zu betrachten.

Fraglich ist allerdings, ob eine gemeinschaftsrechtliche Regelung des Inhalts existiert, die Länder müßten, wenn Rechtsakte der Gemeinschaften es erfordern, gesetzgebend tätig werden. Die den Mitgliedstaaten verbliebene Residualkompetenz zur Staatsorganisation verbietet den Gemeinschaften zwar, die Ausführungsorgane zu benennen; möglich bliebe aber eine Verpflichtung all jener Staatsorgane, die ohnehin nach innerstaatlichem Recht zuständig sind. Von diesem Gedanken ausgehend, könnte mittels einer weiten Auslegung des Begriffes „Staaten“ in Art. 189 EWGV eine Bindung aller zur Durchführung des Gemeinschaftsrechts zuständigen nationalen Stellen durch die Richtlinien von Anfang an angenommen werden.

Es wird argumentiert, damit der Staat seine, durch die Richtlinie begründete Verpflichtung erfüllen könne, müsse er sich seiner Organe bedienen. Deshalb seien diejenigen Organe, denen nach mitgliedstaatlichem Recht die Kompetenz hierzu zustehe, ebenfalls durch die Richtlinie gebunden[85]. Art. 189 EWGV sei so auszulegen, daß die Richtlinienverbindlichkeit sich auf alle Staatsorgane erstrecke, die nach dem nationalen Verfassungsrecht über die vom Gemeinschaftsrecht eingeräumte Wahl der Form und Mittel verfügten[86]. Adressaten der Richtlinie seien also diejenigen Organe, die nach innerstaatlichem Recht für die Ausführung zuständig seien, im Bundesstaat also auch u. U. die Organe der Gliedstaaten[87]. Richte sich eine Richtlinie an eine bestimmte Stelle, so wäre das dann unschädlich, wenn es sich um das ohnehin nach Verfassungsrecht zuständige Organ handelte. Folgt man dieser Auffassung, so tritt eine gemeinschaftsrechtliche Bindung der Bundesländer bereits dann ein, wenn eine Richtlinie an die Bundesrepublik ergeht und die Länder für die innerstaatlichen rechtsetzenden Durchführungsmaßnahmen zuständig sind.

Aber auch die Annahme einer gemeinschaftsrechtlichen Verpflichtung der Bundesländer zur Ausführung des Gemeinschaftsrechts löste indes das bei einer Ausführungsverweigerung entstehende Problem noch nicht: So ist zunächst fraglich, ob die Gemeinschaften im Rahmen der Gemeinschaftsaufsicht (Art. 155, 169, 171 EWGV) auf die Bundesländer direkt einwirken können. Die Auskunftspflicht der Mitgliedstaaten, die aus Art. 5 EWGV hergeleitet werden kann, erlaubt auch eine Fühlungnahme mit den Bundesländern[88]. Wird jedoch das Verhalten eines Bundeslandes beanstandet, so ist es zwar der Kommission erlaubt, mit den Bundesländern in Kontakt zu treten, um sie auf die Vertragsverletzung hinzuweisen; eine förmliche Stellungnahme darf sich aber nur gegen den Mitgliedstaat selbst richten[89]. Bei Urteilen nach Art. 169, 171 EWGV kann nicht unmittelbar in den Bereich der staatlichen Rechtsordnung eingegriffen werden; es ist also nicht erlaubt, den Bund zu bestimmten Maßnahmen gegenüber einem Land zu verpflichten[90]. Zu untersuchen ist, ob neben dem durch das Urteil als Adressat bezeichneten Mitgliedstaat auch die für den Verstoß ursächlichen innerstaatlichen Stellen direkt verpflichtet werden. Unterstellt man, die Bundesländer könnten durch Rechtsakte der Gemeinschaften unmittelbar verpflichtet werden, so ist auch anzuerkennen, daß der Europäische Gerichtshof die Nichterfüllung dieser Verpflichtung beanstanden und die Länder zur Erfüllung anhalten kann. Mit dem Urteil des Gerichtshofs entsteht für sämtliche Organe und Behörden, in deren Zuständigkeit

---

[85] *Weber*, S. 20.

[86] *Daig*, in: Groeben / Boeckh / Thiesing, Art. 189, Anm. III 3 B, S. 348; *Weber*, S. 66; a. A. *Riegel*, Gliedstaatskompetenzen, S. 249, l. Sp.

[87] *Daig*, in: Groeben / Boeckh / Thiesing, Art. 189, Anm. II 6, S. 342.

[88] *Spelten*, S. 80, 81, 83.

[89] Ebd., S. 84 - 86.

[90] Ebd., S. 87 - 89.

die Maßnahmen fallen, also auch für die Bundesländer, die gemeinschaftsrechtliche Verpflichtung, den Urteilsspruch zu befolgen[91].

Allerdings ist auch damit das Problem noch nicht gelöst: Das Urteil kann nicht durch die Gemeinschaften selbst vollstreckt werden. Ihnen fehlen die zur Vollstreckung notwendigen Organe und Zwangsmittel. Bei einer Weigerung der Bundesländer, dem Urteil nachzukommen, sind sie auf den Bund angewiesen. Nur durch dem Bund zustehende Zwangsmittel kann auf die Länder eingewirkt werden, um sie zur Erfüllung der gemeinschaftsrechtlichen Pflichten zu veranlassen. Demnach ist ein Vorgehen gegen die Bundesländer nur dann möglich, wenn es dem Bund nach innerstaatlichem Recht erlaubt ist, Zwangsmittel zur Erzwingung von Ausführungsmaßnahmen der Bundesländer gegen die Länder zu ergreifen.

II. Verpflichtung der Bundesländer zur Ausführung des Gemeinschaftsrechts und zwangsweise Durchsetzung nach innerstaatlichem Recht

Innerstaatliche Zwangsmaßnahmen können dann ergriffen werden, wenn eine innerstaatliche Pflicht der Bundesländer zur rechtsetzenden Durchführung des Gemeinschaftsrechts besteht oder die gemeinschaftsrechtliche Verpflichtung zum Erlaß von Legislativakten kraft nationalen Rechts entsprechend der staatlichen Verpflichtung zwangsweise durchgesetzt werden kann.

1. Zwangsweise Durchsetzung einer innerstaatlichen Verpflichtung nach Art. 37 GG

Die zwangsweise Durchsetzung einer Verpflichtung der Länder aus innerstaatlichem Recht zur Ausführung des Gemeinschaftsrechts ist nach Art. 37 GG möglich, sofern sich eine derartige Länderpflicht aus einem Bundesgesetz oder der Verfassung ergibt.

a) Verpflichtung aus dem Admittationsgesetz nach Art. 24 I GG

Aus dem einfachen Bundesrecht ergibt sich eine Ausführungsverpflichtung der Bundesländer unter der Voraussetzung, daß das Gesetz nach Art. 24 I GG einen Befehl an die Bundesländer enthält, die jeweiligen Sekundärrechtsakte der Gemeinschaften rechtsetzend zu vollziehen.

---

[91] *Daig*, in: Groeben / Boeckh / Thiesing, Art. 171, Anm. II 2, S. 200; *Spelten*, S. 91.

Nach *Spelten*[92] erlaubte es Art. 24 I GG, neue Pflichten, die nicht im Grundgesetz vorgesehen seien, zu schaffen. Inhaltlich würden diese Pflichten zwar durch die Gemeinschaften bestimmt, jedoch die innerstaatliche Verbindlichkeit stellte Art. 24 I GG her. Die Verpflichtung zur Befolgung dieser Gemeinschaftspflichten, die so zu Verfassungspflichten geworden seien, ergebe sich aus dem Grundgesetz. Mit der Befolgung des Gemeinschaftsrechts genügten die Länder gleichzeitig einer verfassungsrechtlichen Verpflichtung. Zur Einhaltung dieser Pflicht könne der Bund gegenüber den Ländern selbständige Bundesaufsicht üben.

Gegen die Auffassung *Speltens*, dessen Äußerungen wohl dahin zu deuten sind, daß er davon ausgeht, Art. 24 I GG habe gestattet, durch ein Gesetz „Verfassungspflichten" auch der Bundesländer zu begründen, sind vor allem von der Funktion des Gesetzes nach Art. 24 I GG her Bedenken zu erheben. Oben[93] wurde entwickelt, daß Art. 24 I GG erlaubt, durch das Admittationsgesetz auf die Ausübung deutscher Hoheitsgewalt, auch auf die der Länder, zu verzichten und die Entfaltung von Gemeinschaftsgewalt zu dulden, indem die Organe, also auch die der Länder, angewiesen werden, zukünftiges Gemeinschaftsrecht zu befolgen und das erzeugte Recht anzuwenden. Sind jedoch Rechtsakte der Gemeinschaften ergangen und ist effektive und originäre Gemeinschaftsgewalt entstanden, bedarf es keiner staatsrechtlichen Verpflichtung mehr, um den Gemeinschaftsrechtsakten Geltung zu verschaffen. Da der Geltungsgrund im Gemeinschaftsrecht liegt, das Europarecht also weder transformiert noch inkorporiert wird, handelt es sich dann um eine gemeinschaftsrechtliche Verpflichtung. Wird dieser nicht nachgekommen, so ist *nicht zugleich ein Verstoß gegen das Admittationsgesetz nach Art. 24 I GG gegeben:* Art. 24 I GG ermächtigt den Bund nicht dazu, eine neue verfassungsrechtliche Verpflichtung zu begründen, sondern er erlaubte, die staatlichen Organe und wie nachgewiesen auch die der Länder der Gemeinschaftsgewalt und damit der gemeinschaftsrechtlichen Verpflichtung durch das Admittationsgesetz zu unterstellen. Mit der Konstituierung von Gemeinschaftshoheit und somit der Unterstellung der Länder unter die Gemeinschaftsverpflichtungen hat sich die Funktion des Gesetzes nach Art. 24 I GG erschöpft. Mit dem Rückgriff auf das Admittationsgesetz nach Art. 24 I GG läßt sich daher eine im Recht der Bundesrepublik wurzelnde Pflicht der Bundesländer zur rechtsetzenden Durchführung des Gemeinschaftsrechts nicht begründen.

---

[92] *Spelten*, S. 112, 120.

[93] Siehe oben, II. Teil 3. Abschn. B.

b) Stillschweigende Pflicht aus dem Grundgesetz

Dem Grundgesetz ist eine stillschweigende Verpflichtung der Bundesländer zur Ausführung des Gemeinschaftsrechts zu entnehmen, falls sich eine solche Verbindlichkeit aus dem Satz des „venire contra factum proprium“, dem Prinzip der Bundestreue, der „Vergemeinschaftung des Gesamtstaates“ oder aus Art. 83 ff. GG entsprechend, ableiten ließe. Zwar sieht ausdrücklich keine Bestimmung des Grundgesetzes eine Ausführungsverpflichtung der Länder bezüglich des Gemeinschaftsrechts vor[94], allerdings ist es auch für die Anwendung des Art. 37 GG nicht notwendig, daß eine Pflicht der Bundesländer ausdrücklich statuiert ist. Es reicht aus, wenn sich aus einer Interpretation des Grundgesetzes eine derartige Pflicht entnehmen läßt[95].

aa) Verletzung eines zu schützenden Vertrauens

Die Bundesländer müssen nach Grundsätzen des deutschen Rechts das Gemeinschaftsrecht dann durch Landesgesetze ausführen, wenn sie sich durch ihre Weigerung, das Gemeinschaftsrecht rechtsetzend durchzuführen in Widerspruch zu ihrem früheren Verhalten setzten und sich hieraus eine selbständige Handlungsverpflichtung für sie ergäbe.

Es könnte argumentiert werden, daß die Länder über den Bundesrat den Gründungsverträgen und der Setzung des Sekundärrechts zugestimmt hätten und demnach ein Widerspruch zu ihrem Verhalten entstünde, weigerten sie sich nun, die Durchführung dieses Rechts sicherzustellen. Sie seien deshalb nach dem Grundsatz des „venire contra factum proprium“ verpflichtet, die Übereinstimmung mit ihrem früheren Verhalten dadurch herzustellen, daß sie zur Durchführung des Gemeinschaftsrechts beitrügen[96].

Ob für den Bund ein Vertrauenstatbestand durch das über den Bundesrat erklärte Einverständnis der Länder mit den Gründungsverträgen geschaffen worden ist, muß angesichts der gescheiterten Bemühungen um Mitwirkungsrechte im Rahmen des Art. 2 ZustG bezweifelt werden. Die Zustimmung der Länder beim Erlaß des Sekundärrechts wird man allenfalls in ihrer Beteiligung an der Instruktion des deutschen Ratsvertreters sehen können, wenn dieses Verfahren eingeführt und rechtlich abgesichert ist. Bei der augenblicklichen Praxis ist jedoch zweifelhaft, ob von einer konkludenten Zustimmung durch Mitwirkung gesprochen werden kann. Selbst wenn das Einverständnis beim Ab-

---

[94] *Ipsen*, Bundesstaat, S. 263.

[95] *Gubelt*, in: v. Münch, Art. 37, Rdn. 6.

[96] Erwogen wird eine derartige Argumentation bei *Schroeder*, S. 61 (Rechtsmißbrauch). Für die Zustimmung zum Beitritt lehnt *Fuß*, Verwaltung, S. 229, die Ableitung von Rechtsfolgen aus diesem Grundsatz ab.

schluß der Gründungsverträge und die Zustimmung zum Erlaß des Sekundärrechts durch Instruktion des Ratsvertreters sowie Beteiligung an der Beschlußvorbereitung als „Vertrauenstatbestände" angesehen werden könnten, ist eine Berufung auf den Satz des „venire contra factum proprium" zur Ableitung einer Ausführungspflicht der Länder nicht möglich. Der Satz des „venire contra factum proprium" hat die Aufgabe, die Ausübung von Rechten zu beschränken; der Rechtsinhaber darf nicht in Widerspruch zu dem objektiven Sinn seines früheren Verhaltens ein Recht geltend machen. Eigenständige Pflichten können mit diesem Satz nicht begründet werden.

Da in vorliegendem Zusammenhang nicht die Ausübung eines Rechtes der Bundesländer beschränkt, sondern eine eigenständige Pflicht der Länder zur Ausführung des Gemeinschaftsrechts begründet werden soll, kann hierzu der Grundsatz des „venire contra factum proprium" nicht herangezogen werden.

bb) Prinzip der Bundestreue

Das Prinzip der Bundestreue kann zur Begründung einer Pflicht der Bundesländer, Gemeinschaftsrecht rechtsetzend durchzuführen, dienen, sofern es geeignet ist, die Ausführungsverpflichtung als selbständige Pflicht zu begründen.

Um die Schwierigkeiten zu überbrücken, die im Fall einer Weigerung der Bundesländer Gemeinschaftsrecht rechtsetzend durchzuführen und der daraus folgenden Gemeinschaftswidrigkeit entstünden, wird von einigen Autoren das Bundesstaatsprinzip herangezogen. Ebenso wie bei der Begründung einer Transformationsverpflichtung der Bundesländer bei völkerrechtlichen Verträgen, die Gebiete ausschließlicher Länderkompetenzen betreffen[97], greifen sie auch bei der Ausführung des Gemeinschaftsrechts durch die Länder auf den Grundsatz der Bundestreue zurück[98]. Danach ergibt sich eine Durchführungspflicht der Länder aus dem Grundsatz der Bundestreue, der insoweit als selbständiger Geltungsgrund für die Pflichten der Länder angesehen wird[99]. Bei Nichtausführung des Gemeinschaftsrechts durch die Länder kann nach dieser Ansicht das Bundesverfassungsgericht angerufen und ggf. Bundeszwang angewendet werden[100].

---

[97] Vgl. *Bayer*, S. 71; *Bernhardt*, S. 164; *Kaiser*, Erfüllung, S. 544 f.; *Klein*, Bundesstaatsverträge, S. 218; *Rojahn*, in: v. Münch, Art. 32, Rdn. 44; *Stein*, S. 117; Antwort der Bundesregierung, BT-Drucks. V/4002, unter 7.1.3.

[98] *Riegel*, Überlegungen, S. 87; *Weber*, S. 87, m. w. N. in Fn. 383 (als h. M. zitiert); *Wohlfarth / Everling / Glaesner / Sprung*, Art. 189, Anm. 9, S. 518 f.; *Zuleeg*, Recht, S. 320 m. w. N. in Fn. 108 u. 109 auf S. 330; *ders.*, Standort, S. 466, l. Sp.

[99] Siehe Fn. 97.

Dieser Auffassung muß jedoch widersprochen werden: Der Grundsatz der Bundestreue ist im Grundgesetz expressis verbis nicht enthalten, wird aber als ungeschriebener Verfassungsgrundsatz, der aus dem Wesen des Bundesstaats folgt, anerkannt. Allerdings entfaltet der Grundsatz der Bundestreue, worauf bereits hingewiesen wurde, nur innerhalb bereits bestehender Rechtsverhältnisse Rechtswirkungen[101]. Im Rahmen der Auslegung oder bei der Bestimmung von Kompetenzgrenzen ist es möglich, den Grundsatz heranzuziehen. Er dient dazu, Bund und Länder hinsichtlich der Ausübung schon bestehender Rechte und Pflichten festzulegen, setzt also bereits bestehende Kompetenzen voraus und kann daher keine selbständigen Rechte und Pflichten im Bund-Länder-Verhältnis erzeugen[102]. Die zum Nachweis einer Pflichtverletzung durch die Bundesländer nach Art. 37 GG notwendige selbständige Pflicht der Länder, Gemeinschaftsrecht rechtsetzend durchzuführen, kann demnach aus dem Prinzip der Bundestreue nicht hergeleitet werden[103].

Von einigen Autoren wird hinsichtlich der Durchsetzung einer aus der Bundestreue gefolgerten Länderpflicht zur rechtsetzenden Durchführung des Gemeinschaftsrechts eine besondere Variante vertreten: Obwohl eine Pflichtverletzung der Länder wegen eines Verstoßes gegen den Grundsatz der Bundestreue angenommen wird[104], hält man ein Verfahren nach Art. 37 GG für nicht anwendbar; vielmehr soll an dessen Stelle eine Ersatzkompetenz des Bundes treten[105]. Begründet wird dies damit, daß die Anwendung des Bundeszwangs unverhältnismäßig sei[106].

Abgesehen davon, daß sich aus dem Prinzip der Bundestreue keine Pflicht der Länder zur Ausführung des Gemeinschaftsrechts ableiten läßt, ist die Ansicht, dem Bund sei eine Ersatzkompetenz zuzubilligen, auch aus anderen Gründen abzulehnen: Die Auffassung, dem Bund stünde eine Ersatzkompetenz zu[107], träfe nur dann zu, folgte über-

---

[100] *Wohlfarth / Everling / Glaesner / Sprung,* Art. 189, Anm. 9, S. 519; für völkerrechtliche Verträge *Blumenwitz,* S. 100; *Kaiser,* Erfüllung, S. 548; a. A. *Reichel,* S. 231 f.

[101] *Bayer,* S. 63; BVerfGE 13, 54 f. (75).

[102] *Schroeder,* S. 60; *Spelten,* S. 56; allgemein *Erichsen,* Staatsrecht, S. 151.

[103] *Schroeder,* S. 60; *Spelten,* S. 58.

[104] *Riegel,* Überlegungen, S. 87; *Zuleeg,* Recht, S. 319, 321; *ders.,* Standort, S. 466, l. Sp.

[105] *Riegel,* Überlegungen, S. 87; *Zuleeg,* Recht, S. 319, 321; *ders.,* Standort, S. 466, l. Sp.

[106] *Riegel,* Überlegungen, S. 87; *Zuleeg,* Recht, S. 321.

[107] *Riegel,* Überlegungen, S. 87; *ders.,* Gliedstaatskompetenzen, S. 250, l. Sp.; *Zuleeg,* Recht, S. 321; *ders.,* Standort, S. 466, l. Sp.

haupt eine Kompetenz des Bundes kraft Sachzusammenhangs aus Art. 32 oder 24 I GG. Daß dies nicht der Fall ist, wurde bereits dargelegt[108].

cc) „Vergemeinschaftung" des Gesamtstaates

Eine Verpflichtung der Länder, durch gesetzgeberische Maßnahmen das Gemeinschaftsrecht auszuführen, ergibt sich nach *Ipsen* aus der „Vergemeinschaftung" des Gesamtstaates[109]. Den Versuchen, eine Ausführungspflicht der Länder über deren Zustimmung zum Vertragsschluß oder das Prinzip der Bundestreue zu begründen, steht er ablehnend gegenüber[110]. Von Art. 24 I GG ausgehend, nimmt er an, daß dort, wo der Vertragsvollzug eine Ausübung von Landeskompetenzen erfordere, mit Abschluß der Gründungsverträge die vom Grundgesetz vorgesehene Kompetenzverteilung „mutiert" worden sei. Dies bedeute zwar keine Umwandlung von Landes- in Bundeskompetenzen, aber aufgrund der „Vergemeinschaftung" des Gesamtstaates entstehe eine Verpflichtung der Länder, ihre Kompetenzen i. S. der gemeinschaftsgemäßen Bindung des Bundes auszuüben[111]. Um die Länder zur Erfüllung dieser Pflicht anzuhalten, könne der Bund nach Art. 37 GG vorgehen. Ein „jus eminens" oder eine „Ersatzkompetenz" seien nicht notwendig[112].

Gegen eine Ableitung von Ausführungspflichten der Länder aus der „Vergemeinschaftung" des Gesamtstaates spricht vor allem die fehlende Begründung für eine „Mutation". *Ipsen* nennt zwar als Folge der „Mutation" eine Pflicht der Bundesländer zur Durchführung des Gemeinschaftsrechts; der Verpflichtungsgrund selbst wird jedoch nicht erläutert. Worin die „Mutation" bestehen soll und auf welche Weise sie rechtstechnisch durchgeführt wird, legt *Ipsen* nicht dar. Die Einführung der Termini „Mutation" und „Vergemeinschaftung" verdeckt den Inhalt der von ihm aufgestellten Behauptung, durch die Gründung der Gemeinschaft sei die Verfassung der Bundesrepublik dergestalt geändert worden, daß nunmehr eine verfassungsrechtliche Verpflichtung der Länder bestehe, das Gemeinschaftsrecht rechtsetzend durchzuführen. Der Nachweis, daß eine derartige stillschweigende Verfassungsänderung eingetreten ist, wird jedoch nicht erbracht.

Der allein möglich erscheinende Weg, über das Gesetz nach Art. 24 I GG eine Länderverpflichtung zur legislativen Durchführung des Gemeinschaftsrechts zu begründen, ist nicht gangbar, da, wie dargelegt[113],

[108] Siehe oben, B. II.
[109] *Ipsen*, Bundesstaat, S. 248 ff.; *ders.*, Anmerkung, S. 175 ff.
[110] *Ipsen*, Bundesstaat, S. 248 ff.
[111] Ebd., S. 264; *ders.*, Anmerkung, S. 175 f.; ebenso *Weber*, S. 86 f.
[112] *Ipsen*, Bundesstaat, S. 264; *Weber*, S. 87.
[113] Siehe oben, II. Teil 3. Abschn. B. I.

die Funktion des Admittationsgesetzes nach Art. 24 I GG darin besteht, die Entfaltung von Gemeinschaftsgewalt zu ermöglichen und nicht einen eigenen Verpflichtungsgrund zu schaffen. Der Ansatz *Ipsens* ist deshalb nicht geeignet, die Frage, ob die Bundesländer nach innerstaatlichem Recht zur Durchführung des Gemeinschaftsrechts verpflichtet sind, zu beantworten[114].

dd) Art. 83 ff. GG entsprechend

Unter den Voraussetzungen, daß die Vorschriften der Art. 83 ff. GG nicht nur die verwaltungsmäßige, sondern auch die rechtsetzende Durchführung und nicht allein Bundesrecht, sondern auch Gemeinschaftsrecht betreffen, besteht nach diesen Normen eine Pflicht der Bundesländer zur Ausführung des Gemeinschaftsrechts.

Da auch die Nichtausführung von Bundesgesetzen eine Pflichtverletzung i. S. des Art. 37 GG darstellt, könnte neben den in Art. 84 III f. GG genannten Aufsichtsmitteln auch Bundeszwang angewendet werden[115].

Fraglich ist, ob die Bundesländer zur rechtsetzenden Durchführung des Gemeinschaftsrechts verpflichtet sind. Nach Art. 84 III GG bezieht sich die Bundesaufsicht auf die „Ausführung der Bundesgesetze". Es bedarf deshalb zunächst der Klärung, ob hierunter nur die Aufsicht über den verwaltungsmäßigen Gesetzesvollzug oder auch die Aufsicht über die rechtsetzende Durchführung von Bundesrecht zu verstehen ist. Wird nur die Aufsicht über die exekutivistische Durchführung erfaßt, so hat der Bund in anderen Bereichen der Ländertätigkeit keine Aufsichtsbefugnisse. Dann könnten die Vorschriften der Art. 83 ff. GG schon aus diesem Grund nicht entsprechend auf die Ausführung von Gemeinschaftsrecht angewendet werden. Eine Anwendung auf die rechtsetzende Durchführung von Gemeinschaftsrecht ist nur unter der Voraussetzung zu erwägen, daß den Ländern kein aufsichtsfreier Bereich zusteht, sondern das gesamte Verhalten der Länder vom Bund kontrolliert werden darf, also eine „selbständige Bundesaufsicht" besteht.

Dieser auf *Triepel*[116] zurückgehende Begriff hatte zwar Eingang in die Reichsverfassung von 1871 und die Weimarer Reichsverfassung gefunden[117], wird aber von der h. M. für das Grundgesetz zu Recht abgelehnt[118]. Somit verbleibt den Ländern dort, wo sie zu ausschließlicher

[114] Zur Kritik an *Ipsen* vgl. auch *Spelten*, S. 55.

[115] *Gubelt*, in: v. Münch, Art. 37, Rdn. 6.

[116] *Triepel*, S. 370 ff.

[117] *Evers*, in: Bonner Kommentar, Art. 37, Rdn. 12.

[118] *Maunz*, in: Maunz / Dürig / Herzog, Art. 84, Rdn. 43 m. w. N. in Fn. 3; siehe auch *Evers*, in: Bonner Kommentar, Art. 37, Rdn. 11 m. w. N.

Gesetzgebung befugt sind, ein autonomer Bereich, der nicht der Aufsicht durch den Bund unterliegt[119]. Selbst wenn der Landesgesetzgeber sich weigerte, ein zur Durchführung eines Bundesgesetzes erforderliches Landesgesetz zu erlassen, bewegte sich das Land in dem ihm zur freien Gestaltung überlassenen Raum staatlicher Betätigung, der nicht der Aufsicht nach Art. 84 ff. GG unterfällt[120].

Da sich Art. 84 III GG nicht auf die rechtsetzende Durchführung von Bundesrecht bezieht, kann der Ansicht, durch diese Vorschrift werde auch die Ausführung des Gemeinschaftsrechts erfaßt[121], schon aus diesem Grund nicht zugestimmt werden. Demnach ergibt sich aus innerstaatlichem Recht keine Ausführungsverpflichtung der Bundesländer bezüglich des Gemeinschaftsrechts, die zwangsweise durchgesetzt werden könnte.

Denkbar wäre jedoch, daß das nationale Recht der Bundesrepublik die Möglichkeit bietet, die gemeinschaftsrechtliche Verpflichtung zwangsweise durchzusetzen.

2. Zwangsweise Durchsetzung der gemeinschaftsrechtlichen Verpflichtung nach Art. 37 GG analog

Eine zwangsweise Durchsetzung der gemeinschaftsrechtlichen Verpflichtung der Bundesländer zur Ausführung des Gemeinschaftsrechts nach Art. 37 GG entsprechend ist nur möglich, sofern die Voraussetzungen einer analogen Anwendung der Vorschrift gegeben sind. Dann müßte in bezug auf die rechtsetzende Durchführung des Gemeinschaftsrechts eine ungewollte Lücke im Gesetz vorhanden und geregelter sowie ungeregelter Sachverhalt vergleichbar sein.

Ausdrücklich ist keine Regelung der Befugnis zur Ausführung von Gemeinschaftsrecht im Grundgesetz vorgesehen[122]. Auch durch Auslegung läßt sich, wie gezeigt, eine derartige Pflicht nicht begründen. Da die Frage der rechtsetzenden Durchführung zwischenstaatlichen Rechts sich bei der Schaffung des Grundgesetzes nicht stellte, kann diese Lücke auch nicht vom Grundgesetzgeber gewollt sein. Demnach liegt eine ausfüllungsbedürftige Lücke vor. Die Vergleichbarkeit der Sachverhalte setzt zunächst voraus, daß innerstaatlich eine Pflicht der Länder zur rechtsetzenden Durchführung von Völker- oder Bundesrecht statuiert und deren Erfüllung über Art. 37 GG erzwingbar ist. Außerdem muß eine Ähnlichkeit zur Ausführung von Gemeinschaftsrecht be-

---

[119] BVerfGE 6, 309 ff. (329); BVerfGE 8, 122 ff. (130 f.).

[120] BVerfGE 6, 309 ff. (329).

[121] *Spelten,* S. 119, 120; *Wohlfarth / Everling / Glaesner / Sprung,* Art. 189, Nr. 9, S. 519.

[122] *Ipsen,* Bundesstaat, S. 263.

stehen. Im Grundgesetz könnte ein der rechtsetzenden Durchführung von Gemeinschaftsrecht ähnlicher Sachverhalt dann erfaßt sein, wenn eine Regelung existierte, die, entsprechend der Länderverpflichtung zur verwaltungsmäßigen Durchführung nach Art. 83 ff. GG, eine Ausführungsverpflichtung von Völkerrecht oder Bundesgesetzen vorsähe. Die Frage, ob der rechtsetzenden Durchführung von Gemeinschaftsrecht eher eine Ausführung von Völkerrecht oder innerstaatlichem Recht entspricht[123], stellt sich erst, wenn überhaupt eine diesbezügliche Regelung im Grundgesetz erfolgt ist.

a) Verpflichtungsnorm zur Transformation völkerrechtlicher Verträge

Eine Verpflichtung der Bundesländer zur Ausführung völkerrechtlicher Verträge, die auf Gebieten geschlossen wurden, die die Gesetzgebungskompetenz der Länder betreffen, ist im Grundgesetz bislang ausdrücklich nicht niedergelegt. Erhielte jedoch Art. 32 III GG die von der Enquête-Kommission Verfassungsreform vorgeschlagene Fassung, so ergäbe sich aus der Vorschrift eine Verpflichtung der Bundesländer, Verträge, die über Ländermaterien abgeschlossen worden sind, zu transformieren. Dann könnte erwogen werden, diese Verpflichtungsnorm auf das Gemeinschaftsrecht entsprechend anzuwenden[124]. De lege lata existiert allerdings eine Verpflichtungsnorm zur Ausführung von Völkerrecht im Grundgesetz nicht; es fehlt an dem für den Vergleich mit der rechtsetzenden Durchführung von Gemeinschaftsrecht notwendigen gesetzlich geregelten Sachverhalt.

b) Verpflichtungsnorm zur rechtsetzenden Durchführung von Bundesrecht

Ein der Ausführung von Gemeinschaftsrecht entsprechender Sachverhalt könnte im Grundgesetz geregelt sein, sofern eine Verpflichtung der Bundesländer, Bundesrecht rechtsetzend durchzuführen, existiert.

aa) Art. 83 ff. GG

Da, wie bereits dargelegt, Art. 83 ff. GG nur den verwaltungsmäßigen Vollzug der Bundesgesetze betreffen, ist bereits aus diesem Grund der dort geregelte Sachverhalt nicht mit dem der rechtsetzenden Durchführung von Gemeinschaftsrecht vergleichbar, so daß auch eine entsprechende Anwendung dieser Vorschriften nicht möglich ist.

---

[123] Vgl. die Ausführungen zur Vergleichbarkeit der Mitwirkung an der Setzung von sekundärem Gemeinschaftsrecht und dem Abschluß völkerrechtlicher Verträge im dritten Teil, zweiter Abschnitt, unter A. II. 2. a).

[124] Vgl. zur analogen Anwendung des Art. 32 III GG oben, III. Teil 2. Abschn. A. II. 2.

bb) Art. 75 GG

Eine rechtsetzende Durchführung von Bundesrecht durch die Bundesländer ist in Art. 75 GG vorgesehen. Danach darf der Bund unter bestimmten Voraussetzungen Rahmengesetze erlassen, die der Ausführung durch den Landesgesetzgeber bedürfen. Allerdings entsteht mit dem Erlaß eines Bundesgesetzes nicht zugleich auch die Pflicht der Länder, zu dessen Ausfüllung Ländergesetze zu erlassen[125]; sie haben aufgrund des Art. 75 GG lediglich das Recht dazu. Machen die Länder von diesem Recht jedoch Gebrauch, sind sie an den gesetzten Rahmen gebunden. Ob sie überhaupt tätig werden, steht in ihrem Ermessen. Da durch den Erlaß eines Rahmengesetzes keine Verpflichtung zu gesetzgebender Tätigkeit für die Länder begründet wird, regelt Art. 75 GG keinen zum Vergleich mit der rechtsetzenden Durchführung des Gemeinschaftsrechts geeigneten Sachverhalt.

cc) Verpflichtung im Bereich freiwilliger Beschränkung des Bundesgesetzgebers

Eine Möglichkeit des Bundes, die Länder zur rechtsetzenden Durchführung von Bundesrecht zu verpflichten, wird dort angenommen, wo der Bund im Bereich der ausschließlichen und konkurrierenden Gesetzgebung sich freiwillig beschränkt und den Ländern die Gesetzgebung überläßt. Hierzu ist allerdings im Bereich der ausschließlichen Gesetzgebung nach Art. 71 GG eine ausdrückliche Ermächtigung erforderlich. Es wird argumentiert, wenn der Bund den Gegenstand mit unmittelbarer Wirkung für den Bürger selbst regeln könne, stehe ihm auch die Befugnis zu, das Land zu verpflichten, entsprechende Gesetze zu erlassen[126].

Ebenso wie bei der rechtsetzenden Durchführung von Gemeinschaftsrecht handelt es sich in diesem Fall um legislative Durchführung; die Länder sind auch verpflichtet, diese Bundesgesetze auszuführen. Insoweit sind beide Sachverhalte ähnlich. Dennoch bestehen gegen eine entsprechende Anwendung Bedenken: Einmal wird die Länderpflicht zur rechtsetzenden Durchführung nicht ausdrücklich im Grundgesetz geregelt, sondern kann allenfalls erst mittels des Schlusses „argumentum a maiore ad minus" hergeleitet werden; zum anderen bildete bei konkurrierender oder ausschließlicher Gesetzgebung des Bundes ein zweistufiges Verfahren i. S. einer „Richtliniengesetzgebung" des Bundes und einer sich anschließenden Ausfüllung durch Landesgesetze eine wohl seltene Ausnahme. Das Grundgesetz geht grundsätzlich von einer klaren, enumerativ festgelegten Zuständigkeitsverteilung hinsichtlich

[125] *Maunz*, in: Maunz / Dürig / Herzog, Art. 75, Rdn. 18.
[126] *Maunz*, in: Maunz / Dürig / Herzog, Art. 75, Rdn. 5.

der Gesetzgebungskompetenzen aus und trifft deshalb keine Regelung für die rechtsetzende Durchführung von Bundesrecht. Da demnach eine Pflicht der Bundesländer, Bundesrecht durch eigene Gesetzgebungsakte auszufüllen, in keiner Bestimmung des Grundgesetzes geregelt ist und zudem höchstens als seltene Ausnahme einmal angenommen werden kann, ist eine Analogie nicht möglich. Es fehlt an einer dem nicht unmittelbar wirksamen sekundären Gemeinschaftsrecht entsprechenden Form der Gesetzgebung des Bundes in der Bundesrepublik[127].

3. Ergebnis

Da keine innerstaatliche Pflicht zur Ausführung des Gemeinschaftsrechts existiert und im Recht der Bundesrepublik auch keine der rechtsetzenden Durchführung von Gemeinschaftsrecht vergleichbare Verpflichtung der Bundesländer zur Ausfüllung des Bundesrechts oder der Transformation von Völkerrecht nachgewiesen werden kann, kommt weder eine direkte noch eine analoge Anwendung des Art. 37 GG in Betracht.

Nach geltendem Recht gibt es demnach keine Möglichkeit, die Ausführung des Gemeinschaftsrechts durch die Bundesländer über eine Norm des Verfassungsrechts sicherzustellen. Dem Bund fehlen die rechtlichen Befugnisse, um die Länder zur Erfüllung ihrer gemeinschaftsrechtlichen Verpflichtung zu zwingen. Um einem Vertragsverletzungsverfahren zu entgehen, ist er auf die freiwillige Mitarbeit der Länder angewiesen.

Zweiter Abschnitt

Die Befugnis zur verwaltungsmäßigen Durchführung des Gemeinschaftsrechts — Vollzugsbefugnis

Auch die Kompetenz zum verwaltungsmäßigen Vollzug des Gemeinschaftsrechts kann theoretisch sowohl im Gemeinschaftsrecht als auch im innerstaatlichen Recht geregelt sein. Beide Rechtsordnungen müssen deshalb auf Bestimmungen über Vollzugsbefugnisse hin untersucht werden.

---

[127] *Daig*, in: Groeben / Boeckh / Thiesing, Art. 189, Anm. III 3 A, S. 347; *Ipsen*, Europarecht, S. 455, 21/21.

A. Regelungen des Gemeinschaftsrechts

Ebenso wie bei der Ausführung ist dann eine Bestimmung zur Vollzugskompetenz von Sekundärrecht im Gemeinschaftsrecht enthalten, wenn eine gemeinschaftsrechtliche Vorschrift eigene oder nationale Behörden für die verwaltungsmäßige Durchführung von Gemeinschaftsrecht vorsieht oder eine Norm den Gemeinschaftsorganen erlaubt, nationale Behörden, auch wenn sie aufgrund innerstaatlichen Rechts tätig werden, zum Vollzug zu benennen.

I. Betrauung eigener oder nationaler Behörden mit Vollzugsaufgaben

Von der Möglichkeit, das Sekundärrecht mit eigenen Organen verwaltungsmäßig durchzuführen, hat das Gemeinschaftsrecht nur vereinzelt Gebrauch gemacht[1].

Aus bereits dargelegten Gründen[2] sind die Gemeinschaften auch nicht in der Lage, Durchführungszuständigkeiten auf die Mitgliedstaaten zurückzudelegieren, da es an einer gemeinschaftseigenen Durchführungshoheit fehlt. Selbst wenn man von einer Delegationsmöglichkeit ausgeht und die Mitgliedstaaten kraft abgeleiteter Gemeinschaftsbefugnisse im Verwaltungsbereich tätig würden[3], begründete diese „Delegation" keine Befugnis zum Eingriff in die Verwaltungsorganisation; es bedürfte dazu einer in den Gemeinschaftsverträgen enthaltenen Ermächtigung[4]. Da die Staaten aber nicht als Ermächtigte, die bereits verlorene Befugnisse wieder ausüben können, angesehen werden dürfen, sondern als Verpflichtete, die die ihnen verbliebenen Befugnisse ausüben, zu betrachten sind[5], scheidet schon aus diesem Grund die Annahme einer Delegation aus.

II. Eingriff in die nationale Kompetenzverteilung zur Bestimmung der Vollzugsbehörden

Eine Befugnis der Gemeinschaften zum Eingriff in den Verwaltungsaufbau der Mitgliedstaaten besteht nur dann, wenn das Gemeinschaftsrecht hierfür eine Ermächtigungsgrundlage bereithält.

---

[1] *Rengeling*, Rechtsgrundsätze, S. 10, 55, 60, bringt Beispiele für die Existenz gemeinschaftseigener Behörden.

[2] Siehe oben, 1. Abschn. A. I.

[3] *Bünten*, S. 163, 169.

[4] Ebd., S. 172.

[5] Vgl. *Ipsen*, Europarecht, S. 215, 9/18; *Rengeling*, Verwaltungsvollzug, S. 217, 222 f.

Ausdrücklich wird in den Gemeinschaftsverträgen die Frage, wer innerstaatlich unmittelbar wirksames Gemeinschaftsrecht verwaltungsmäßig durchzuführen hat, nicht geregelt[6]. Mit der allgemeinen Bezugnahme auf die Behörden der Mitgliedstaaten in einigen Vorschriften[7] wird ein konkretes Verwaltungsorgan nicht festgelegt[8], sondern diese allgemeinen Formulierungen sprechen eher dafür, daß den Mitgliedstaaten die Entscheidung, welche Behörde das Gemeinschaftsrecht vollzieht, überlassen bleiben soll[9]. Auch einige andere Vorschriften der Gemeinschaftsverträge[10] lassen auf eine alleinige Befugnis der Mitgliedstaaten zur Bestimmung der Ausführungsbehörden schließen. Die sich aus den Einzelermächtigungen ergebenden Erlaubnisse der Gemeinschaftsorgane, bestimmte Sachverhalte materiell zu regeln, gestatten nicht, allein hieraus eine Befugnis auch zur Benennung der konkreten Verwaltungsbehörde zu folgern[11]. Materielles Recht und verwaltungsmäßige Durchführung sind strukturell verschieden und schon deshalb nicht verknüpfbar[12].

Da eine ausdrückliche Zuweisungsnorm fehlt, kann eine Zuständigkeit zur Bestimmung der nationalen Behörde für den Gemeinschaftsrechtsvollzug nur aus stillschweigenden Kompetenzen, die in Form der implied powers i. e. S. im Gemeinschaftsrecht anwendbar sind[13], abgeleitet werden[14]. Eine Befugnis zur Benennung der nationalen Behörden für den Gemeinschaftsrechtsvollzug ist mittels der implied powers i. e. S. nur begründbar, wenn die vollständige und wirksame Ausübung einer ausdrücklich zugewiesenen Kompetenz die Bestimmung der Verwaltungsbehörden durch die Gemeinschaften erfordert[15]. Erforderlichkeit kann angenommen werden, sofern die Mitgliedstaaten selbst nicht fähig wären, ihre Verwaltungsorganisation so zu regeln, daß der Vollzug des Gemeinschaftsrechts sichergestellt wäre[16]. Es ist jedoch nicht ersichtlich, daß die Bundesrepublik unfähig wäre, eine derartige Regelung vorzunehmen. Wegen ihrer Sachnähe sind die nationalen Stellen viel eher in

---

[6] *Birke*, S. 118; *Holch*, S. 224; *Magiera*, S. 636; *Rengeling*, Verwaltungsvollzug, S. 227; *ders.*, Rechtsgrundsätze, S. 33; *Zuleeg*, Recht, S. 211.

[7] Art. 54 III lit. b, Art. 88, Art. 89 I EWGV.

[8] *Birke*, S. 119.

[9] *Rengeling*, Verwaltungsvollzug, S. 226 f.; *ders.*, Rechtsgrundsätze, S. 33.

[10] Art. 5 EWGV, Art. 192 EAGV, Art. 86 I u. II EGKSV.

[11] *Birke*, S. 119; *Rengeling*, Verwaltungsvollzug, S. 227; *ders.*, Rechtsgrundsätze, S. 33.

[12] *Bünten*, S. 160.

[13] Siehe oben, 1. Abschn. A. II. 2.

[14] Zu dieser Herleitungsmöglichkeit vgl. *Holch*, S. 225; *Rengeling*, Verwaltungsvollzug, S. 227; *Zuleeg*, Recht, S. 211.

[15] *Rengeling*, Verwaltungsvollzug, S. 227.

[16] *Holch*, S. 225; *Zuleeg*, Recht, S. 211.

der Lage, die geeignete Vollzugsbehörde auszuwählen, als die Gemeinschaftsorgane[17]. Eine Ermächtigung der Gemeinschaftsorgane zur Bestimmung nationaler Vollzugsbehörden wäre demnach sogar unzweckmäßig und kann also auch nicht als erforderlich angesehen werden. Der Nachweis, daß ohne die Auswahl der zuständigen nationalen Behörden durch die Gemeinschaftsorgane das Gemeinschaftsrecht nicht sinnvoll und effektiv vollzogen werden könnte, ist nicht zu erbringen. Deshalb steht den Gemeinschaftsorganen keine Kompetenz kraft implied powers i. e. S. zur Benennung nationaler Vollzugsbehörden zu[18].

Da das Gemeinschaftsrecht kaum eigene Verwaltungsbehörden vorsieht, die nationalen Behörden auch nicht aufgrund delegierter Gemeinschaftsbefugnisse tätig werden[19], und den Gemeinschaftsorganen kein Eingriff in den Verwaltungsaufbau der Mitgliedstaaten gestattet ist, ist der überwiegend vertretenen Meinung zuzustimmen, die annimmt, die Behörden zum Vollzug des Gemeinschaftsrechts könnten allein durch das innerstaatliche Recht bezeichnet werden[20].

Weil auch die Verwaltungsbehörden beim Vollzug des Gemeinschaftsrechts kraft staatlichen Rechts tätig werden, also Staatsgewalt ausüben[21], ist die Frage, ob Bund oder Ländern die Befugnis zur verwaltungsmäßigen Durchführung des Gemeinschaftsrechts zusteht, allein nach dem Grundgesetz zu beantworten[22].

B. Bestimmungen des Grundgesetzes zum Vollzug des Gemeinschaftsrechts

Da den Staaten die Benennung der für den Vollzug des Gemeinschaftsrechts zuständigen Stellen überlassen ist, muß untersucht werden, ob das Grundgesetz eine Regelung der Zuständigkeit zur verwal-

[17] *Rengeling*, Verwaltungsvollzug, S. 228; *ders.*, Rechtsgrundsätze, S. 34; *Zuleeg*, Recht, S. 211.

[18] *Rengeling*, Verwaltungsvollzug, S. 227 f.; *ders.*, Rechtsgrundsätze, S. 34; *Zuleeg*, Recht, S. 211.

[19] Der anderen Ansicht *Büntens*, S. 162 f. m. w. N. in Fn. 6, kann aus den bereits dargelegten Gründen (siehe oben, 1. Abschn. A. I. 2.) nicht gefolgt werden; im übrigen nimmt auch er an, daß die konkrete Behörde nicht ausgewählt werden darf (S. 172).

[20] *Beutler* u. a., S. 67 f.; *Birke*, S. 120; im Ergebnis auch *Bünten*, S. 172, 181, 193; *Holch*, S. 225; *Ipsen*, Europarecht, S. 220, 9/26, S. 444, 20/59, S. 857, 47/38; *Magiera*, S. 625, 629; *Rengeling*, Verwaltungsvollzug, S. 229; *ders.*, Rechtsgrundsätze, S. 34; *Schmitz*, S. 38. Vgl. zur Ausführungszuständigkeit oben, 1. Abschn.

[21] Vgl. die umfangreichen Literaturnachweise bei *Bünten*, S. 162, Fn. 4.

[22] *Birke*, S. 119 f.; *Bünten*, S. 180, Fn. 75; *Glaesner*, S. 6 f.; *Goetz*, S. 266 f.; *Holch*, S. 225; *Ipsen*, Europarecht, S. 444, 20/59; *Magiera*, S. 629; *Schmitz*, S. 38; Antwort der Bundesregierung, BT-Drucks. V/4002, unter 7.1.1.

tungsmäßigen Durchführung des Gemeinschaftsrechts enthält. Hierbei kann an die bei der Untersuchung der Zuständigkeit zur Ausführung des Gemeinchaftsrechts gefundenen Ergebnisse angeknüpft werden. Es ist zu ermitteln, ob den Ländern nach grundgesetzlichen Bestimmungen auch der Vollzug des Gemeinschaftsrechts zugewiesen ist oder hierfür der Bund die Zuständigkeit besitzt und ob ggf. die Länder zum Vollzug verpflichtet werden können.

I. Berechtigung des Bundes zum Gemeinschaftsrechtsvollzug

Der Bund ist für die verwaltungsmäßige Durchführung des Gemeinschaftsrechts zuständig, sofern ihm eine Norm des Grundgesetzes diese Zuständigkeit verleiht. Da ausdrücklich keine derartige Zuständigkeitsnorm existiert, kommt nur eine stillschweigende Ermächtigung in Betracht. Diese kann sich ergeben, wenn Art. 24 I GG so ausgelegt werden muß, daß er auch die verwaltungsmäßige Durchführung des Gemeinschaftsrechts dem Bund vorbehält. Dem Bund kommt auch die Vollzugsbefugnis zu, wenn sich diese Kompetenz kraft Sachzusammenhangs aus Art. 24 I GG oder Art. 32 III GG entsprechend ergibt.

1. Ausdehnung der „Integrationsgewalt" des Bundes auf den Vollzug des Gemeinschaftsrechts

Bereits bei der Behandlung der Frage nach der Befugnis zur rechtsetzenden Durchführung des Gemeinschaftsrechts ist dargelegt worden, daß die Ansicht *Birkes*, die „Integrationsgewalt" des Bundes erstrecke sich auf Maßnahmen der Ausführung des Gemeinschaftsrechts[23], verfehlt ist, weil die Funktion des Gesetzes nach Art. 24 I GG verkannt wird[24]. Schon aus diesem Grunde wäre eine Ausdehnung der „Integrationsgewalt" auch auf die verwaltungsmäßige Durchführung nicht möglich. Aber auch der Ansatz *Birkes* führt nicht zu dem Ergebnis, daß Verwaltungsmaßnahmen der „Integrationsgewalt" des Bundes unterlägen: Selbst wenn man der Auffassung ist, zur Ausbildung originärer Hoheitsgewalt sei ständige Konkretisierung nötig, wird der Vollzug nicht mehr von der „Integrationsgewalt" erfaßt, da der Verzicht auf Ausschließlichkeit dort nicht mehr konkretisiert werden kann, wo den nationalen Behörden wegen der unmittelbaren Geltung des Gemeinschaftsrechts überhaupt kein Gestaltungsspielraum bei der Durchführung verbleibt[25]. Eine Bundeskompetenz könnte auch bei unterstellter Richtigkeit der Annahme *Birkes* nicht begründet werden.

---

[23] *Birke*, S. 121 ff.

[24] Siehe oben, 1. Abschn. B. II. 1.

[25] *Birke*, S. 125.

2. Ableitung einer Bundeskompetenz zum Vollzug mit Hilfe der implied powers Lehre

Die Befugnis zur Mitwirkung bei der Setzung des Sekundärrechts, um dessen Vollzug es geht, beurteilt sich, wie gezeigt, nicht nach Art. 24 I GG, so daß aus dieser Vorschrift auch keine Vollzugskompetenz kraft Sachzusammenhangs abgeleitet werden kann[26].

Bei der Frage nach der Mitwirkungskompetenz hinsichtlich der Beschlußfassung im Rat war als Ergebnis festgestellt worden, daß Art. 32 III GG entsprechend eine Befugniszuweisung zugunsten des Bundes enthält. Allerdings erfordert die Wahrnehmung dieser Mitwirkungsbefugnis ebensowenig eine Bundesbefugnis zum Vollzug[27], wie eine Bundeskompetenz zur rechtsetzenden Durchführung. Keine von beiden ist zwingend notwendig, damit der Bund seine Ermächtigung zur Mitwirkung bei der Setzung des Sekundärrechts sinnvoll ausüben kann. Eine Kompetenz kraft Sachzusammenhangs oder aus der Natur der Sache ist wegen des fehlenden Merkmals der Erforderlichkeit nicht zu begründen[28].

Da das Grundgesetz keine Befugnis des Bundes zum Vollzug des Gemeinschaftsrechts enthält, bleibt es bei der allgemeinen Länderzuständigkeit nach Art. 30 GG. Demnach sind zur verwaltungsmäßigen Durchführung des Gemeinschaftsrechts die Bundesländer berechtigt.

II. Länderpflicht zum Vollzug des Gemeinschaftsrechts und Zwangsmaßnahmen nach innerstaatlichem Recht

Nach Art. 37 GG kann der Bund dann Zwangsmaßnahmen gegen die Länder ergreifen, wenn diese durch den Nichtvollzug des Gemeinschaftsrechts eine Pflicht gegenüber dem Bund verletzten. Dann müßte sich eine derartige Pflicht aus einem Bundesgesetz oder der Verfassung ergeben.

1. Pflicht aus dem Admittationsgesetz und stillschweigend aus dem Grundgesetz

Wie bereits ausführlich dargestellt, kann das Gesetz nach Art. 24 I GG nicht herangezogen werden, um Durchführungsverpflichtungen der Länder gegenüber dem Bund zu begründen. Auch aus dem Grundsatz des „venire contra factum proprium" oder der „Vergemeinschaf-

---

[26] Vgl. hierzu die Erörterungen zur Ausführungskompetenz, 1. Abschn. B. II. 2.

[27] *Bünten*, S. 172, Fn. 37.

[28] Vgl. oben, 1. Abschn. B. II. 3. d).

tung" des Gesamtstaates sowie der „Bundestreue" lassen sich keine selbständigen Länderpflichten ableiten[29].

2. Verpflichtung zum Vollzug des Gemeinschaftsrechts nach Art. 83 GG

Ebenso wie bei der Frage nach der Verpflichtung zur Ausführung des Gemeinschaftsrechts kann beim Vollzug die Anwendung der Art. 83 ff. GG erwogen werden. Diesen Vorschriften läßt sich eine Pflicht zur verwaltungsmäßigen Durchführung des Gemeinschaftsrechts entnehmen, sofern sie sich auf den Gesetzesvollzug durch Verwaltungsmaßnahmen beziehen und auch das Gemeinschaftsrecht von ihnen erfaßt wird.

a) Von den Vorschriften erfaßte Durchführungsmaßnahmen

Art. 84 III GG betrifft, dies wurde dargelegt[30], allein die abhängige Aufsicht, d. h., die Aufsicht des Bundes erstreckt sich nicht auf das gesamte Verhalten der Länder, sondern nur auf den Bereich der verwaltungsmäßigen Durchführung von Bundesgesetzen. Da es sich beim Vollzug unmittelbar geltenden Gemeinschaftsrechts ebenfalls um die Durchführung von Legislativakten durch Verwaltungsmaßnahmen handelt, spricht dies insoweit für eine Anwendung der Art. 83 ff. GG auf die Vollzugsakte zum Gemeinschaftsrecht.

b) Art der durchzuführenden Gesetze

Auch wenn hinsichtlich der Durchführungsmaßnahmen der Vollzug des Gemeinschaftsrechts von den Art. 83 ff. GG erfaßt sein könnte, bestehen doch bezüglich der zu vollziehenden Gesetze bei der direkten Anwendung der genannten Vorschriften Bedenken, da sie nur Bundesgesetze und keine sonstigen Legislativakte betreffen.

Einige Autoren wollen die Art. 83 ff. GG auch auf den Vollzug des Gemeinschaftsrechts beziehen, ohne zu verdeutlichen, ob sie eine direkte oder analoge Anwendung meinen[31], andere glauben die Vorschriften direkt heranziehen zu können, da Art. 189 EWGV als antizipierter Generaltransformator die Gemeinschaftsrechtsakte zu Bundesrecht werden lasse[32].

---

[29] Siehe oben, 1. Abschn. C. II. 1. b).

[30] Siehe oben, 1. Abschn. C. II. 1. b) dd).

[31] *Bünten,* S. 172, Fn. 37, aber unklar; *Ipsen,* Europarecht, S. 220, 9/26; *Magiera,* S. 638; *Oetting,* S. 21 m. w. N. in Fn. 13; *Riegel,* Gliedstaatskompetenzen, S. 251, r. Sp.; *Schmidt-Bleibtreu / Klein,* Art. 104 a, Rdn. 4; *Schmitz,* S. 38; *Zuleeg,* Recht, S. 212, 223.

[32] *Ehle,* S. 11; *Rudolf,* Völkerrecht, S. 205, Fn. 88; *Rupp,* Grundrechte, S. 357 f.; *Schlochauer,* S. 24 f.

Die letztgenannte Ansicht ist schon deshalb abzulehnen, da es sich, wie oben beschrieben, bei dem sekundären Gemeinschaftsrecht um Akte der mit originärer Hoheitsgewalt ausgestatteten Gemeinschaften handelt, die zu ihrer Wirksamkeit der Umsetzung nicht bedürfen. Weil das sekundäre Gemeinschaftsrecht nicht als Bundesrecht angesehen werden darf, können die Art. 83 ff. GG nicht direkt angewendet werden.

3. Verpflichtung der Bundesländer zum Vollzug des Gemeinschaftsrechts nach Art. 83 ff. GG analog

Eine Pflicht der Länder gegenüber dem Bund zur verwaltungsmäßigen Durchführung des Gemeinschaftsrechts ist nach Art. 83 ff. GG entsprechend dann begründbar, sofern die Voraussetzung für eine analoge Anwendung der Vorschriften über den Vollzug von Bundesgesetzen auf die verwaltungsmäßige Durchführung sekundären Gemeinschaftsrechts gegeben sind. Dann müßte eine regelungsbedürftige ungewollte Lücke vorliegen und geregelter und nicht geregelter Sachverhalt müßten vergleichbar sein.

Das Grundgesetz enthält weder eine ausdrückliche Norm über die Zuständigkeit zum Vollzug des Gemeinschaftsrechts, noch ist durch Auslegung eine derartige Regelung zu ermitteln. Demnach weist das Grundgesetz hier eine Lücke auf, die auch ungewollt ist, da sich die Frage der Zuständigkeit beim Vollzug des Gemeinschaftsrechts bei Schaffung des Grundgesetzes nicht stellte. Da sowohl der Bund als auch die Länder in der Lage wären, das Gemeinschaftsrecht zu vollziehen, muß geregelt werden, wem die Kompetenzen zustehen.

Zu untersuchen ist, ob sich die rechtlichen Anknüpfungspunkte für den in Art. 83 ff. GG geregelten Sachverhalt und den ungeregelten Sachverhalt entsprechen. Im Grundgesetz ist die verwaltungsmäßige Durchführung von Bundesgesetzen geregelt, ungeregelt bleibt der Vollzug der Gemeinschaftsrechtsakte. Daß die Art der Durchführung, nämlich mittels Verwaltungsmaßnahmen, identisch ist, wurde bereits festgestellt. Zu klären bleibt, ob die zu vollziehenden Rechtsakte, d. h., Bundesgesetze und Akte des sekundären Gemeinschaftsrechts vergleichbar sind. Da der Bundesgesetzgeber nach Art. 24 I GG auch auf die Ausübung von Länderhoheitsrechten verzichten, die Gemeinschaftsgewalt mit Wirkung für die Länder anerkennen und die Gründungsvereinbarungen schließen kann, ist die Entstehung der rechtsetzenden Gemeinschaftsgewalt insoweit auf seine Entscheidung zurückzuführen, als allein er an dem für die Schaffung von Gemeinschaftsgewalt nötigen Entfaltungsraum mitgewirkt hat. Das Gemeinschaftsrecht, an dessen Setzung nur der Bund unmittelbar beteiligt ist, gilt wie Bundesrecht im Gesamtgebiet der Bundesrepublik unmittelbar[33]. Beides spricht für eine Vergleichbarkeit.

Vor allem ist zu bedenken, und das wurde bereits an anderer Stelle deutlich[34], daß das sekundäre Gemeinschaftsrecht zwar hinsichtlich seiner Entstehung einen nach „außen" gerichteten Zug aufweist, hinsichtlich seiner Wirkung aber starke Parallelen zum innerstaatlichen Recht hat. Beim Erlaß der Gemeinschaftsrechtsakte wirken durch ihre Vertreter im Ministerrat mehrere Staaten zusammen, insoweit ist der völkerrechtliche Bezug unverkennbar. In der Wirkung unterscheidet sich das unmittelbar geltende Gemeinschaftsrecht jedoch nur dadurch vom staatlichen Recht, daß es in allen Mitgliedstaaten gilt. Was seinen Anspruch auf Befolgung angeht, unterscheidet es sich nicht vom staatlichen Recht. In beiden Fällen leitet sich die Geltung aus einer originären Rechtsordnung ab und erhebt gegenüber den Adressaten den Anspruch auf strikte Befolgung. Bezüglich der Wirkungen des unmittelbar geltenden Gemeinschaftsrechts überwiegt die Ähnlichkeit der Merkmale zum innerstaatlichen Recht.

Demnach sind im Gegensatz zum Erlaß von Normen des Sekundärrechts bei der Wirkung staatliche Gesetze und Gemeinschaftsrechtsakte vergleichbar. Somit entspricht auch die Funktion nationaler Behörden beim Vollzug des Gemeinschaftsrechts ihrer Aufgabe bei der verwaltungsmäßigen Durchführung von Bundesgesetzen[35]. Da geregelter und ungeregelter Sachverhalt vergleichbar sind, können die Art. 83 ff. GG auf die verwaltungsmäßige Durchführung von Gemeinschaftsrecht entsprechend angewendet werden[36].

Danach ergibt sich aus Art. 83 GG analog die Pflicht der Länder gegenüber dem Bund, unmittelbar anwendbares Gemeinschaftsrecht zu vollziehen; eines Rückgriffs auf das Prinzip der Bundestreue[37] bedarf es nicht.

4. Durchsetzungsmöglichkeiten

Bei einem Verstoß der Bundesländer gegen ihre aus innerstaatlichem Recht folgende Pflicht, Gemeinschaftsrechtsakte zu vollziehen, hat der Bund die in Art. 84 I, 84 IV und 84 V GG genannten Möglichkeiten, um die Länder zur Pflichterfüllung anzuhalten. Außerdem kann er nach Art. 93 I Ziff. 3 GG das Bundesverfassungsgericht anrufen und schließlich als ultima ratio Bundeszwang nach Art. 37 GG anwenden.

---

[33] *Birke*, S. 126.

[34] Siehe oben, III. Teil 2. Abschn. A. II. 2. a).

[35] *Bünten*, S. 30 m. w. N. in Fn. 61.

[36] *Birke*, S. 123; *Bülow*, S. 56 f.; *Everling* Errichtung, S. 36, Anm. 14; *Spelten*, S. 73; Antwort der Bundesregierung, BT-Drucks. V/4002, S. 15, unter 7.1.2.1.

[37] So aber *Zuleeg*, Recht, S. 212.

Zusammenfassende Betrachtung

1. Ergebnisse

1. Maßnahmen der Gemeinschaftsorgane greifen auf einigen Gebieten in den bundesstaatlichen Aufbau der Bundesrepublik ein, auf anderen sind Eingriffe zu erwarten.

2. Die Gemeinschaften sind ein *besonderer Verbandstypus* neben Staaten und internationalen Organisationen.

3. Hoheitsbefugnisse der Gemeinschaften werden erworben, indem *die soziologischen Voraussetzungen zur Entfaltung von Hoheitsgewalt durch den Gründungsvertrag und die innerstaatlichen Anpassungsmaßnahmen geschaffen werden und die Gemeinschaftsorgane Recht als eigenes unangefochten setzen und durchsetzen.* Die Gemeinschaftsrechtsordnung ist effektiv und originär.

4. Aus Gemeinschaftsrecht sind die Gemeinschaftsorgane nicht zur Beachtung des föderativen Aufbaus der Bundesrepublik vepflichtet.

5. *Die Verfassungskonformität der Schaffung des Entfaltungsraumes für die Gemeinschaftsgewalt ist nach Art. 24 I GG zu beurteilen;* deshalb ist allein diese Vorschrift bei der Prüfung der Verfassungsmäßigkeit von Gründungsvertrag und innerstaatlichen Maßnahmen heranzuziehen.

6. Das Gesetz nach Art. 24 I GG hat die Funktion, *die innerstaatlichen Maßnahmen zur Anpassung zu vollziehen,* d. h., es enthält den Ausschließlichkeitsverzicht auf die Ausübung von Bundes- und Landeshoheitsgewalt und die Duldung der Setzung von Gemeinschaftsrecht auf Bundes- und Landeshoheitsbereichen. Dies wird bewirkt durch die Anweisung an die Staatsorgane und Rechtsunterworfenen, das zukünftige Gemeinschaftsrecht zu befolgen und den Befehl an die Staatsorgane, das Gemeinschaftsrecht anzuwenden. Rechtstechnisch bedeutet das weder Transformation noch Inkorporation, sondern *Admittation.*

7. Die Auslegung des Art. 24 I GG ergibt, *daß der Bund auf die Ausübung von Länderhoheitsrechten verzichten und die Gemeinschaftsgewalt mit Wirkung für die Länder anerkennen darf sowie*

sich zu diesen Maßnahmen in der Gründungsvereinbarung verpflichten kann, da die Grenzen, die sich aus der Bundesstaatsentscheidung ergeben, eingehalten werden.

8. Art. 79 III GG ist direkt anwendbar und bildet für die Einräumung eines Entfaltungsraumes zur Ausfüllung durch die Gemeinschaftsgewalt eine verfassungsrechtliche Schranke, die jedoch bei der Gemeinschaftsgründung beachtet ist.

9. *Die Befugnis, an der Setzung des sekundären Gemeinschaftsrechts mitzuwirken, beurteilt sich nach Art. 32 III GG analog.* Nach Art. 32 III GG entsprechend darf der Bund auch dann, wenn Ländergesetzgebungsbereiche von Gemeinschaftsrechtsakten betroffen sind, an der Beschlußfassung der rechtsetzenden Gemeinschaftsorgane teilnehmen. Das bei der Auslegung zu berücksichtigende Bundesstaatsprinzip bewirkt eine Einschränkung der Mitwirkungsbefugnis des Bundes, wenn Länderbereiche betroffen sind, insofern, als die Bundesländer an der innerstaatlichen Willensbildung, die zur Instruktion des deutschen Ratsvertreters führt und an der Entscheidungsvorbereitung in den Organen der Gemeinschaften zu beteiligen sind.

10. Die bisher praktizierten Beteiligungsformen sind zur Kompensation der Länderkompetenzeinbußen *nicht ausreichend.* Es bedarf der gesetzlichen Fixierung, daß der Bund die Ansichten der Länder, vermittelt durch Stellungnahmen des Bundesrates, in die Beratungen der Rechtsetzungsgremien einzubringen hat und auf Verlangen der Länder von ihnen benannte Vertreter bei den vorbereitenden Beratungen in Kommission und Rat hinzuziehen muß.

11. Unmittelbare Kontakte der Länder mit Gemeinschaftsorganen sind nicht gestattet, soweit sie dazu dienen sollen, auf die Gemeinschaftsrechtsetzung Einfluß zu nehmen. Kontakte auf völkerrechtlicher Ebene sind im Rahmen des Art. 32 GG erlaubt.

12. Die Kompetenz zur rechtsetzenden Durchführung des Gemeinschaftsrechts (Ausführung) ist dem Grundgesetz zu entnehmen. Danach sind die Länder zur Ausführung berechtigt, *nicht aber verpflichtet.*

13. Die sich aus dem Gemeinschaftsrecht ergebende Verpflichtung der Bundesländer zur Ausführung des Gemeinschaftsrechts kann jedoch nicht zwangsweise durchgesetzt werden.

14. Die Befugnis zur verwaltungsmäßigen Durchführung (Vollzug) des Gemeinschaftsrechts steht aufgrund deutschen Rechts den Bundesländern zu; die dem Bund gegenüber bestehende Pflicht zum Vollzug des Gemeinschaftsrechts ist zwangsweise durchsetzbar.

2. Vorschlag zur Neufassung des Art. 24 I GG und des Art. 2 ZustG

Um eine mit den ermittelten Ergebnissen übereinstimmende Form der Bestimmungen über die Mitwirkung der Bundesrepublik an der Errichtung zwischenstaatlicher Verbände und der Beteiligung der Bundesländer an Beschlußfassung und Durchführung des Gemeinschaftsrechts zu erreichen, ist eine Änderung der bisherigen Vorschriften notwendig. Damit eine weitgehend vom Wortlaut gelöste Interpretation, zu der die Deutung des Hoheitserwerbs der Gemeinschaften zwingt, vermieden wird und um dem Gebot einer rechtlichen Fixierung der mittelbaren Länderbeteiligungsrechte an der Rechtsetzung der Gemeinschaften Rechnung zu tragen sowie eine innerstaatliche Verpflichtung der Bundesländer zur Ausführung des Gemeinschaftsrechts zu begründen, wird vorgeschlagen, Art. 24 I GG und Art. 2 ZustG de lege ferenda folgende Fassung zu geben:

a) Art. 24 I GG

Der Bund kann durch einfaches Gesetz, welches der Zustimmung des Bundesrates bedarf, auf die Ausübung seiner Hoheitsgewalt und der der Länder zugunsten der Entfaltung von Hoheitsgewalt einer zwischenstaatlichen Einrichtung verzichten und dulden, daß deren Hoheitsakte gesetzt werden.

Erfordert die Schaffung des Entfaltungsraumes für die neue Gewalt einen völkerrechtlichen Vertrag, ist der Bund zu dessen Abschluß befugt, auch wenn Ländergesetzgebungsbereiche betroffen sind.

Werden durch die Rechtsakte der zwischenstaatlichen Einrichtung, an deren Setzung der Bund mitwirken darf, Bereiche berührt, die nach der Regelung im Grundgesetz in den ausschließlichen Gesetzgebungsbereich der Länder fallen, so sind diese über den Bundesrat an der innerstaatlichen Willensbildung und an der Entscheidungsvorbereitung der zwischenstaatlichen Legislativorgane zu beteiligen. Das Nähere regelt ein Bundesgesetz.

Die Länder sind verpflichtet, Rechtsakte der zwischenstaatlichen Einrichtung rechtsetzend und verwaltungsmäßig durchzuführen.

b) Art. 2 ZustG

Soweit Maßnahmen der Gemeinschaftsorgane auf Gebieten ergehen, die den Kompetenzbereich der Bundesländer berühren, ist der Bund verpflichtet,

a) den Bundesrat mit Beginn der Verhandlungen in der Kommission umfassend zu unterrichten,

b) dem Bundesrat ausreichend Gelegenheit zur ausführlichen Stellungnahme zu geben,

c) die Stellungnahme des Bundesrates den Verhandlungen in den Gemeinschaftsgremien zugrunde zu legen und nur in Fällen integrationspolitischer Notwendigkeit davon abzuweichen und

d) auf Verlangen der Länder mindestens einen Ländervertreter in den beratenden Gremien der Kommission und des Rates hinzuzuziehen.

Soweit die Maßnahmen der Gemeinschaftsorgane Gebiete betreffen, die innerstaatlich dem Kompetenzbereich des Bundes zugewiesen sind, aber wesentliche Interessen der Länder berührt werden, ist der Bund zur Beachtung des Grundsatzes der Bundestreue verpflichtet.

Literaturverzeichnis

Bayer, Hermann Wilfried: Die Bundestreue, Tübingen 1961.

Becker, Joachim: Die Anwendbarkeit der Theorie von den implied powers im Recht der Europäischen Gemeinschaften, Diss. Münster 1976.

Benda, Ernst / *Klein*, Eckart: Das Spannungsverhältnis von Grundrechten und übernationalem Recht, in: Deutsches Verwaltungsblatt 1974, S. 389 ff.

Berber (ohne Vornamen): Zu den föderalistischen Aspekten der „Auswärtigen Gewalt", in: Festschrift für Hans Nawiasky, S. 245 ff., München 1956.

Berber, Friedrich: Lehrbuch des Völkerrechts, Bd. 1, Allgemeines Friedensrecht, München 1975.

Berggreen, Ingeborg: Anmerkung zum Urteil des EuGH v. 3. 7. 1974, Rs. 9/74, abgedruckt in DVBl. 1974, S. 719, in: Deutsches Verwaltungsblatt 1975, S. 94 f.

Bernhardt, Rudolf: Der Abschluß völkerrechtlicher Verträge im Bundesstaat, Köln und Berlin 1957.

Beutler, Bengt u. a.: Die Europäische Gemeinschaft, 1. Aufl., Baden-Baden 1979.

Birke, Hans Eberhard: Die deutschen Bundesländer in den Europäischen Gemeinschaften, Berlin 1973.

Bleckmann, Albert: Grundgesetz und Völkerrecht, Berlin 1975.

— Mitwirkung der Länder der Bundesrepublik Deutschland in den Europäischen Gemeinschaften, in: Recht der Internationalen Wirtschaft/Außenwirtschaftsdienst des Betriebsberaters 1978, S. 144 ff.

— Europarecht, 3. Aufl., Köln usw. 1980.

Blumenwitz, Dieter: Der Schutz innerstaatlicher Rechtsgemeinschaften beim Abschluß völkerrechtlicher Verträge, München 1972.

Böning, Wolfgang: Abschlußkompetenz und Transformationskompetenz, in: Die Öffentliche Verwaltung 1957, S. 817 ff.

Bülow, Erich: Das Verhältnis des Rechts der europäischen Gemeinschaften zum nationalen Recht, in: Aktuelle Fragen des europäischen Gemeinschaftsrechts, Stuttgart 1965, S. 28 ff.

Bünten, Wilfried: Staatsgewalt und Gemeinschaftshoheit bei der innerstaatlichen Durchführung des Rechts der Europäischen Gemeinschaften durch die Mitgliedstaaten, Berlin 1977.

Claudi, Hubertus: Die Bindung der EWG an Grundrechte, München 1976.

Constantinesco, Léontin-Jean: Das Recht der Europäischen Gemeinschaften, Bd. 1, Das institutionelle Recht, 1. Aufl., Baden-Baden 1977.

Daig, Hans-Wolfram: Erläuterungen zu Art. 171 und Art. 189 EWGV, in: Groeben, Hans von der; Boeckh, Hans von und Thiesing, Jochen, Kommentar zum EWG-Vertrag, Bd. 2, 2. Aufl., Baden-Baden 1974.

Dehousse (ohne Vornamen): Bericht im Namen des Rechtsausschusses über die Anwendung des Gemeinschaftsrechts in den Mitgliedstaaten, in: Sitzungsdokumente des Europäischen Parlaments, Nr. 38 v. 3. Mai 1967, S. 5/6.

Doehring, Karl: Staatsrecht der Bundesrepublik Deutschland, 2. Aufl., Frankfurt a. M. 1980.

Ehle, Dietrich: Wirtschaftslenkung und Verfassungsschutz im Gemeinsamen Markt, in: Außenwirtschaftsdienst des Betriebsberaters 1963, S. 157 ff.

— Verfassungskontrolle und Gemeinschaftsrecht, in: Neue Juristische Wochenschrift 1964, S. 321 ff.

Ehring, Hubert: Erläuterungen zu Art. 235 EWGV, in: Groeben, Hans von der; Boeckh, Hans von und Thiesing, Jochen, Kommentar zum EWG-Vertrag, Bd. 2, 2. Aufl., Baden-Baden 1974.

Emrich, Dieter: Das Verhältnis des Rechts der Europäischen Gemeinschaften zum Recht der Bundesrepublik Deutschland, Marburg 1969.

Erdmenger, Jürgen: Die Anwendung des EWG-Vertrages auf Seeschiffahrt und Luftfahrt, Hamburg 1962.

Erichsen, Hans-Uwe: Staatsrecht und Verfassungsgerichtsbarkeit, Bd. 2, Frankfurt a. M. 1969.

— Zum Verhältnis von EWG-Recht und nationalem Recht der BRD, in: Verwaltungsarchiv, Bd. 64, 1973, S. 101 ff.

Everling, Ulrich: Das Niederlassungsrecht im Gemeinsamen Markt, Berlin und Frankfurt a. M. 1963.

— Zur Errichtung nachgeordneter Behörden der Kommission der Europäischen Wirtschaftsgemeinschaft, in: Festschrift für Carl Friedrich Ophüls, — Zur Integration Europas —, S. 33 ff., Karlsruhe 1965.

— Vom Zweckverband zur Europäischen Union — Überlegungen zur Struktur der Europäischen Gemeinschaft, in: Hamburg - Deutschland - Europa, Festschrift für Hans-Peter Ipsen, S. 594 ff., Tübingen 1977.

Evers, Hans-Ulrich: Erläuterungen zu Art. 37 GG, in: Kommentar zum Bonner Grundgesetz, Hamburg 1950 ff., Loseblattwerk, Stand: März 1980.

Eyermann, Erich / *Fröhler*, Ludwig: Verwaltungsgerichtsordnung, Kommentar, 8. Aufl., München 1980.

Friauf, Karl-Heinrich: Die Staatenvertretung in supranationalen Gemeinschaften, Diss. Marburg 1959.

— Die Notwendigkeit einer verfassungskonformen Auslegung im Recht der westeuropäischen Gemeinschaften, in: Archiv des öffentlichen Rechts, Bd. 85, 1960, S. 224 ff.

Frowein, Jochen-Abr.: Europäisches Gemeinschaftsrecht und Bundesverfassungsgericht, in: Bundesverfassungsgericht und Grundgesetz, Festgabe zum 25jährigen Bestehen des Bundesverfassungsgerichts, Bd. 2, S. 187 ff., Tübingen 1976.

Fuß, Ernst-Werner: Rechtsschutz gegen deutsche Hoheitsakte zur Ausführung des Europäischen Gemeinschaftsrechts, in: Neue Juristische Wochenschrift 1966, S. 1782 ff.

— Verwaltung und Schule, in: Veröffentlichungen der Vereinigung der Deutschen Staatsrechtslehrer, Bd. 23, 1966, S. 199 ff.

Gericke, Hans-Peter: Allgemeine Rechtsetzungsbefugnisse nach Art. 235 EWGV, Hamburg 1970.

Glaesner, Hans-Joachim: Übertragung rechtsetzender Gewalt auf internationale Organisationen in der völkerrechtlichen Praxis, in: Die Öffentliche Verwaltung 1959, S. 653 ff.

Götz, Volkmar: Europäisches Gemeinschaftsrecht und deutsches Recht — Die Getreidemarktorganisation als Beispiel —, in: Juristenzeitung 1963, S. 265 ff.

Gorny, Günther: Verbindlichkeit der Bundesgrundrechte bei der Anwendung von Gemeinschaftsrecht durch deutsche Staatsorgane, Berlin 1969.

Gottsmann, Ortwin: Erläuterungen zu Art. 38 - 47 EWGV, in: Groeben, Hans von der; Boeckh, Hans von und Thiesing, Jochen, Kommentar zum EWG-Vertrag, Bd. 1, 2. Aufl., Baden-Baden 1974.

Grabitz, Eberhard: Gemeinschaftsrecht bricht nationales Recht, Hamburg 1966.

Grewe, Wilhelm: Die auswärtige Gewalt der Bundersepublik, in: Veröffentlichungen der Vereinigung der Deutschen Staatsrechtslehrer, Bd. 12, 1954, S. 129 ff.

Grézer, Otto: Besprechung von: Birke, Die deutschen Bundesländer in den Europäischen Gemeinschaften, Schriften zum Öffentlichen Recht, Bd. 228, Berlin 1973, in: Bayerische Verwaltungsblätter 1975, S. 178 ff.

Groeben, Hans von der: Über das Problem der Grundrechte in der Europäischen Gemeinschaft, in: Festschrift für Walter Hallstein, S. 226 ff., Frankfurt a. M. 1966.

Gubelt, Manfred: Erläuterungen zu Art. 30 und 37 GG, in: Münch, Ingo von, Grundgesetz-Kommentar, Bd. 2, München 1976.

Haedrich, Heinz: Erläuterungen zu Art. 145 EWGV, in: Groeben, Hans von der; Boeckh, Hans von und Thiesing, Jochen, Kommentar zum EWG-Vertrag, Bd. 2, 2. Aufl., Baden-Baden 1974.

Härringer, Wolfgang: Erläuterungen zu Art. 5 EWGV, in: Groeben, Hans von der; Boeckh, Hans von und Thiesing, Jochen, Kommentar zum EWG-Vertrag, Bd. 1, 2. Aufl., Baden-Baden 1974.

Hallstein, Walter: Die Europäische Gemeinschaft, 5. Aufl., Düsseldorf und Wien 1979.

Hesse, Konrad: Grundzüge des Verfassungsrechts der Bundesrepublik Deutschland, 12. Aufl., Heidelberg und Karlsruhe 1980.

Hirsch, Christoph: Kulturhoheit und Auswärtige Gewalt, Berlin 1968.

Hoffmann, Gerhard: Strafrechtliche Verantwortung im Völkerrecht, Frankfurt a. M. und Berlin 1962.

— Bewahrung und Veränderung demokratischer und rechtsstaatlicher Verfassungsstruktur in den internationalen Gemeinschaften, in: Veröffentlichungen der Vereinigung der Deutschen Staatsrechtslehrer, Bd. 23, 1966, S. 1 ff. (118).

— Das Verhältnis des Rechts der Europäischen Gemeinschaften zum Recht der Mitgliedstaaten, in: Die Öffentliche Verwaltung, 1967, S. 433 ff.

— Einführung in das Verfassungsrecht und das verfassungsrechtliche Denken, in: Mück, J., Verfassungsrecht, S. 11 ff., Opladen 1975.

Holch, Georg: Der Deutsche Bundesrat zur Rechtsetzung der EWG, in: Europarecht 1967, S. 217 ff.

Hrbek, Rudolf: Politikverflechtung macht an den Grenzen nicht halt — Auswirkungen der EG-Mitgliedschaft auf die föderative Ordnung der Bundesrepublik Deutschland —, in: Der Bürger im Staat, 29. Jg., H. 1, März 1979, S. 38 ff. (hrsg. v. der Landeszentrale für Politische Bildung Baden-Württemberg).

Ipsen, Hans-Peter: Hamburg in der EWG, in: Festschrift für Friedrich Schack, Hamburg 1966.

— Als Bundesstaat in der Gemeinschaft, in: Probleme des Europäischen Rechts, Festschrift für Walter Hallstein, S. 248 ff., Frankfurt a. M. 1966.

— Berufsausbildungsrecht, Tübingen 1967.

— Europäisches Gemeinschaftsrecht, Tübingen 1972.
(zit. Europarecht)

— Anmerkung zum Urteil des Corte Constituzionale Italiana v. 14./22. Juli 1976, Nr. 182, in: Europarecht 1977, S. 170 ff.

Kaiser, Joseph H.: Die Erfüllung der völkerrechtlichen Verträge des Bundes durch die Länder, in: Zeitschrift für ausländisches Öffentliches Recht und Völkerrecht, Bd. 18, 1957/58, S. 526 ff.

— Bewahrung und Veränderung demokratischer und rechtsstaatlicher Verfassungsstruktur in den internationalen Gemeinschaften, in: Veröffentlichungen der Vereinigung der Deutschen Staatsrechtslehrer, Bd. 23, 1966, S. 1 ff.

Kalisch, Werner: EWG-Niederlassungsrecht und deutsches Recht der Führung akademischer Grade, in: Neue Juristische Wochenschrift 1967, S. 2094 ff.

Kaufmann (ohne Vornamen): Rechtsgutachten zum Vertrage über die Gründung der Europäischen Verteidigungsgemeinschaft und zum Deutschlandvertrage, in: Der Kampf um den Wehrbeitrag, Bd. 2, S. 42 ff., München 1953.

Kelsen, Hans: Reine Rechtslehre, 2. Aufl., Wien 1960.

Kisker, Gunter: Kooperation im Bundesstaat, Tübingen 1971.

Klein, Friedrich: Gutachten zum Eintritt der Bundesrepublik in die Verteidigungsgemeinschaft, in: Der Kampf um den Wehrbeitrag, Bd. 2, S. 456 ff., München 1953.

— Bundesstaatsverträge und Landesstaatsgewalt, in: Festschrift für Theodor Maunz, S. 199 ff., München 1971.

Köck, Heribert Franz: Der Gesamtakt in der deutschen Integrationslehre, Berlin 1978.

Kölble, Josef: Auslandsbeziehungen der Länder, in: Die Öffentliche Verwaltung 1965, S. 145 ff.

Kropholler, Jan: Die Europäischen Gemeinschaften und der Grundrechtsschutz, in: Europarecht 1969, S. 128 ff.

Krüger, Herbert: Über die Herkunft der Gewalt der Staaten und der sog. supranationalen Organisationen, in: Die Öffentliche Verwaltung 1959, S. 721 ff.

— Allgemeine Staatslehre, Stuttgart 1964.

Küchenhoff, Erich: Ausdrückliches, stillschweigendes und ungeschriebenes Recht in der bundesstaatlichen Kompetenzverteilung, in: Archiv des öffentlichen Rechts 1957, S. 413 ff.

Lambach, Frank: Probleme einer Bindung der nach Art. 24 I des GG den Europäischen Gemeinschaften übertragenen Hoheitsgewalt an die Grundsätze des demokratischen Rechtsstaats, insbesondere an die Grundrechte, Diss. München 1964.

Larenz, Karl: Methodenlehre der Rechtswissenschaft, 3. Aufl., Berlin, Heidelberg und New York 1975.

Lecheler, Helmut: Die allgemeinen Rechtsgrundsätze in der Rechtsprechung des Europäischen Gerichtshofs, Diss. Erlangen 1967.

— Forum: „Supranationalität" der Europäischen Gemeinschaften — Rechtliche Beschreibung oder unverbindliche Leerformel, in: Juristische Schulung 1974, S. 7 ff.

Lenz, Helmut: Erläuterungen zu Art. 24 GG, in: Hamann, Andreas und Lenz, Helmut, Das Grundgesetz für die Bundesrepublik Deutschland vom 23. Mai 1949, Kommentar, 3. Aufl., Neuwied und Berlin 1970.

Löwenstein, Karl: Gutachten zum Eintritt der Bundesrepublik in die Europäische Verteidigungsgemeinschaft, in: Der Kampf um den Wehrbeitrag, Bd. 2, S. 337 ff., München 1953.

Lohse, Volker: Gesetzgebungsübersicht — Konkurrierende Gesetzgebungskompetenz des Bundes für Teilgebiete des Umweltschutzes und Bundesgesetz über die Abfallbeseitigung, in: Juristische Schulung 1972, S. 543 f.

Magiera, Siegfried: Bundesstaat und EG-Finanzordnung — Zur Verteilung der Finanzlast zwischen Bund und Ländern bei der Durchführung von Rechtsvorschriften der Europäischen Gemeinschaften, in: Festschrift für Eberhard Menzel, S. 621 ff., Berlin 1975.

Mangoldt, Hermann von / *Klein*, Friedrich: Das Bonner Grundgesetz, Bd. 1 u. 2, Kommentar, Berlin und Frankfurt a. M. 1964.

Maunz, Theodor: Erläuterungen zu Art. 24, 30, 32, 74, 75, 79, 84 GG, in: Maunz, Theodor; Dürig, Günther und Herzog, Roman, Grundgesetz, Kommentar, Loseblattwerk, München, Stand 1977.

— Deutsches Staatsrecht, 22. Aufl., München 1978.

Menzel, Eberhard: Die auswärtige Gewalt in der Bundesrepublik, in: Veröffentlichungen der Vereinigung der Deutschen Staatsrechtslehrer, Bd. 12, 1954, S. 179 ff.

— Das Grundgesetz und die öffentliche Gewalt internationaler Staatengemeinschaften, in: Veröffentlichungen der Vereinigung der Deutschen Staatsrechtslehrer, Bd. 18, 1959, S. 81 ff.

Menzel, Eberhard / *Ipsen*, Knut: Völkerrecht, 2. Aufl., München 1979.

Mosler, Hermann: Die auswärtige Gewalt im Verfassungssystem der Bundesrepublik Deutschland, in: Festschrift für Carl Bilfinger, S. 243 f., Köln und Berlin 1954.

— Kulturabkommen des Bundesstaats — Zur Frage der Beschränkung der Bundesgewalt in auswärtigen Angelegenheiten, in: Zeitschrift für ausländisches Öffentliches Recht und Völkerrecht, Bd. 16, 1955/56, S. 1 ff.

Nicolaysen, Gert: Zur Theorie von den implied-powers in den Europäischen Gemeinschaften, in: Europarecht 1966, S. 129 ff.

— Europäisches Gemeinschaftsrecht, Stuttgart usw. 1979.

Oberthür, Karlheinz: Die Bundesländer im Entscheidungssystem der EG, in: Integration, Beilage zur Europäischen Zeitung, Heft 2, 1978, S. 58 ff.

Oetting, Ulf: Bundestag und Bundesrat im Willensbildungsprozeß der Europäischen Gemeinschaften, Berlin 1973.

Oppermann, Thomas: Die Europäische Gemeinschaft als parastaatliche Superstruktur, in: Hamburg - Deutschland - Europa, Festschrift für Hans-Peter Ipsen, S. 685 ff., Tübingen 1977.

Peruzzo, Giovanni Guido: Das Problem der implied powers der Organe der Europäischen Gemeinschaften, Diss. Marburg 1979.

Pestalozza, Christian: Sekundäres Gemeinschaftsrecht und nationale Grundrechte — Der Hüter der Verfassung als Wächter der Gemeinschaft — zum Beschluß des BVerfG v. 29. 5. 1974, in: Deutsches Verwaltungsblatt 1974, S. 716 ff.

Rabe, Hans-Jürgen: Das Verordnungsrecht der Europäischen Wirtschaftsgemeinschaft, Hamburg 1963.

Reichel, Gerhard-Hans: Die auswärtige Gewalt nach dem Grundgesetz für die Bundesrepublik Deutschland vom 23. Mai 1949, Berlin 1967.

Rengeling, Hans-Werner: Nationaler Verwaltungsvollzug von Gemeinschaftsrecht: Die Gemeinschaftskompetenzen, in: Europarecht 1974, S. 216 ff.

— Rechtsgrundsätze beim Verwaltungsvollzug des Europäischen Gemeinschaftsrechts, Köln usw. 1977.

Riegel, Reinhard: Überlegungen zum Problem der EG-Richtlinien und nationalen Rahmenkompetenz, in: Europarecht 1976, S. 79 ff.

— Das Grundrechtsproblem als Kollisionsproblem im Europäischen Gemeinschaftsrecht, in: Bayerische Verwaltungsblätter 1976, S. 353 ff.

— Die Kompetenzen der Europäischen Gemeinschaften im Umweltschutz, in: Bayerische Verwaltungsblätter 1979, S. 97 ff.

— Gliedstaatskompetenzen im Bundesstaat und Europäisches Gemeinschaftsrecht, in: Deutsches Verwaltungsblatt 1979, S. 245 ff.

Riklin, Alois: Die Europäische Gemeinschaft im System der Staatenverbindungen, Bern 1972.

Rojahn, Ondolf: Schulbuchbereinigung durch die Auswärtige Gewalt — Zum Abschluß des deutsch-polnischen Kulturabkommens vom 11. Juni 1976, in: Juristenzeitung 1976, S. 627 ff.

— Erläuterungen zu Art. 24 und Art. 32 GG, in: Münch, Ingo von, Grundgesetz, Kommentar, Bd. 2, München 1976.

Rudolf, Walter: Internationale Beziehungen der deutschen Länder, in: Archiv des Völkerrechts, Bd. 13, 1966/67, S. 53 ff.

— Völkerrecht und deutsches Recht, Tübingen 1967.

— Völkerrechtliche Verträge über Gegenstände der Landesgesetzgebung, in: Rechtsfragen im Spektrum des Öffentlichen, Mainzer Festschrift für Hubert Armbruster, S. 59 ff., Berlin 1976.

— Bundesländer und Europäisches Gemeinschaftsrecht, in: Festschrift für H. J. Schlochauer, S. 117 ff., Berlin und New York 1981.

Runge, Christian: Einführung in das Recht der Europäischen Gemeinschaften, 2. Aufl., München 1975.

Rupp, Hans-Heinrich: Die Grundrechte und das Europäische Gemeinschaftsrecht, in: Neue Juristische Wochenschrift 1970, S. 353 ff.

— Zur bundesverfassungsgerichtlichen Kontrolle des Gemeinschaftsrechts am Maßstab der Grundrechte, in: Neue Juristische Wochenschrift 1974, S. 2153 ff.

Ruppert, Andreas: Die Integrationsgewalt — Eine staatstheoretische und verfassungsrechtliche Studie zu Art. 24 Absatz 1 des Grundgesetzes —, Hamburg 1969.

Sasse, Christoph: Bundesrat und Europäische Gemeinschaft, in: Der Bundesrat als Verfassungsorgan und politische Kraft, hrsg. vom Bundesrat, Redaktion Dieter H. Scheuning, S. 333 ff., Bad Honnef und Darmstadt 1974.

Schätzel, Walter: Rechtsgutachten betreffend Rechtsfragen einer Wiederaufrüstung Deutschlands, in: Der Kampf um den Wehrbeitrag, Bd. 1, S. 323 ff., München 1952.

Scheuner, Ulrich: Beitritt der Bundesrepublik zur Europäischen Verteidigungsgemeinschaft und Grundgesetz, in: Der Kampf um den Wehrbeitrag, Bd. 2, S. 94 ff., München 1953.

— Der Grundrechtsschutz in der Europäischen Gemeinschaft und die Verfassungsrechtsprechung — Zum Beschluß des Bundesverfassungsgerichts v. 29. 5. 1974, in: Archiv des öffentlichen Rechts, Bd. 100, 1975, S. 30 ff.

Scheuning, Dieter H.: Rechtsfragen beim Vollzug des Gemeinschaftsrechts im deutschen Recht — Bemerkungen zu zwei Urteilen des Bundesverwaltungsgerichts vom März 1974, in: Die Öffentliche Verwaltung 1975, S. 145 ff.

Schlochauer, Hans-Jürgen: Das Verhältnis des Rechts der Europäischen Wirtschaftsgemeinschaft zu den nationalen Rechtsordnungen der Mitgliedstaaten, in: Archiv des Völkerrechts, Bd. 11, 1963/64, S. 1 ff.

Schmidt-Bleibtreu, Bruno / *Klein*, Franz: Kommentar zum Grundgesetz für die Bundesrepublik Deutschland, 5. Aufl., Neuwied und Darmstadt 1980.

Schmitz, Paul Otto: Die Durchführung des gemeinschaftlichen Landwirtschaftsrechts in der Bundesrepublik Deutschland, in: Gemeinschaftsrecht und nationale Rechte — Das Zusammenwirken der europäischen Rechtsordnungen mit den nationalen Rechtsordnungen — V. Internationaler Kongreß für Europarecht vom 23. - 26. September 1970 in Berlin, I/3, Köln usw. 1971.

Schmitz-Wenzel, Hermann: Die Deutschen Länder und ihre Stellung im europäischen Einigungsprozeß — Ein Beitrag zur Wahrnehmung der internationalen Beziehungen im Bundesstaat —, Diss. Bonn 1969.

Schroeder, Herbert: Die Europäische Wirtschaftsgemeinschaft und die Länder der Bundesrepublik Deutschland — Zu verfassungsrechtlichen Fragen des Vertrages vom 25. 3. 1957, BGBl. II, S. 766, Diss. München 1964.

Schwaiger, Henning: Zum Grundrechtsschutz gegenüber den Europäischen Gemeinschaften, in: Neue Juristische Wochenschrift 1970, S. 975 ff.

— Mitgliedstaatliche Verfassungsmäßigkeit und sekundäres Gemeinschaftsrecht, in: Außenwirtschaftsdienst des Betriebsberaters 1972, S. 265 ff.

Schweitzer, Michael / *Hummer*, Waldemar: Europarecht: Das institutionelle Recht der Europäischen Gemeinschaften; das materielle Recht der EWG, Frankfurt a. M. 1980.

Seidel, Peter: Die Zustimmung der Bundesregierung zu Verträgen der Bundesländer mit auswärtigen Staaten gemäß Art. 32 III GG, Berlin 1975.

Seidl-Hohenveldern, Ignaz: Das Recht der Internationalen Organisationen einschließlich der Supranationalen Gemeinschaften, 3. Aufl., Köln usw. 1979.

— Völkerrecht, 4. Aufl., Köln usw. 1980.

Seuffert, Walter: Grundgesetz und Gemeinschaftsrecht, in: Festschrift für Carlo Schmid, S. 169 ff., Stuttgart 1972.

Smend, Rudolf: Staatsrechtliche Abhandlungen und andere Aufsätze, Berlin 1955.

Spelten, Jürgen: Gemeinschaftsrecht und Bundesländerkompetenzen im Lichte des Grundgesetzes, Diss. Freiburg 1970.

Steiger, Heinhard: Staatlichkeit und Überstaatlichkeit, Berlin 1966.

Stein, Torsten: Amtshilfe in auswärtigen Angelegenheiten, Berlin, Heidelberg und New York 1975.

Stern, Klaus: Das Staatsrecht der Bundesrepublik Deutschland, Bd. 1, München 1977.

Strohmaier, Peter: Die Befugnisse von Rat und Kommission der Europäischen Gemeinschaften zur Einsetzung von Ausschüssen, Diss. Saarbrücken 1972.

Thalmann, Jörg: Belgien, Der zweite Bundesstaat in der EG, in: EG-Magazin, Heft 9/10, 1980, S. 25 f.

Thieme, Werner: Das Grundgesetz und die öffentliche Gewalt internationaler Staatengemeinschaften, in: Veröffentlichungen der Vereinigungen der Deutschen Staatsrechtslehrer, Bd. 18, 1960, S. 50 ff.

Triepel, Heinrich: Die Kompetenzen des Bundesstaates und die geschriebene Verfassung, in: Festgabe für Paul Laband, Bd. 2, S. 249 ff., Tübingen 1908.

Troberg, Peter: Erläuterungen zu Art. 57 EWGV, in: Groeben, Hans von der; Boeckh, Hans von und Thiesing, Jochen, Kommentar zum EWG-Vertrag, Bd. 1, 2. Aufl., Baden-Baden 1974.

Vogel, Klaus: Die Verfassungsentscheidung des Grundgesetzes für eine internationale Zusammenarbeit. Ein Diskussionsbeitrag zu einer Frage der Staatstheorie sowie des geltenden deutschen Staatsrechts, in: Recht und Staat in Geschichte und Gegenwart, Heft 292/293, 1964.

Wagner, Heinz: Grundbegriffe des Beschlußrechts der Europäischen Gemeinschaften, Köln usw. 1965.

— Die Vorstellung der Eigenständigkeit in der Rechtswissenschaft, Berlin 1967.

Weber, Nikolaus: Die Richtlinie im EWG-Vertrag, Hamburg 1974.

Wohlfarth, Ernst: Europäische und deutsche Rechtsordnung, Göttingen 1965.

— Von der Befugnis der Organe der Europäischen Wirtschaftsgemeinschaft zur Rechtsetzung, in: Jahrbuch für Internationales Recht, Bd. 9, 1959/1960, S. 12 ff.

Wohlfarth, Ernst / *Everling*, Ulrich / *Glaesner*, Hans-Joachim / *Sprung*, Rudolf: Die Europäische Wirtschaftsgemeinschaft, Kommentar zum Vertrag, Berlin und Frankfurt a. M. 1960.

Zieger, Gottfried: Das Grundrechtsproblem in den Europäischen Gemeinschaften, Tübingen 1970.

Zippelius, Reinhold: Allgemeine Staatslehre, 7. Aufl., München 1980.

Zuleeg, Manfred: Das Recht der Europäischen Gemeinschaften im innerstaatlichen Bereich, Köln usw. 1969.

— Zum Standort des Verfassungsstaats im Geflecht der internationalen Beziehungen, in: Die Öffentliche Verwaltung 1977, S. 462 ff.

Quellenverzeichnis

Abl.	Amtsblatt der Europäischen Gemeinschaften, seit 1968 gegliedert in Teil L für Rechtsvorschriften und Teil C für Bekanntmachungen: 1963, 1964, 1967; L: 175/68, 257/68, 129/69, 94/70, 130/70, 28/71, 49/71, 149/71, 249/71, 96/72, 63/74, 122/74, 39/75, 45/75, 167/75, 194/75, 31/76, 38/76, 129/76, 78/77, 101/77, 145/77, 176/77, 199/77, 334/77, 337/77, 54/78, 222/78, 233/78, 362/78, 366/78, 5/79; C: 52/71, 43/72, 46/72, 48/74, 99/75, 29/76, 37/78, 108/78, 296/78, 16/79
Antwort der Bundesregierung, BT-Drucks. V/4002	Antwort der Bundesregierung auf die Große Anfrage betreffend die Weiterentwicklung des föderativen Systems, Bundestagsdrucksache V/4002, unter 7.1.1.
Ausschuß für Kulturfragen des Bundesrates, in ZaÖRV, Bd. 27 (1967)	Ergebnis des Ausschusses für Kulturfragen des Bundesrates, in: Zeitschrift für ausländisches Öffentliches Recht und Völkerrecht, Bd. 27, 1967, S. 149
Beitrittsgesetz Dänemark	Dänisches Gesetz zum Beitritt in die Europäische Gemeinschaft, mitgeteilt bei *Sasse*, S. 349
Belg. Kassationshof, E. v. 27. 5. 1971 in EuGRZ	Belgischer Kassationshof, Entscheidung v. 27. 5. 1971, in: Europäische Grundrechtszeitschrift 1975, S. 308 ff.
BFH in RIW/AWD 1967	Entscheidung des Bundesfinanzhofs, in: Recht der Internationalen Wirtschaft/Außenwirtschaftsdienst des Betriebsberaters 1967, S. 357
BGBl.	Bundesgesetzblatt, amtliche Sammlung
BR-Drucks.	Drucksachen des Deutschen Bundesrates: 470/51, 631/51, 146/57, 453/65
BT-Drucks.	Verhandlungen des Deutschen Bundestages, Anlage zu den stenographischen Berichten, Drucksachen: 2401 v. 29. 6. 51, 236/58, II/3440, IV/2091, V/4002, VII/5924
Bulletin EG	Bulletin der Europäischen Gemeinschaften, erscheint monatlich
Bundeskanzlererklärung	Schreiben des Bundeskanzlers an den Vorsitzenden der Ministerpräsidentenkonferenz, Ministerpräsident Johannes Rau, v. 19. 9. 1979
BuReg bei Hirsch	Bundesregierung in zwei Schreiben, wiedergegeben bei *Hirsch*, S. 70 f., 77
BVerfGE	Entscheidungen des Bundesverfassungsgerichts, in: Amtliche Sammlung, Bd.: 2, 3; 2, 347; 3, 407; 4, 74; 6, 309; 8, 122; 11, 89; 12, 205; 13, 54; 15, 1; 22, 180; 22, 293; 26, 281; 31, 145; 37, 271

EAGV	Vertrag zur Gründung der Europäischen Atomgemeinschaft v. 25. 3. 1957
EGKSV	Vertrag über die Gründung der Europäischen Gemeinschaft für Kohle und Stahl v. 18. 3. 1951
EuGH Rs. Slg. Rsp.	Entscheidungen des Europäischen Gerichtshofs, in der Rechtssache ..., in amtlicher Sammlung, Bd.: Rs. 26/62, Bd. IX, 1; Rs. 6/64, Bd. X, 1251; Rs. 28/67, Bd. XIV, 215; Rs. 14/68, Bd. XV, 1; Rs. 11/70, Bd. XVI, 1125; Rs. 51 - 54/71, Bd. XVII, 1107; Rs. 2/74, Bd. XX, 631; Rs. 9/74, Bd. XX, 773; Rs. 68/74, Bd. XXI, 109; Rs. 51/76, 1977, 113
EuGH in EuR	Entscheidungen des Europäischen Gerichtshofs in der Rechtssache 9/70, in: Europarecht 1971, S. 31 ff.
Enquête-Kommission Verfassungsreform, BT-Drucks. VII/5924	Schlußbericht der Enquête-Kommission Verfassungsreform, in: Bundestagsdrucksache VII/5924, S. 1 ff.
EWGV	Vertrag zur Gründung der Europäischen Wirtschaftsgemeinschaft v. 25. 3. 1957
Fusionsvertrag	Vertrag zur Einsetzung eines gemeinsamen Rates und einer gemeinsamen Kommission der EG v. 8. 4. 1965
Gesamtbericht	Gesamtbericht über die Tätigkeit der Europäischen Gemeinschaften, erscheint jährlich
GG	Grundgesetz für die Bundesrepublik Deutschland v. 23. 5. 1949
GGO II	Gemeinsame Geschäftsordnung der Bundesministerien, Besonderer Teil
GMBl	Gemeinsames Ministerialblatt, hrsg. vom Bundesministerium des Innern
Ital. GH, E. v. 27. 12. 1973, in EuGRZ	Italienischer Verfassungsgerichtshof, Entscheidung v. 27. 12. 73, in: Europäische Grundrechtszeitschrift 1976, S. 54 ff.
Kriterien zur Zusammenarbeit	Allgemeine Kriterien der Zusammenarbeit von Bund und Ländern bei EG-Vorhaben, die ganz oder teilweise in die ausschließliche Gesetzgebungskompetenz der Länder fallen v. 20. 2. 1978
Ländererklärung	Schreiben des Ministerpräsidenten des Landes Nordrhein-Westfalen als Vorsitzender der Ministerpräsidentenkonferenz an den Bundeskanzler der Bundesrepublik Deutschland, Helmut Schmidt, v. 26. 9. 1979
Protokoll Vorrechte EG	Protokoll über die Vorrechte und Befreiungen der EG v. 8. 4. 1965, Bundesgesetzblatt II, S. 1482
RGBl	Reichsgesetzblatt
Schreiben v. 17. 8. 1978	Schreiben der Bayerischen Staatskanzlei — Ministerialdirigent Dr. Maußer — an das Bundesministerium für Wirtschaft — Ministerialdirigent Dr. Morawitz — v. 17. 8. 1978

Schreiben v. 21. 2. 1979	Schreiben des Bundesministeriums für Wirtschaft — Ministerialdirigent Dr. Morawitz — an die Bayerische Staatskanzlei — Ministerialdirigent Dr. Maußer — v. 21. 2. 1979
Schreiben BMI v. 26. 5. 1964, in ZaÖRV, Bd. 27 (1967)	Schreiben des Bundesinnenministers v. 26. 5. 1964 zu Drucksache 250/2 v. 5. 6. 1964, in: Zeitschrift für ausländisches Öffentliches Recht und Völkerrecht, Bd. 27, 1967, S. 150, Fn. 42
Sitzungsprotokolle	Protokolle der Besprechungen von Vertretern der Bundesregierung und der Bundesländer über eine vertragliche Absicherung der Mitwirkung an der Gemeinschaftsrechtsetzung, vom: 15. 11. 1977, 9. 2. 1978, 26. 5. 1978 und 14. 9. 1978
Sonderkommission des BR-Kulturausschusses	Äußerungen der Sonderkommission des Bundesratskulturausschusses, in: Zeitschrift für ausländisches Öffentliches Recht und Völkerrecht, Bd. 27, 1967, S. 150, Fn. 42
Stenogr. Bericht BR	Stenographische Berichte über die Sitzungen des Bundesrates: 61. Sitzung v. 27. 6. 1951 und 181. Sitzung v. 19. 7. 1957
Stenogr. Bericht BT	Stenographische Berichte über die Sitzungen des Bundestages: 183. Sitzung v. 10. 1. 1952, 224. Sitzung v. 5. 7. 1957 und 14. Sitzung v. 27. 2. 1958
Unterausschuß des Rechtsausschusses des Bundesrates, Niederschrift der 182. Sitzung	Unterausschuß des Rechtsausschusses des Bundesrates, 182. Sitzung v. 21. 3. 1957, Niederschrift R 1304/1705 v. 12. 4. 1957, S. 3/4
Vereinbarungsentwurf	Entwurf einer Vereinbarung mit dem Bund und Erläuterungen, von der Ministerpräsidentenkonferenz am 27./29. 10. 1976 zustimmend als Grundlage für die Verhandlungen zur Kenntnis genommen
Verfahrensschema der Bundesländer	Schema für ein Verfahren der Länder bei Maßnahmen der EG auf Gebieten, die zur Gesetzgebungskompetenz der Länder gehören oder deren wesentliche Interessen berühren, Stand 30. 1. 1980, mit Erläuterungen

FSC
www.fsc.org
MIX
Papier | Fördert gute Waldnutzung
FSC® C083411

Kolibri 360 GmbH
Ferdinand-Jühlke-Straße 7
99095 Erfurt, Deutschland
produktsicherheit@kolibri360.de

Druck:
CPI Druckdienstleistungen GmbH
im Auftrag der
Kolibri 360 GmbH
Ferdinand-Jühlke-Str. 7
99095 Erfurt